互联网法治系列丛书

# 互联网
# 法治研究

/ 第一辑 /

陈志君 / 主　编
高富平　王　镭 / 副主编
互联网法治研究院（杭州）/ 编

法律出版社 LAW PRESS · CHINA ｜ 北京

**图书在版编目(CIP)数据**

互联网法治研究. 第一辑 / 陈志君主编 ; 高富平, 王镭副主编 ; 互联网法治研究院 (杭州) 编. -- 北京 : 法律出版社, 2024

ISBN 978 -7 -5197 -8848 -3

Ⅰ. ①互… Ⅱ. ①陈… ②高… ③王… ④互… Ⅲ. ①互联网络–科学技术管理法规–研究–中国 Ⅳ. ①D922.174

中国国家版本馆 CIP 数据核字(2024)第 037775 号

**互联网法治研究(第一辑)**
**HULIANWANG FAZHI YANJIU**
**(DI-YI JI)**

陈志君 主编
高富平 王镭 副主编
互联网法治研究院(杭州) 编

责任编辑 孙东育 曲杰
装帧设计 臧晓飞

**出版发行** 法律出版社
**编辑统筹** 学术·对外出版分社
**责任校对** 张翼羽
**责任印制** 胡晓雅
**经 销** 新华书店

**开本** 710 毫米×1000 毫米 1/16
**印张** 17.25 **字数** 241 千
**版本** 2024 年 2 月第 1 版
**印次** 2024 年 2 月第 1 次印刷
**印刷** 北京虎彩文化传播有限公司

地址:北京市丰台区莲花池西里 7 号(100073)
网址:www.lawpress.com.cn
投稿邮箱:info@lawpress.com.cn
举报盗版邮箱:jbwq@lawpress.com.cn

销售电话:010 - 83938349
客服电话:010 - 83938350
咨询电话:010 - 63939796



**书号**:ISBN 978 -7 -5197 -8848 -3
**定价**:89.00 元

凡购买本社图书,如有印装错误,我社负责退换。电话:010 - 83938349

# 总　　序

党的十八大以来,我国网信事业发展迅速、变化巨大、成绩显著,在数字经济、产业融合、网络司法、便民服务等诸多领域取得突破性进展,有力助推国家网络强国战略迈上新台阶。网民规模及互联网普及率的逐年攀升、一系列前瞻性数字基础设施建设,带来巨大的数字与市场红利的同时,也模糊了线上与线下、现实与虚拟的界限,而越是深处信息与技术洪流中,越要保持理性思维、审慎目光,从历史与现实、理论与实践、国内与国际相结合上深刻认识和准确把握网信事业的新趋势。互联网司法的发展要以习近平总书记关于网络强国的重要思想为根本遵循与行动指南,明确网信事业发展的历史方位和时代内涵,深入贯彻新发展理念,在有效应对时代之变、历史之变、网络之变中引领社会治理的法治面向,将互联网时代信息革命的磅礴伟力转化为阶梯式递进、跨越式发展的强劲动力。

习近平总书记站在中国特色社会主义进入新时代新发展阶段的历史新高度上,擘画了网络强国的恢弘愿景。"蓝图绘就,宏图即展。"在习近平总书记网信事业布局中,全面推进互联网法治建设始终占据重要地位。习近平总书记运用唯物辩证法的基本原理,既突出互联网法治建设的重点和主要任务,又强调互联网法治建设的全面性和系统性,确立了全面推进互联网法治建设的目标。由此,互联网法治建设与发展需要充分发挥法的能动性,在互联网立法、执法、司法、法治保障各个环节体现网络强国这一战略目标,建构和完善依法治网的法律体系和体制,在实践中培育和厚植法治文化基础,为网络强国建设目标保驾护航。

"法制无常,近民为要;古今异势,便俗为宜。"法因实际需要而制定,又根据实际的变动而完善,此为法循变协时之发展轨迹。互联网法治工作的展开必须与时俱进、改革创新,积极探索网络法治工作规律,保障网络法治建设充满活力、行稳致远。互联网法治化建设的全面推进,具体言之,互联网立法应守正创新,加快推进重点立法,健全互联网法治理论研究与支撑;互联网执法,应加大力度,强化地方执法,切实增强针对性与实效性,震慑与遏制违法乱象;互联网司法应增速提效,深化科技在司法领域的应用,全面推进智慧法院建设,加快探索互联网司法新模式,建立健全具有中国特色的互联网司法新模式和规则体系,促进审判体系和审判能力现代化;互联网普法应深入人心,积极开展以案释法工作,推广普法性读物,形成全网全社会尊法学法守法用法的良好氛围。如此形成既涉及线上,也兼顾线下;既突出重点,又全面推进,形成点面结合、相互促进的互联网法治建设格局。

"世异则事异,事异则备变。"在"数字产业化、产业数字化"变革背景下,互联网法治研究院(杭州)和杭州互联网法院联合推出"互联网法治系列丛书",下分《互联网案件审判研究》与《互联网法治论丛》两个类丛。前者辑选互联网审判中的典型案例评析举隅,以案释法、层层深入,辅佐网络司法发展、夯实互联网法治理论基础。后者精选领域内知名专家与青年学者对互联网法治发展的独到见解,集文成集、积微成著,为互联网法治理论研究开拓新境、提供新的视角与阶梯。"文不厌改、玉不厌琢。"丛书既有学理上的严谨结构,又具备实务层面的可读性,历经反复打磨、精心凝练,将互联网治理路径更加清晰生动地展现于读者面前。丛书出版,是开篇、亦是探索,敬待各界指正。

是为序。

浙江省高级人民法院党组书记、院长
互联网法治研究院(杭州)名誉院长
李占国
2021 年 7 月

# 序

当今时代，以信息技术为核心的新一轮科技革命正在孕育兴起，互联网日益成为创新驱动发展的先导力量。互联网技术的广泛应用使当今社会经济发展新模式、新思维、新业态层出不穷。随着互联网与经济社会的深度交融，数字化经济在高速发展过程中滋生的网络犯罪、个人信息保护、网络数据管理、平台垄断等问题日渐凸显，网络空间法治化建设亟待全面推进。习近平总书记高瞻远瞩，明确指出互联网经济实际就是法治经济，中国经济改革的攻坚战应在互联网的风口上把握好风向标，以法治建立互联网行业发展新常态、构建互联网法治新秩序，“坚持依法治网、依法办网、依法上网，让互联网在法治轨道上健康运行”。

对症下药需良方，互联网与法治的融合是解决时代问题的必然之举。网络空间命运共同体的概念已深入人心，网络空间法治化、规则化也是我国走向网络强国的必经之路。党的十八大以来，在习近平总书记的带领下，我国开始全面实施网络强国战略，国内互联网司法在技术应用、程序规则、实体裁判等领域实现全方位转型升级，互联网法治建设打开新局面。互联网与司法的深度融合既能提高法律共同体的服务效率，也能加快促进国家治理体系和治理能力的现代化。法律需要与时俱进，法律从业者更需要紧跟时代发展变化的潮流，不断突破中国互联网司法治理的想象力，以互联网思维探索司法治理新规则，构建互联网司法治理新制度，为建设社会主义现代化强国奠定坚实的基础。

“得人者兴，失人者崩。”网络空间的竞争，归根结底是互联网人才的竞争。群贤毕至，少长贤集，互联网司法智库活力迸发。互联网法治研究院（杭州）与华东政法大学顺应时代潮流，积极搭建学术交流平台，共同编汇撰述此书，旨在汇集领域内司法从业者与知名高校学者对互联网法治理论研究的独到见解。本书诞生于“数字产业化、产业数字化”变革背景之下,从互联网治理的司法裁判案例着手,侧重研究了互联网司法实务的实践应对、数据竞争与秩序规制、互联网平台治理规则与制度构建,探索智慧司法的发展路径。例如,从健全立法、加强区域协作、深度推进电子取证工作和构建综合治理体系着手,实现网络犯罪治理现代化促进社会治理现代化;评述当前三家互联网法院管辖规则,提出互联网案件管辖应摆脱地域限制,共建统一的诉讼平台,并设立互联网法院不方便管辖原则;以“数据安全主权”与“人类数据命运共同体”为主旨构建国际数据规则体系,并在完善个人信息保护制度的基础上推动符合我国国情的数据法律规则体系的建立;从个人信息公益诉讼现状出发,分析当前个人信息公益诉讼实践中存在的困境,站在立法论及解释论视角上针对个人信息公益诉讼制度的构建提出对策建议等。

“夫缘道理以从事者,无不能成。”互联网法治建设,离不开地方法治的生动实践,亦离不开学者专家的理论探索。构建互联网良好法治生态,不仅要在互联网司法治理实践的力度、广度和深度上下功夫,还需强化学界对互联网法治理论研究的理解和适用,推动互联网法学研究服务于互联网法治实践,营造开放共享、包容审慎的互联网法治环境,以促进互联网行业的创新发展。互联网法治建设需要全社会全行业的共同参与,只有信仰法治、厉行法治,才能使互联网行业在正确的道路上阔步前行,支撑国家和社会的发展行稳致远。“道阻且长,行则将至。”要涤荡互联网行业衍生的污泥浊水、清扫网络空间的乌烟瘴气,必须坚持问题导向和目标导向,实事求是,汇聚磅礴的法治力量,迈出坚定的法治步伐,为互联网法治建设添砖加瓦。

是为序。

华东政法大学教授

互联网法治研究院(杭州)常务副院长

高富平

2021 年 9 月

# 目录

CONTENTS

## 第一编　互联网法治的实务研究与评析

## 第二编　智慧司法的探索与展望



## 第三编　数据竞争与秩序规制



## 第四编　数据市场与平台治理

## 第五编　互联网法治的制度构建与理论探析

# 第一编

# 互联网法治的实务研究与评析

# 刑事检察视野下网络犯罪治理困境及应对研究

张理恒　黄俊杰*

**摘　要**：互联网技术的迅速发展，在促使大量生产生活活动由纸质化向电子化转变的同时，也使部分传统犯罪智能化以及新型网络犯罪不断涌现并呈高发频发态势，严重威胁着人民和社会安全。此类犯罪较之传统刑事犯罪更加便捷、复杂和隐蔽，不断给传统刑事治理带来迷惑性强、犯罪产业化独立化特征明显、应对打击不力、异地及跨境协作处理等新的难题。完善路径在于，从健全立法、加强区域协作、深度推进电子取证工作和构建综合治理体系着手，实现网络犯罪治理现代化，促进社会治理现代化。

**关键词**：网络犯罪；电子取证；跨境协作；路径选择

随着电子产品和信息技术的日益发达，及其与国家安全、经济社会和人民生活的联系日益紧密，网络犯罪经历了由对象、工具到空间转变的过程，与现实空间组成双层的社会新格局，也给传统犯罪找到了新的滋生土壤并实现了变异。对此类刑事案件，司法机关普遍存在难立案、难取证、难查处以及难治理等困境。虽然国家已经开始逐渐重视网络犯罪，并投入了越来越多的精力进行整治，如时任最高人民检察院张军检察长曾主持召开研讨会，邀请专家学者、互联网企业和检察官代表，围绕打击网络

---

* 张理恒，男，四川省成都市人民检察院法律政策研究室主任，三级高级检察官；黄俊杰，男，四川省成都市人民检察院法律政策研究室一级检察官。

犯罪、维护网络安全开展探讨,[1]但此类犯罪数量仍然居高不下,近年来检察机关办理的网络犯罪案件数量年平均增幅达34%以上,2018~2019年检察机关共批准逮捕网络犯罪嫌疑人89,167人,提起公诉105,658人,较前两年分别上升78.8%和95.1%;[2]2020年上半年全国检察机关共起诉电信网络诈骗犯罪32,463人,同比上升77.1%。[3] 为此,笔者拟立足A市检察机关实践开展实证研究,力求从微观、具体角度把握、审视、前瞻网络犯罪的处理困境及应对举措,努力在网络犯罪治理现代化构建中体现检察担当。

## 一、刑法教义学上"网络犯罪"的含义

在开展论证之前,应首先准确界定研究对象的范围。传统意义上的网络犯罪主要是指计算机信息系统的犯罪,如非法侵入计算机信息系统罪、破坏计算机信息系统罪等。[4] 这些犯罪主要针对计算机以及计算机信息系统实施,但缺乏对公共利益、财产权以及人身权等客体的侵犯。[5]随着网络技术的发展以及网络越来越成为社会生活的重要组成部分,刑法学术界的观点也在不断更新,认为网络犯罪还应包括传统犯罪的网络化,相当数量的传统犯罪都可以利用网络(或以网络为工具)实施或者在网络空间(或以网络为地点)实施,如通过计算机网络手段实施盗窃、诈骗、诽谤等犯罪行为。[6]

在上述两种类型之外,笔者认为鉴于网络犯罪的特殊性以及网络取

---

① 参见邱春艳:《最高检召开网络犯罪检察理论与实务专题研讨会》,载最高人民检察院网,https://www.spp.gov.cn/tt/202006/t20200610_465004.shtml。

② 参见薛永利:《互联网绝不是法外之地!最高检这场发布会"剑指"网络犯罪》,载最高人民检察院网,https://www.spp.gov.cn/spp/zdgz/202004/t20200408_458293.shtml。

③ 参见史红美:《上半年四类犯罪严重影响疫情防控电信网络诈骗犯罪上升七成》,载微信公众号"最高人民检察院"2020年7月26日,https://mp.weixin.qq.com/s/buBT1sBX1ExIISUDNxO2Tw。

④ 参见喻海松:《新型信息网络犯罪司法适用探微》,载《中国应用法学》2019年第6期。

⑤ 参见王华伟:《我国网络犯罪立法的体系性评价与反思》,载《法学杂志》2019年第10期。

⑥ 参见陈兴良:《互联网账号恶意注册黑色产业的刑法思考》,载《清华法学》2019年第6期。

证的困难性，上述刑法理论无法将所有与网络犯罪有关联的犯罪行为均纳入，亟待对破坏网络业务活动、妨害网络秩序的犯罪行为以及没有直接实施犯罪的共同犯罪帮助行为等规制问题如何处理予以解决。《刑法修正案(九)》专门增设的“拒不履行信息网络安全管理义务罪”、“非法利用信息网络罪”和“帮助信息网络犯罪活动罪”亦是此原理。[①]

## 二、司法实践中网络犯罪的处置困境

前人对网络犯罪已有诸多研究，如存在电子数据取证难度大、取证程序不规范、跨区域调查取证配合缺乏以及法律适用分歧大等问题，笔者在此不再重复探讨，拟针对最新问题开展研究。

### (一)犯罪隐匿性和反侦查手段强，责任追究难

较之单一的利用计算机工具、系统或技术实施网络犯罪而言，部分传统犯罪如贩毒、诈骗、寻衅滋事等一直紧随网络信息新兴技术和产业的发展，对新技术的应用、对新兴产业的模拟已经成为实施犯罪活动的首选试验对象，令人防不胜防，尤其是非法集资、传销、侵犯知识产权、非法经营等犯罪行为喜欢披着“互联网金融”“科技创新”等合法外衣，对被害人和社会公众迷惑性强，也易误导监管和司法。行为人往往都受过一定的专业培训，在犯罪过程中有较高的警惕性和反侦查意识，会有意识地采取各种各样的防范措施，加之证据如通话记录、聊天和交易记录、IP 地址等对技术性、时效性依赖较高，行为人有意采取跨域、断网即销毁等反侦查措施，甚至为对抗犯罪侦查进行事先演练。电子数据极易遭到破坏和篡改，并且很难留下如同传统犯罪一样的物理痕迹，直接导致取证的难度加大。同时由于网络的虚拟性，行为人的身份往往难以确定，行为人在被抓获后极少主动供述犯罪事实而是多种抗辩，“零口供”现象屡见不鲜。如涉及数字货币的网络犯罪中，数字货币交易依靠公私密钥和数字证书的验证确定交易双方信息，“只认证、不认人”的特点在给监管部门进行数字货

---

① 缐杰、吴峤滨：《〈关于办理非法利用信息网络、帮助信息网络犯罪活动等刑事案件适用法律若干问题的解释〉重点难点问题解读》，载《检察日报》2019 年 10 月 27 日，第 3 版。

币监管可疑交易识别的技术难度和技术成本带来挑战的同时，更加大了收集、提取和认定的难度。

与此同时，网络的跨地域性和广泛性使得行为人对被害人的侵害早已从传统犯罪中的点对点、点对面演变为对不特定的广大互联网受众。侵害对象规模的急剧扩大使得所侵害的利益也如同滚雪球般飞速增长。不同于传统犯罪针对某一个人财产的巨额侵害，此类犯罪的利益获取方式主要是因为被害人的人数众多，而单个被害人的损失往往较低。一方面，被害人在很多时候因为损失较小以及不愿让他人知道自己被骗，受到侵害后拒绝报案；另一方面，侦查机关对于犯罪数额较小的案件缺乏办案动力，其为了破案所投入的人力物力往往远远超过被害人所遭受的损失。当前网络犯罪一定程度上存在的轻刑化现象又助长了行为人的气焰，如网络传播淫秽物品牟利犯罪在司法实践中量刑较轻，缓刑适用率较高，轻刑化现象较为普遍。① 除证据收集不到位、运用不充分以外，相关立法和司法解释对网络犯罪的危害性评价偏低、法定刑偏轻也是主要原因。②

（二）犯罪产业化、独立化趋势明显

大部分网络犯罪均涉及诸多环节，极少通过个人力量顺利实施完所有的犯罪流程，需要多人分工合作才能完成，甚至以成立、运作公司等开展犯罪活动，共同犯罪、团伙犯罪较为普遍。犯罪团伙中既有知晓计算机网络知识的人员，又有懂得如何尽可能规避法律法规监管以及进行市场商业模式运作的人员，这些来自不同领域的行为人为了更好地规避法律以获取更大的非法利益而抱团组合，分别在犯罪不同环节提供自身的“一技之长”，形成了高级而严密的网络黑色产业链，使网络犯罪打破传统的共同犯罪之间的联络链条，将犯罪割裂成数个犯罪阶段，增加了打击及治理难度。如网络犯罪可分为上中下游，上游提供基础工具、账号、身份信

---

① 参见郑建昆、肖俊：《网络传播淫秽物品牟利罪之轻刑化现象研究——基于全国法院241个司法裁判》，载《人民司法》2019年第22期。

② 参见谢鹏程：《网络犯罪司法控制效能提升路径选择》，载正义网，http://news.jcrb.com/jsxw/2020/202007/t20200727_2184616.html。

息以及软件开发,中游提供犯罪工具所需要的交易和买卖,下游实施各类犯罪以及销赃,犯罪前端的未实名手机卡、银行卡、网站维护、App 开发和对公账户买卖、网络销赃渠道、专业取款人等都已形成规模,并与后端的犯罪正犯脱钩,各个环节呈现产业分离化特征,形成彼此独立的犯罪产业链。在笔者办理的多起网络电信诈骗案中更为明显,此类犯罪人组建资料组、话务组和洗钱组等分别负责寻人、聊天、骗钱以及洗钱各个环节,团伙内部成立了十分严密的组织结构,丝毫没有因为诸多分工而分散联系,反而更加紧密。网络黑色产业链的明确分工体现了网络犯罪的精细化程度不断提高,致使正犯实行行为和帮助行为被割裂为若干环节,相互紧密联系又具有相对独立性,由“一对一”衍变为“一对多”“多对多”,①与传统共犯的特点不尽相同,加之被害人也具有不特定性,使司法机关很难完全查清全案的各个环节。这种人员分工精细化、平台专业化、专业链和利益链清晰紧密等特点,使犯罪上中下游以及整个环节均存在治理难点,如造成前端犯罪主观故意证明难、后端犯罪隐蔽性强,帮助行为的社会危害性远超实行行为等,犯罪全链条、每一链条的全部犯罪行为打击难,且对其中一个环节的打击尚不能有效斩断整个犯罪链条。这已不是互联网平台或司法机关所能单独解决的问题,而是社会综合治理的问题。②

### (三)司法治理与犯罪手段专业化的矛盾仍旧突出

行为人广泛利用现代通信工具和支付手段实施远程、非接触性犯罪,既不与被害人发生面对面的接触,也不存在传统意义上的犯罪现场,因此对网络犯罪的有效指控主要依赖于从行为人作案所使用的电子设备中勘验、检查和提取的电子数据。但电子数据的虚拟性、高速流转性、不稳定性和易修改性等要求侦查人员应及时采取保护措施如处置现场、扣押封存涉案电子设备,一旦错失良机,后续补充侦查就很难有所突破,在证据合法性方面也会被污染。另外,电子数据取证的技术依赖性较强,要求取证人员具有法律以及计算机网络的知识技能,掌握电子数据的特点和规

---

① 参见刘艳红:《网络犯罪的刑法解释空间向度研究》,载《中国法学》2019 年第 6 期。

② 参见庄永廉:《运用网络新“枫桥经验”治理互联网犯罪——第二届网络新“枫桥经验”高峰研讨会综述》,载《人民检察》2018 年第 3 期。

律,必要时还需熟练使用专门技术工具固定和提取电子数据,但当前专门技术人才短缺和专业设备有限大大制约了电子数据收集的质量和效率。收集在案的电子数据如网络贩毒类和淫秽类犯罪暗语丛生又事关定性定罪,司法人员不得不花费大量精力熟悉相关行业术语,倘若不准确查明则证据体系更为单薄,检察机关只能就低认定已查证的部分犯罪事实,不利于成功指控犯罪和全面打击犯罪。最后,司法办案人员对网络犯罪行为的认知比较难,审查办案思维有时仍拘泥于传统因果关系和口供依赖。以往网络犯罪主要集中在非法获取公民个人信息、电信诈骗、网络色情犯罪以及相关计算机领域和经济犯罪领域,但由于当前网络技术的迅猛发展和普及,也有向其他罪名扩散的趋势,如窃取网络虚拟财产、网络型寻衅滋事、网络赌博、毒品犯罪等犯罪行为屡见不鲜,不夸张地说几乎刑法分则的每个章节均有所涉及。这需要所有刑检干警改变传统依赖口供和因果关系的"线性思维",逐步树立并践行构建证据链判断的"关联思维"。实践中,部分检察人员并未随着犯罪手段的更新而调整网络案件的审查思维方式,导致对事实、证据的判断有失客观,使本就隐蔽性强、发现难、取证难、专业判断难的网络犯罪愈加得不到应有的惩治。因此如何妥善运用大数据信息技术,提高司法办案人员的办案意识和能力,实现司法办案系统与海量数据的融合,是建立健全网络犯罪技术防控体系尤需关注的部分。

(四)异地及跨境协作难

网络犯罪的涉众性、跨域性、涉案资金量大等特点使单个办案机关仅凭一己之力难以全面、有效追诉犯罪,需要和多地、多部门合作。虽然现已有相关法律法规对如何协作处置有过规定,但实践中异地协查到位所占比例不高,也存在相互不配合没有进行有效证据交换导致部分犯罪事实无法认定只能就低起诉的情形,未配合协查的也没有规定不利后果。网络犯罪的犯罪空间、工具和行为的虚拟性使得我们不得不思考,传统刑法刑事管辖权能否延伸至"虚拟世界"的网络犯罪。[①] 网络的无限传播性

① 参见李晓明、李文吉:《跨国网络犯罪刑事管辖权解析》,载《苏州大学学报(哲学社会科学版)》2018 年第 1 期。

使网络跨国犯罪的趋势更加明显，如A市跨国网络犯罪案件逐年上升，数起诈骗案（包括电信诈骗和数字货币诈骗）、开设赌场案和组织领导传销案中犯罪地点和犯罪事实均在境外，云端犯罪态势日趋常态化。随着网络犯罪技术手段的提升以及“云数据”等高科技数据处理技术的发展，行为人推广、运营、结算业务基本是在“云端”进行，不需要固定服务器或在境外租用服务器，同时不再常用微信、QQ等国内通联手段，转而使用国外聊天工具如Facebook、Skype等。这对发现、预警、管辖、侦查、取证、抓捕、追赃都形成新的挑战，即便用足两次退补、三次延期也鲜有进展。面对跨境电子取证和协同治理等日益旺盛的实际需求，虽然我国颁布了《国际刑事司法协助法》，但实践中仍然面临诸多困境，如全球性法律机制面临现实障碍，[①]境内电子数据远程勘验和境外电子数据远程勘验适用对象存在差别化待遇，[②]网络主权、司法管辖权理论使单边取证存在非法性的可能，在未获得相应授权的情况下自行通过技术破解或侵入系统等方式获取储存于境外网络空间的电子数据很容易被非法证据排除规则予以排除；传统跨境电子取证因数据本地化存储和“倒U形”取证结构而效率不高，现有国际司法协助程序繁杂、时间冗长，无法满足打击跨境犯罪和电子数据取证的现实需求等。[③] 2019年3月27～29日，联合国网络犯罪政府专家组第五次会议重点围绕网络犯罪“执法与调查”和“电子证据与刑事司法”展开了务实讨论，但仍难以完全达成共识。[④] 如何高效应对网络犯罪的管辖权、电子数据、跨境取证和司法协助等问题还需我们进一步思考。

（五）行业约束缺位

网络犯罪需要大量的手机卡、银行卡、空壳公司、公司公章和对公账

① 参见李彦：《网络犯罪国际法律机制建构的困境与路径设计》，载《云南民族大学学报（哲学社会科学版）》2019年第6期。

② 参见谢登科：《电子数据网络远程勘验规则反思与重构》，载《中国刑事法杂志》2020年第1期。

③ 参见王立梅：《跨境电子取证需构建简易程序》，载《检察日报》2020年3月28日，第3版。

④ 参见王立梅：《论跨境电子证据司法协助简易程序的构建》，载《法学杂志》2020年第3期。

户等协助完成。通信运营商、银行等行业对开卡实名制、“一证多卡”、借记卡存量清理、大额资金划转监管等方面的业务未能落实到位，导致部分行为人使用的电话卡、数据卡数量极多，且有明显的地域性和特殊号段，大量网络售卡、远程开卡业务仍然存在。同时，公司注册登记无门槛的商事注册改革催生了大量用于实施犯罪的空壳公司及配套设施，甚至还有行为人直接购买营业执照、公司银行卡、U盾等整套公司注册资料成立公司、隐藏自己的真实身份作案，反过来又利用这些空壳公司进一步迷惑被害人和社会公众。第三方、第四方支付机构未能同时履行对大额资金监管的责任，部分互联网金融业务平台、电商平台及媒体为赚取平台管理费、宣传费，未能充分审核金融、商品信息的真实性即进行推广等，共同形成网络生态恶化的重要因素。此外，网络电信诈骗、非法集资诈骗、“校园贷”和赌博犯罪多以非法App为作案工具实施犯罪活动，大都存在开发相关非法App、线上线下推广App、实施犯罪这三步。这类非法App的监管存在三方面难题：一是隐藏性高。此类App通过绕开网络应用商店审核机制、二维码链接直接下载等方式规避监管，没有进行可靠的安全审核，风险很大。行为人多利用微信、QQ等网络社群发送链接的方式推广，不易被监管机关发现，查处难度大。二是善于伪装。一些非法App往往通过购买商品、兑换积分或充值等方式进行资金收付，使资金流披上真假难辨的合法外衣。三是流动性强。行为人的警惕性高，不仅每周清理账目数据，而且其办公地点也分散在各处，团伙成员间互不认识。即使部分行为人被捕，也能在短时间内更换涉案App服务器和域名以躲避监管。相关监督机构受限于人手不足、法律规定和专业知识滞后等因素，无法对海量App和网络交易行为进行有效的督促整改。

## 三、建构综合打击治理网络犯罪体系的路径

### （一）通过完善立法规定、更新刑事政策构建综合评价体系

我国现行有关网络行为的立法比较简约，如非法侵入计算机信息系统罪的犯罪对象内涵较为狭窄，没有将入侵金融领域计算机信息系统可能诱发金融危机、社会危机行为和入侵已成为普遍生活方式的互联网社

交领域计算机信息系统行为纳入其中。故检察机关应在坚守刑法原理的基础上,注重对网络技术创新和网络数据的司法保护,建议通过修改立法或者出台司法解释的方式及时调整刑法的应对措施,使传统刑法跟上时代发展的步伐。在完善网络犯罪立法的过程中,要展现开放的姿态,增强立法的前瞻性,充分考虑今后的各种可能性,为互联网新技术的发展预留法律空间。① 具体而言,一是采取对《刑法》现有条文予以扩大解释或增设罪名、完善罪状的方式有效打击网络犯罪。② 建议取消侵入计算机系统特殊领域的规定,明确网络数据在经济价值领域的尺度标准。在传统犯罪罪名体系下增设新的条款,对《刑法》第286条之一而言,可明确具体监管部门(通过列举的方式限定"网络安全监管部门")、增加从业禁止的处罚方式、删除单位犯罪的相关规定等;对《刑法》第287条之一而言,目前规定的三种行为方式不能涵盖此类犯罪种类,可在"前瞻性、主动式"立法理念下适当扩充某些行为类型,增加行为方式。参照《刑法修正案(七)》和《刑法修正案(九)》适度扩大犯罪圈,必要时可设置涉网络罪名"专章",对犯罪发生率较高的行为增设新的罪名,如利用计算机妨害业务罪,③甚至还有观点认为需要采取双轨制立法模式,④设立一部集程序法与实体法于一身的"反网络犯罪法"。二是提高网络犯罪的法定刑,构建罪责刑相适应的犯罪评价体系。可参照《关于办理电信网络诈骗等刑事案件适用法律若干问题的意见》的规定将不特定多数人实施犯罪作为从重处罚情节、在量刑中严格掌握适用缓刑条件、控制缓刑的适用范围等,将明知或者应知他人实施网络犯罪而提供帮助的单位和个人也要纳入刑罚范围,尤其是在共同犯罪故意的认定方面,针对上游、下游灰黑产业的帮助犯,对证明"明知他人实施诈骗犯罪"设定合理的举证标准,即使不以共犯论处,也可以认定为妨碍信用卡管理秩序罪或掩饰、隐瞒犯罪所得罪等,以重刑惩罚方式形成刑罚的"威慑效应"。三是在《刑法》中增

① 参见刘艳红:《网络犯罪的刑法解释空间向度研究》,载《中国法学》2019年第6期。
② 参见徐剑:《对象型网络犯罪的刑事政策应对》,载《河北法学》2016年第8期。
③ 参见周光权:《有必要增设利用计算机妨害业务罪》,载《人民检察》2020年第12期。
④ 参见储槐植、薛美琴:《对网络时代刑事立法的思考》,载《人民检察》2018年第9期。

加有关网络犯罪管辖权的规定,或者通过司法解释的形式对网络犯罪的管辖权、跨境取证等国际协作进行专门规定,对外可制定网络犯罪公约、达成双边或多边协定。在加强刑罚的同时要更好地发挥行政执法的前置作用,使行政处罚和行政法规介入作为普通网络违法行为的前置规制条件,不断加强行政违法与刑事犯罪之间的连接性、传递性和升阶性,如建立健全公民个人信息保护防范机制,严格规范对有需要的单位采集的个人信息的收集、存储、使用、销毁等环节,对违反相关法律法规的单位及个人首先应予以行政处罚,确保在行政处罚不足以规制的情形下才能进行刑事惩治。

就刑事政策而言,应当与目前我国对互联网行业采取的“包容审慎”的监管模式相适应,保护支持鼓励真正利用互联网创新的产业和行为,对涉及网络犯罪的相关行为要贯彻宽严相济的刑事政策予以打击。要一体化地看待网络空间与现实世界,①前移网络犯罪的刑事防线。适度改变以往传统犯罪主要打击实施行为、对已经着手犯罪造成危害后果了才开始打击的理念,坚持打早打小策略,如果沿袭传统的打击模式,将会导致网络犯罪不发案则已,一发案就是大案要案,严重危害法益。

(二)加强区域和跨境合作,形成打击合力

就国内而言,《关于办理网络犯罪案件适用刑事诉讼程序若干问题的意见》(以下简称《意见》)第4条第11、12项专门就网络犯罪办案的跨地域取证问题作了操作性很强的规定,《关于办理非法集资刑事案件若干问题的意见》第8条也对异地侦查、起诉、审判和资产处置等办案协作作了详细规定,各地司法机关需要在严格贯彻执行的基础上根据实践情况纵深推进机制建设,强化区域联动、实现数据共享,如探索构建统一化的数据基础设施和数据共享机制,在公安机关、检察机关内部建立稳定而持久的电子数据存证或者固证平台,通过模块化的形式方便电子数据的上传和交换,确保交换程序合法,避免因程序不合法使证据合法性和客观真实性受到质疑,或者造成不必要的证据灭失等,做到第一时间发现、取证和打击。

① 参见曲新久:《惩治网络犯罪的刑法思路》,载《人民检察》2020年第12期。

就国际而言,美、英两国于2019年10月4日通过“史上首份”双边数据分享协议,规定两国可以不经司法协助程序,允许执法部门直接向对方国家的科技公司要求提供数据;欧盟为加速刑事调查中的电子证据调取,使成员国的调查机关可以直接向服务提供者要求提供电子证据,提出了《欧洲议会和欧洲理事会关于刑事犯罪电子证据的调取令和保全令的规定的提案》。① 直接跨国执法活动的开展表明各国都在不断创新应对之道,也给我国治理网络犯罪提供了一定启示。在这方面国家间、地区间的通力合作必不可少,②各国必须克服文化认知、犯罪认定、人权共识、利益冲突、缺乏引渡条约等一系列问题,建立有效的国际联盟并签署相关条约来避免这些争端对司法利益造成的破坏。在网络犯罪国际司法合作时,我国司法机关应当充分利用已有的《网络犯罪公约》等条约、协定并依据《国际刑事司法协助法》《意见》等相关规定,在引渡过程中遇到“罪与非罪”“此罪与彼罪”的问题时,可以不拘泥于罪名本身,而是关注所犯罪行的实质内容,考虑到其所侵害的法益以及危害后果,将犯罪类型化,以调和“双重犯罪”的问题。要加强国际间情报信息共享机制建设,及时通报研讨打击网络犯罪过程中遇到的新情况新问题,研究解决管辖权冲突、抓捕引渡遣返行为人、调取移交涉案证据和司法协助等方面难题,争取在网络反恐、网络禁毒、网络打黑、网络反走私等领域构建长效合作机制,形成共同打击网络犯罪的强大合力。

(三)深度推进电子取证工作

在网络犯罪领域,建立缜密有序的取证思路、合理固化电子数据形成证据链条十分重要。③ 面对复杂多变的具体案情,司法人员不能僵化自身的办案思维,要自觉丰富电子数据取证和审查知识,主动学习提取方法,了解现阶段技术条件下可以恢复提取的手机品牌、型号、方法和效果

---

① 参见王立梅:《论跨境电子证据司法协助简易程序的构建》,载《法学杂志》2020年第3期。

② 参见徐然、赵国玲等:《网络犯罪刑事政策的取舍与重构》,中国检察出版社2017年版,第26~29页。

③ 参见皮勇:《论新型网络犯罪立法及其适用》,载《中国社会科学》2018年第10期。

等,增强运用区块链技术提取和审查水平,对相关技术问题、专业语言和取证情况做到心中有数,避免因知识盲区导致取证不及时或引导侦查做无用功。必要时可以设立专业化办案团队专门负责网络犯罪案件办理和证据审查。要考虑案件的具体类型、服务器所在地、犯罪团伙组织结构以及成员的具体分工、涉案财物的流转方式、行为人的反侦察意识高低等情况,通过采用网络定位、IP追踪等信息技术确定犯罪的物理空间物质,并在此基础上利用远程勘验技术渗入行为人开设的虚拟平台的后台,从而确定犯罪组织的框架和分工、运作方式和被害人的资金流向等信息,建立起一条明确清晰的证据全链条,便于追诉各个环节的帮助犯罪或关联犯罪,提高非法利用信息网络罪和帮助网络犯罪活动罪的适用率。要进一步改变"重口供、轻证据"的倾向,重视电子数据的收集,规范扣押行为人的手机、电脑等物证,第一时间提取案件的定罪定性、打击整个犯罪链条、行为人主观明知等客观证据,强化电子数据与言词证据及其他证据的印证,如网络贩毒类犯罪中针对行为人否认手机是本人使用、贩卖毒品以及去过毒品交易现场等辩解,应从行为人手机中常用及特定称谓、通话记录、短信、微信与QQ聊天或转账记录、图片、录音、Wi-Fi连接地点及行动轨迹(或行车轨迹)等方面收集、分析证据,严密证据链条,全面掌握犯罪动态和犯罪手段。要健全电子数据检察技术辅助机制,办案遇到专门性问题时充分借助检察系统内外的专家资源技术力量审查案件。

对跨境电子取证而言,要完善现行电子数据规则,尽量在电子数据的获取与认定方面与国际规则保持一致。例如,可以将电子数据进行分类处理,从行为人、计算机、数据、网络犯罪行为4个方面进行证据关联性认定。取证时要兼顾合法性和效率性,既要尊重网络主权,避免单边取证;也要提高效率,简化跨境电子数据司法协助程序,即简化协助流程、缩短取证时间,在二者之间把握好利益平衡,可采取境内外双方执法者直接合作方式、派员调查取证方式或建立个案电子取证协助机制等方式适当简化司法协助程序,这样既尊重了网络主权,又能保障效率。

### (四)构建综合治理体系

网络犯罪治理不仅是司法机关的一家之事,必须树立综合治理、协同作战理念。检察机关可以牵头在“三个一”上精准发力：一是“一种转变”，即应从事后的被动防御转变为事前、事中的主动防控，同时让自己具有主动进攻的能力，激励网络技术创新，具备这样能力的核心武器是大数据和新技术，依赖数据建立风控体系，促进网络安全防范、保障网络的安全运行、打击违法违规行为。二是“一项能力”，即保障信息数据安全的能力。数据只有使用才能产生价值，流动性、共享、开放是数据使用的显著特征。只有切实保障信息数据的安全可控，才能更有效、全面地驱动互联网业务发展。三是“一个体系”，在开展互联网业务、进行互联网监管、打击互联网犯罪时，必须有前瞻性、预见性和主动性，能够快速识别出每一个网络行为背后的人以及其行为目的，并且准确地判断是否存在风险和异常。但是这种能力仅靠单个企业或者部门是无法实现的，纯粹的行业自治或单一的行政监督均有其局限性，需要结合行业自治和行政监管，通过构建网络犯罪长效治理体系来实现。要厘清网络行业监管主体的责任边界，扭转“分业监管”所导致的重叠和真空区域，可考虑按照业务类别设立综合监督管理机构，加大对网络黑灰产业有关信息、平台清理的整治力度。要发挥各级联席会议的作用，使各个成员单位切实负起责任，尤其是通讯运营商需要优化技术反制模型，推进技术反制建模系统升级，加强对网站平台的管控治理，将涉及恶意软件的内容纳入网络不良信息进行监管处罚，以加强源头治理。重点加强网络 App 监管，建立统一的强制性监管标准，实行 App 应用开发主体实名登记备案制度，对具备支付功能的 App 平台进行“穿透式”监管，检查其真实商业模式，及时清理各类非法 App。网络企业要强化社会责任，建立严格的机器审核和人工审核双重制度，培训和提高人工审核团队的综合能力，采取更加严格的内容审核机制，在 AI 反垃圾识别算法上不断精细和完善内容风控体系。监管主体和司法机关要加强与三大运营商、相关电商平台、社交平台等网络企业的联系，同时网络企业应在高效、便捷协助司法机关调查取证的前提下，打通网络在线对接、及时回传需求证据的绿色通道。银行部门要加强银行卡、U 盾管理，物流企业提早发现“四件套”等作案工具并及时反馈。要发挥行业自控和行政监督的双效合力，提升各网络管理主体的自律能力,规范网络金融领域征信体系机制、加强网络业务的个人信息管理,加强重点领域、重点人员和重点行业的事前防范和精准防控。

## 四、结语

网络信息的快速发展使网络犯罪的犯罪圈在一定程度上有所扩展,给刑事检察工作带来了许多新的挑战,如何更有效地发挥刑事检察职能作用是加强网络安全保障的重要组成部分。但仅有这些是远远不够的,网络信息的安全与秩序要多管齐下,构建完整的法律制度体系、严密的监督监管体系以及高效协调的法治实施体系,这样才能营造清朗有序的网络和社会环境。

# 论电子商务交易中的意思表示瑕疵

## ——赵某圳诉芭莎公司合同纠纷案评析

冯洁语　曹旭锦*

**摘　要**：电子商务交易中涌现出大量涉及标价错误等意思表示瑕疵问题，关于意思表示错误能否撤销，尽管在学理上存在一元论和二元论的争议，但是实践中并未出现明显的偏向于一元论或是二元论的倾向。意思表示错误撤销与意思表示解释事实上存在一定的理论交叉，许多意思表示错误撤销的问题可以通过意思表示解释进行处理，处理方式的不同恰好反映了一元论与二元论的区别：一元论观点将动机、相对人之状态置于意思表示的错误撤销中；二元论观点将表示相对人的主观状态以及动机相关因素通过解释的方式纳入合同的内容，通过这种方式明确是否存在错误以及错误类型后，进而分析能否撤销的问题。两者比较来看，二元论的构建更具优势，一方面维护了当事人的真意，另一方面也无损交易安全。回归到本案中，无论按照一元论还是二元论的解释路径，芭莎公司均无权撤销合同。

**关键词**：意思表示解释；错误撤销；一元论；二元论

### 一、问题的提出

#### （一）案例概述与法官说理

2019年1月14日，原告赵某圳在被告芭莎公司于京东平台经营的店

---

* 冯洁语，男，江苏省高级人民法院民六庭审判员，南京大学法学院副教授；曹旭锦，女，江苏省南京市江北新区人民法院法官助理。

铺购买了一对耳钉,该耳钉原价 1276 元,原告使用了“满 999 减 888”优惠券、其他优惠、京豆和红包后,实际支付 338.7 元。2019 年 1 月 19 日,芭莎公司向原告提出,在参加活动时芭莎公司设置了“最低 8 折”的最低价格保护,但京东平台表示此次活动不受商家后台设置最低保护价格的限制。因此,该笔订单系价格标错,芭莎公司主张撤销。

法院认为,根据《最高人民法院关于贯彻执行〈中华人民共和国民法通则〉若干问题的意见(试行)》(以下简称《民通意见》)第 71 条(现《最高人民法院关于适用〈中华人民共和国民法典〉总则编若干问题的解释》第 19 条,以下简称《总则编司法解释》第 19 条)。行为人因对行为的性质、对方当事人、标的物的品种、质量、规格和数量等的错误认识,使行为的后果与自己的意思相悖,并造成较大损失的,可以认定为重大误解。本案中,造成该笔低价订单的原因是芭莎公司对促销活动规则的错误理解,该误解不属于对行为性质、对方当事人、标的物的品种、质量、规格和数量等的错误认识,因此不构成重大误解,对芭莎公司以重大误解为由撤销合同的请求不予支持。①

广州市中级人民法院的法官在评析该案时又进一步明确,本案审理的实质理由在于维护交易安全,避免网络交易中,经营者随意主张意思表示存在错误而撤销合同,以损害善意消费者的利益。基于此种实质价值判断,在理论构成方面,其一方面认为对于标的物价格的错误构成《民通意见》第 71 条(《总则编司法解释》第 19 条)意义上的重大误解;另一方面又认为应限制意思表示错误在电子商务合同中的适用。②

### (二)存在的疑问

对上述的说理存在三点疑问。第一,法官虽然意识到意思表示错误撤销的前提是合同成立,但是其讨论的重点在于出卖人在网站标价构成

① 参见赵某圳诉芭莎珠宝(深圳)有限公司网络购物合同纠纷案,广东省广州市中级人民法院(2019)粤 01 民终 17265 号民事判决书。

② 参见赵某圳诉芭莎珠宝(深圳)有限公司网络购物合同纠纷案,广东省广州市中级人民法院(2019)粤 01 民终 17265 号民事判决书;最高人民法院中国应用法学研究所编:《人民法院案例选》2020 年第 3 辑,人民法院出版社 2020 年版,第 8 页、第 11 页。

要约邀请还是要约,在《电子商务法》和《民法典》颁布以后,《电子商务法》第 49 条、《民法典》第 491 条第 2 款对电子商务合同的成立作了明确的规定,消费者付款以后合同成立已无疑问。在此种情况下,值得关注的是意思表示解释规则在网络交易中的适用问题。这一问题也是意思表示撤销的前提性问题。第二,法官在意思表示错误论的理论构成上采纳了所谓的错误二元论,但我国学说中同样存在一元论的观点。事实上,法官在后续说理中考虑到意思表示发出人与受领人的主观状态,[①]这一点恰恰是一元论中的考量因素。第三,本案的争议焦点在于出卖人与买受人之间网络购物合同的效力,未涉及买卖双方与网络交易平台之间的关系。在明确了效力以后,进一步需要思考的是,网络平台与买卖双方之间的关系以及潜在的损害赔偿问题。

## 二、既有案例与学理准备

### (一)既有案例

本案涉及的是标的物价格方面的错误,实践中,涉及网站标价错误的纠纷在北京、上海、广东、浙江、山东等地都发生过,北大法宝网站检索结果显示,在 2017 ~ 2019 年共有 509 件与网站标价错误有关的裁判,多涉及家电、手机、充值电话卡等商品,其中很大一部分案例的争议焦点是标价错误的合同能否撤销,但是相似的争议焦点却出现了不同的裁判结果。兹举两案为例。

1. 郑某诉上海泽居网络科技有限公司等买卖合同纠纷案[②]

2016 年 5 月 27 日,原告通过苏宁易购电子商务平台,向上海泽居网络科技有限公司以 4680 元的价格下单格力系列家用中央空调一套,被告主张该空调原价 46, 800 元,出现该订单系价格标错,并且拒绝发货。

---

① 参见赵某圳诉芭莎珠宝(深圳)有限公司网络购物合同纠纷案,广东省广州市中级人民法院(2019)粤 01 民终 17265 号民事判决书;最高人民法院中国应用法学研究所编:《人民法院案例选》2020 年第 3 辑,人民法院出版社 2020 年版,第 12 页。

② 参见郑某诉上海泽居网络科技有限公司等买卖合同纠纷案,浙江省兰溪市人民法院(2016)浙 0781 民初 3109 号民事判决书。

法院认为,“电子交易具有迅速、竞价、非面对面、群体不特定、信息不对称等特点”,从网络交易的习惯来看,也存在低价秒杀等情况,基于上述原因,法院明确认为,不能仅以价格差距来判断合同成立的合法性。此外,法院进一步论证了原告的主观状态符合善意,其购买了一台空调而非批量空调,不存在恶意购买。因此,法律应保护电子交易的效率和安全,被告上海泽居网络科技有限公司即使标价错误,也不得主张撤销。

2. 北京京东世纪贸易有限公司与施某翔买卖合同纠纷案①

2015 年 12 月 23 日,被告施某翔在京东网上商城以 119 元的价格下单购买了 10 把儿童安全座椅,京东以系统升级导致价格标错为由不履行该合同,后诉至法院请求撤销。

法院认为,该儿童座椅的历史最低价为 799 元,119 元的价格和进货价以及历史销售价差异巨大,并非交易的正常价格,亦不是京东商城的真实意思表示,如果要求原告京东公司按该价格履行买卖合同义务交付系争儿童安全座椅,则会出现原、被告之间的合同权利、义务明显不对等、合同利益严重不均衡等显失公平的法律后果。最终法院撤销了被告施某翔与京东商城之间的买卖合同。

两个案件的事实具有一定的相似性,均为出卖人标错了价格。但是,仅就案件事实来看,两个案件也存在一定的差别。在第一个案件中,买受人仅购买了一件标的物,因此,法院确认买受人构成善意。相反,在第二个案件中,买受人购买了 10 件标的物,法院对其主观状态并未作出判断。

在此种差异之上,法院也表明了支持其作出不同裁判的价值判断。在第一个案件中,法院更侧重对交易安全的保护,指出电子商务中更应当保护信赖,维护交易的便捷与安全。在第二个案件中,法院更强调给付与对待给付之间的均衡状态,以实质上维护合同的公正性。事实上,第二个案件中,并非涉及一个买卖合同,作为出卖人的京东商场,同时与多个买受人订立买

① 参见北京京东世纪贸易有限公司诉施某翔买卖合同纠纷案,上海市浦东新区人民法院(2016)沪 0115 民初 30669 号民事判决书。

卖合同,如果所有的合同均有效,则会给出卖人造成巨大损失。[①]

由此可见,在意思表示错误能否撤销的问题上,我国司法实践尤其重视相对人的主观状态。

(二)学理准备

从实证法来看,我国《民法典》第147条沿用了原《民法通则》第59条的表述,规定基于重大误解的法律行为可以撤销。但是,《总则编司法解释》第19条在进一步解释什么情况构成重大误解时,强调了表示与意思相悖。因此,我国学说基本认可重大误解即意思表示错误。[②] 但是,围绕怎样的意思表示错误可以撤销,尤其是动机错误能否撤销,学界形成了二元论与一元论的对立。

1.按照德国式二元论路径进行解释。德国法根据意思表示的不同阶段,将错误划分为意思形成时的错误和意思表达上的错误。意思形成时的错误即动机错误原则上不影响法律行为的效力,意思表达上的错误可以影响法律行为的效力。从我国原《民法通则》第59条第1款将变更或者撤销事由限定在对"行为内容"的重大误解上,就可以看出很明显地受到德国式二元论影响的痕迹。在《民法典》的制定过程中,也有学者主张区分意思表示错误和动机错误,意思表示错误可以导致法律行为被撤销,动机错误一般不能导致法律行为被撤销,但是重大的动机错误可以视为表示错误。[③] 在上述基本共识下,学说又对错误撤销进行了不同的限制,以平衡意思自治与交易安全,具体而言,是否要求表意人和受领人对错误具备可归责性。有观点认为,在当今网络时代,如果意思表示受领人无过错,则应当限制表意人的撤销权,以维护交易安全。[④] 相反,也有观点认为,受领人的可归责性对于撤销权的影响仅限于合同领域,不应扩展到一

---

① 参见北京京东世纪贸易有限公司诉施某翔买卖合同纠纷案,上海市浦东新区人民法院(2016)沪0115民初30669号民事判决书。

② 典型如朱庆育:《民法总论》(第2版),北京大学出版社2016年版,第267页;王利明主编:《民法》(第6版),中国人民大学出版社2015年版,第114页。

③ 参见梅伟:《民法中意思表示错误的构造》,载《环球法律评论》2015年第3期;赵毅:《民法总则错误制度构造论》,载《法商研究》2016年第4期。

④ 参见梅伟:《民法中意思表示错误的构造》,载《环球法律评论》2015年第3期。

般领域,表意人的可归责性只影响损害赔偿,不影响撤销权。①

2. 按照私法国际统一方向的一元论路径进行解释。《国际商事合同通则》中对错误下的定义为:"对于合同成立时存在的事实或者法律的不正确假定。"该定义并没有区分意思形成阶段和意思表示阶段,决定性的时间点为合同成立时。有学者认为,一元论观点代表私法国际统一的方向,是错误论发展的最新成果。② 二元论是意思主义的产物,与表示主义占主导的现代社会格格不入,主张不必区分动机错误和表示错误,二者的区分界限不明,没有可操作性,二者的区分背后欠缺价值评价的意义。③一方面,动机错误并非绝对不可撤销,二元论即使增加了重要的动机错误可以撤销的规则,也无法解决全部动机错误的问题;另一方面,意思表示错误也不是必然可撤销。例如,该说认为,如果出卖人标错价格,此种情况虽然是典型的表示错误,但从相对人的视角来看,和对标的物价值产生错误的动机错误并无区别,如果允许标错的情况可以撤销,那么也应当允许撤销动机错误的意思表示。④ 还有学者认为,一元论的观点更接近实务的立场,在审判实务中涉及错误的案例绝大多数都属于意思形成阶段的错误,如何将这种错误纳入救济范围是当务之急。⑤ 最终形成的一元论方案,不再区分意思表示错误和动机错误,而是将意思表示相对人是否知晓错误作为撤销权的构成要件。⑥

(三)小结

从以上的学理之争来看,二元论和一元论均试图将价值判断的因素引入意思表示错误的撤销制度中,无论在哪种理论下,均不会一概否定动机错误的撤销可能性或者一概肯定表示错误的可撤销性。二者的区别在于原则与例外的不同,二元论下,意思表示错误原则上可以撤销,但受到

---

① 参见赵毅:《民法总则错误制度构造论》,载《法商研究》2016 年第 4 期。

② 参见韩世远:《重大误解解释论纲》,载《中外法学》2017 年第 3 期。

③ 参见龙俊:《论意思表示错误的理论构造》,载《清华法学》2016 年第 5 期。

④ 参见龙俊:《论意思表示错误的理论构造》,载《清华法学》2016 年第 5 期。

⑤ 参见陈自强:《契约错误法则之基本理论——契约法之现代化Ⅳ》,台北,新学林出版股份有限公司 2015 年版,第 314 ~ 315 页。

⑥ 参见龙俊:《论意思表示错误的理论构造》,载《清华法学》2016 年第 5 期。

相对人善意的限制，动机错误原则上不得撤销，但构成重大的动机错误可以撤销。这就意味着，表意人需要证明自己意思表示存在错误，相对人证明自己善意。相反，一元论中，意思表示错误均在相对人知情时才可撤销，这就意味着表意人除了证明自己意思表示错误以外，还必须证明相对人知情。①

在这个意义上，很难说我国司法实践更偏向于一元论还是二元论。就上述两个典型案件而言，其均仅涉及标价错误，是典型的意思表示错误。无论是从一元论还是从二元论出发，均可以解释上述两个案件。并且在这两个案件中，法院主动辨别了相对人的主观状态，因此无法推知我国司法实践更偏向于哪种理论。

## 三、意思表示解释、合同解释与错误的理论交错

### （一）表示相对人知情在意思表示解释中的体系定位

正如上文所述，我国学说与司法实践均将表示相对人是否知情置于意思表示错误中，但相对人是否知情在意思表示解释中同样起到重要作用。我国《民法典》第 142 条根据是否有相对人，将意思表示的解释规则分为两类，有相对人的意思表示解释更强调其规范性，无相对人的意思表示解释更强调探求表意人的真意。而在意思表示解释之外，《民法典》第 466 条第 2 款第 2 句又规定了合同的解释。从该条的文义来看，合同的解释与有相对人的意思表示解释相同，均从合同条款、性质等出发，强调解释的规范性。这个意义上来看，合同解释本质上就是有相对人的意思表示解释，二者之间并无实质区别。② 在有相对人的意思表示解释和合同的解释中，更强调解释的规范性，其价值基础是信赖保护。③

尽管我国在细分意思表示解释后，《民法典》第 142 条第 1 款和第 466 条第 2 款第 2 句的文义均仅强调了解释的规范性。但就意思表示解释的基本原理而言，仍应当明确意思表示解释的目的仍在于确定当事人

① 参见龙俊：《论意思表示错误的理论构造》，载《清华法学》2016 年第 5 期。

② Biehl, Grundsätze der Vertragsauslegung, JuS 2010, 195 (196).

③ MüKoBGB/Busche, 8. Aufl., 2018, BGB § 133 Rn. 10.

的真实意思,否则,无法区分意思表示的解释与法律解释。意思表示的解释与法律解释二者的起点是不同的,意思表示和合同中规则制定者与规则对象是相同的人,其内容不是以他治的方式"管理"合同当事人。[①] 法律解释受到信赖保护思想的影响更深。[②] 从比较法视角来看,《德国民法典》第133条明确规定意思表示解释不拘泥于当事人所采文义的意义,而应当探求当事人的意思。此种意思在有相对人的意思表示中,体现为客观受领人理解的意思。[③] 受领人视角下,需要考虑的是"预设的解释者所有能够考虑到的材料,包括对相关情况、规则、磋商行为、语言和交易习惯等的知晓程度"。[④]

这就意味着,尽管有相对人的意思表示在解释时强调其客观性,但是由于解释的视角是客观受领人的视角,并且该视角中融合了受领人的主观状态。[⑤] 具体而言,如果受领人明知或应知对方的信息,则意思表示的内容根据该信息发生效力。例如,假设出卖人甲希望以100元的价格出卖其标的物,但错标价格为10元,买受人乙明知甲希望以100元的价格出卖,此种情况下,在解释时,应当从当事人的主观意思出发,适用"误载无害真意"的规则,认定合同以100元的价格成立,实无必要先从规范的解释,认为合同以10元的价格成立,继而再赋予甲撤销权。

### (二)动机相关因素在解释与撤销之间的分配

在相对人的知情状态以外,动机因素同样面临在意思表示解释和错误撤销之间如何分配的问题。我国目前学说过于侧重动机因素在错误撤销一侧的分配。事实上,动机相关因素的体系定位应当首先定位于意思表示的解释中。

关于动机相关因素在意思表示解释中的分配,其中一种可能的做法

① 参见[奥]恩斯特·A. 克莱默:《法律方法论》,周万里译,法律出版社2019年版,第114页。

② Biehl, Grundsätze der Vertragsauslegung, JuS 2010, 195 (196).

③ Vgl. MüKoBGB/Busche, 8. Aufl., 2018, BGB § 133 Rn. 12.

④ Heck, Gesetzesauslegung und Interessenjurisprudenz, AcP 112 (1919), 1 (43).

⑤ 同样采此种观点如叶金强:《合同解释理论的一元模式》,载《法制与社会发展》2013年第2期。

是构建理性人、重构合同语境,进行一元合同解释。[①] 在此种理论下,动机相关的因素能否纳入合同之中,要在语境重构阶段进行考虑。

合同的内容应当在双方当事人共同视域中加以确定。这就意味着,与一方当事人的意思表示的动机因素如果进入了双方共同的语境中,那么同样构成合同的内容。在这个意义上,确实可以说意思表示和动机之间的界限是不明的。例如,甲为了结婚而以1000元的价格购买彩电,并在乙的购物网站上点击了购买按键。此种情况下,结婚通常仅仅是买卖合同的动机,因为甲作出购买的意思表示,无论从内心真意来看(以1000元的价格购买彩电),还是从表示行为来看(点击购买按键),为结婚而购买彩电的动机均未进入合同的语境中。相反,如果乙专营的是婚礼专用产品,那么结婚的动机应当构成语境,因此成为合同的内容。

在第一种情况下,由于结婚的动机没有进入合同中,因此,如果甲不结婚,那么,只是发生动机错误,此时需要考虑动机错误能否撤销。我国之前的意思表示错误理论之争即围绕此展开。

在第二种情况下,结婚的动机符合双方的语境,因此构成合同内容的一部分。此种情况下,如果甲不结婚,此时不需要适用意思表示错误理论才得撤销,而应当适用所谓的"合同目的落空"(Zweckfortfall),由于债权人期待的给付利益或债权人方面的原因,导致债务人如约履行也无法实现约定的给付效果。[②] 目的落空的法律效果与履行不能相同,债务人的给付义务消灭,相应债权人的对待给付义务也因牵连性而消灭。当然,债权人是否因此负有损害赔偿义务,则须进一步检讨。对此,不能认为债权人必须对其范围内的所有状况均承担责任。

### (三)意思表示解释与错误理论的选择

意思表示的解释理论和撤销理论存在交错的现象,同一事实,例如,相对人的知情状态或可以通过解释的方式纳入合同的内容中,或可以构成意思表示撤销的要件。在这个意义上,无论采一元论还是采二元论,在

---

① 参见叶金强:《合同解释理论的一元模式》,载《法制与社会发展》2013年第2期。

② Vgl. Looschelders, Schuldrecht Allgemeiner Teil, Vahlen, 16. Aufl., 2018, S. 161.

绝大部分问题上殊途同归。事实上,无论采何种理论,意思表示解释或者撤销制度的构建中均需要考虑保护当事人真意与维护交易安全之间的平衡。

需要明确的是,意思表示解释采意思说、表示说还是效力说。在意思表示分解为内心意思与表示行为以后,必然产生解释标准问题。意思说以当事人的真实意思为准,表示说则以客观相对人对表示行为的理解为准。相反,效力说则试图克服意思和表示的二分,其认为意思表示不是根据真意或者客观第三人理解的真意发生效力,而是表示行为本身具备了拘束力,按其表示中体现的法律效果意思发生效力,其"应当按这样的表示生效"。[①] 按效力说,则不存在表示行为以外的真意,二者是合一的。此种尝试尽管解决了意思与表示之间的不一致问题,但是此种解决仅仅是概念上的区别,并没有真正解决表意人真实意思与交易安全之间的冲突。[②] 即使采效力说,在判断意思表示是否发生错误时,仍然要考虑表意人的真实意思为何。例如,甲误将212元的售价说成了112元,此种情况下,存在表示错误。[③] 由此可见,意思表示真正的效力来源,只能是当事人的真意。当然这不意味着意思表示解释应当采意思说,即使采表示说,意思表示虽然按客观受领人理解的意思发生效力,但是,一旦发生与意思不符的情况,表意人可以撤销,只是须承担信赖利益的损害赔偿。

在明确了意思表示的解释后,进一步考虑意思表示发生错误时,一元论和二元论在哪一点上真正存在差异,对当事人的利益会造成怎样的影响。正如上文所述,一元论将动机、相对人之状态等,均置于意思表示的错误撤销中;相反,二元论则通过解释将这些因素纳入合同中。在这个意义上,二元论的构建更具优势,其既无损交易安全,又维护了当事人之间的真意。

---

① Vgl. Neuner, Allgemeiner Teil des Bürgerlichen Rechts, C. H. Beck, 12 Aufl., 2020, S. 357.

② Vgl. Wieling, Die Bedeutung der Regel "falsa demonstratio non nocet" im Vertragsrecht, AcP 172(1972), 297, 306 f.

③ Vgl. Neuner, Allgemeiner Teil des Bürgerlichen Rechts, C. H. Beck, 12 Aufl., 2020, S. 482.

举例而言,如果甲误将200元的价格,写成了20元,乙明知甲真意是200元或者明知甲发生了错误,此种情况下,按一元论,甲可以基于错误撤销。此种撤销受到除斥期间的限制。相反,如果按二元论,则合同以200元的真实价格成立。如果乙仅明知甲意思表示错误,但不知其真意,则此时合同成立,但对于价格约定不明。[①] 根据《民法典》第510条和第511条的规定,如果当事人对于价格约定不明的,首先可以达成补充协议,不能达成补充协议的,则按合同履行地的市场价格确定。

## 四、案例的回归

在赵某圳诉芭莎公司的案件中,芭莎公司在京东平台启用了"店铺折扣"模式,并设置最低折扣为8折。按照"店铺折扣"管理界面的提示:"该折扣为店铺最低折扣,低于此折扣不能创建促销活动。"后芭莎公司报名参加了京东平台名为"珠宝部1.14~15满999减888"的促销活动,活动规则中没有写明参与该活动是否还会受最低折扣机制的保护。芭莎公司以为会继续受最低折扣机制的保护进而对商品标价,但是在交易时并未受价格机制保护,导致了本案低价订单的发生。

### (一)错误的类型

首先,需要考虑的是,对相对人而言,能否认识到芭莎公司存在错误。此种情况下,不能简单地认为由于电子商务往往采电子形式,合同内容均记载于订单页面,就认为不适用"误载无害真意"的规则。对此,可以参考书面合同的解释。在书面合同的解释中,同样应当探求当事人的真意。对此存在不同的观点,德国联邦法院采暗示说(Andeutungstheorie),只有在书面形式中,有所暗示的内容,才能作为合同的内容。[②] 相反,学说则区分书面形式的目的。如果书面形式仅保护合同当事人,简化举证,不涉及第三人利益,那么在解释时可以考虑所有当事人明知或应知的情况;相反,如果书面形式的规范目的在于保护第三人的利益,那么,在解释时,不

① 类似的处理参见《德国民法典》第155条。

② Vgl. BGHZ 87,150 (154).

能考虑第三人无法知晓的、在书面记载以外的情况。[①] 在网络购物中,同样应当采此种解释。本案中,消费者对此种促销活动的规则以及价格保护规则并不知情,因此,在解释时,不能认为消费者知道芭莎公司的未受最低价格保护的特殊情况。

其次,进一步需要考虑,芭莎公司对促销活动规则的错误理解,是否属于可撤销的错误。基于二元论的前提,对促销活动规则理解的错误,不属于《民通意见》第 71 条所列举的 6 种重大误解类型。《民通意见》第 71 条规定:“行为人因对行为的性质、对方当事人、标的物的品种、质量、规格和数量等的错误认识,使行为的后果与自己的意思相悖,并造成较大损失的,可以认定为重大误解。”根据该条,能够撤销的重大误解是指意思表示内容错误,《总则编司法解释》第 19 条延续了这 6 种错误类型,并增加了价格错误这一类型。对于促销规则的错误不是意思表示内容错误,因为芭莎公司作为出卖人,其意思表示的内容是以满减后的价格出卖相应标的物。

明确了本案不涉及内容错误以后,在二元论的前提下,考虑是否构成可撤销的动机错误,也即交易上认为重要的性质错误。性质错误,是指一切能够持续影响标的物的使用性和价值的事实关系与法律关系。[②] 换言之,对物的价值会产生影响的因素是物的性质,相反,标的物价值本身不属于物的性质。[③] 因此,芭莎公司不能以标的物的价格过低为由撤销意思表示。

尽管价格本身不构成性质,但是,对于京东平台所设置的促销规则芭莎公司产生了错误理解,误以为促销活动不会排除原最低折扣机制的保护,并基于此错误理解对商品进行标价。此种情况是所谓的“计算错误”,其意指当事人对价格如何计算产生的错误。计算错误不是一个独立的错误类型,必须根据个案判断其是属于意思表示错误还是动机错误。

---

① Vgl. Biehl, Grundsätze der Vertragsauslegung, JuS 2010, 195 (199).

② Vgl. Neuner, Allgemeiner Teil des Bürgerlichen Rechts, C. H. Beck, 12 Aufl., 2020, S. 486.

③ Vgl. BGHZ 16, 54 (57).

本案中,消费者无法知道存在价格保护规则,因此该计算方式对合同订立不造成任何影响,只是动机错误。

(二)撤销权的行使

该案如果采二元论,在明确了芭莎公司存在动机错误以后,则无须考虑其意思表示的撤销问题。但是,在一元论的理论框架下,能否撤销更多取决于当事人的主观状态。

首先,表意人存在重大过失应当限制其撤销权。我国法律并未规定表意人的主观过失会影响其撤销权,日本的法律对此有明确规定。例如,《日本民法典》第 95 条规定:"意思表示在法律行为错误时,无效,但是如果表意人存在重大过失时,表意人不得主张无效。"表意人主张无效的权利被重大过失所限制,这体现了日本民法对交易安全的保护。

国际商事规则的发展趋势也是对有重大过失的表意人错误撤销权进行限制。比如《国际商事合同通则》(Principle of international Commercial Contract)第 3.5 条规定:"错误的产生如果是一方的重大过失导致,则不可撤销。"

虽然我国法律中没有对表意人重大过失限制撤销权的规定,但是在司法实践中法院以表意人重大过失为由限制撤销权的案件屡见不鲜。例如,在 2015 年威海市中级人民法院审理的一个案件中,原告主张其原意是购买一辆 2005 年款的汽车,过户后却发现车辆登记日期为 2002 年,据此原告以重大误解为由请求法院撤销合同。法院认为:"原告从事二手车交易,对车辆登记管理的方面的知识有充分理解,其没有发现按一般人的合理注意即可发现的车辆登记实际情况,存在过失。对原告主张的重大误解不予认可。"①

其次,相对人是否善意应当被纳入考量。之所以对表意人的撤销权进行限制,是因为相对人的信赖利益值得保护,如果相对人已经明知表意人发生重大误解,进而利用表意人的误解时,相对人就不具有需要被保护

① 参见柯某富诉邹某妮买卖合同纠纷上诉案,山东省威海市中级人民法院(2015)威商终字第 361 号民事判决书。

的信赖利益,此时更应当保护表意人的真实意思。

我国法律也没有规定相对人是否善意对表意人撤销权的影响。但是一些域外法律和国际商事规则对此有相关规定。如《奥地利民法典》第871条规定:“当相对人知道或者应当知道错误的存在,或者相对人造成了该错误时,可以依错误撤销合同。”《国际商事合同通则》(Principle of international Commercial Contract)第3.3条规定:“契约另一方制造此错误或知道或应当知道此错误,错误状态的存在有违公平交易的商业标准,可以撤销;或契约另一方未本着合理信赖行事,则表意人可以撤销。”司法实践中法院把相对人善意纳入考量因素的案件也有很多。如前述的郑某诉上海泽居网络科技有限公司案中,法院就认为网购交易中存在超低价、秒杀等促销手段,不能以价格过低认定相对人存在恶意,并且相对人只购买了一台低价空调,没有批量购买,即相对人不存在恶意购买的情况,从而驳回了表意人以重大误解为由请求撤销合同的主张。

最后,商事活动的特殊性也应当被纳入考量。虽然在我国民商合一的立法背景下,《民法典》中规定的重大误解制度同样适用于商事活动,但是商事活动与普通民事活动确实存在天然的区别。民事活动更注重对当事人真意的保护,而商事活动则更强调维护交易安全,提高交易效率。尤其是在网购交易中存在大量以明显低于原价的价格开展特价优惠、折扣、秒杀等促销活动,消费者难以对某件商品价格的真实性进行甄别,如果对网购商家标错价格一律准予撤销无疑会损害交易安全,降低交易效率。此外,在商主体与非商主体,即消费者的交易过程中,消费者与商主体对商品信息的掌握并不对等,商主体对商品的发布、标价、订单、发货等均有经营管理的义务,对所售商品和提供服务应尽到审慎的审查及管理规范责任。

本案中芭莎公司作为网络购物经营者,没有尽到对商品价格的核实义务,导致低价订单发生,应当认定其具有经营管理上的过失。消费者赵某圳参加了网购平台名为“满999减888”的促销活动,基于一个普通消费者对该促销规则的理解,以338.7元的价格购买了原价1276元的商品是合理且正当的。因此,应当认为芭莎公司无权依据重大误解主张撤销合同。

## 五、本案判决遗留的问题——京东平台是否应承担责任?

上述分析均限于芭莎公司与买受人之间,本案中还存在一个关键性问题:芭莎公司参加京东的促销活动,与京东平台之间形成了相应的合同关系,在这一合同关系中,芭莎公司可能存在意思表示错误。芭莎在京东平台设置了最低折扣保护机制,该保护机制管理界面提示:“低于此折扣不能创建促销活动。”但是芭莎公司参加了京东平台“满 999 减 888”的跨店铺促销活动后,出现了低于 8 折的低价订单。对此,需要解决的问题有三:其一,芭莎公司与京东平台之间的合同内容为何;其二,如果发生错误,芭莎公司能否撤销;其三,撤销合同以后,导致怎样的法律效果,是否影响芭莎公司与买受人之间的合同。

对此,同样应当贯彻解释优先的原则。芭莎公司与京东平台达成参加促销协议时,设置了最低折扣保护机制,因此,在意思表示解释时,就其内心真意来看,其希望参加最低不低于 8 折的促销活动,而其选择的表示行为是设置了最低折扣保护,并参加满减的促销活动。京东平台解释到,最低折扣保护规则仅适用于出卖人自己发起的促销活动,不适用于优惠券、满减等促销活动。此种解释是京东平台的主观解释。从客观第三人的视角来看,应当认为其意思表示的含义是以受最低折扣保护的方式参加减免活动。更进一步从语境重构的角度来看,京东平台也应当知道对方的真意。

因此,应当认为芭莎公司与京东平台之间促销合同的内容包括最低保护价格规则。因此,京东平台的承诺表示存在错误。此种情况下同样需要判断京东能否撤销其承诺的意思。由此会形成两条不同的进路。

第一条进路,允许京东撤销,那么芭莎公司与京东之间的合同溯及地消灭。此种情况下,需要考虑的是,由于芭莎与京东公司之间的合同消灭,是否影响芭莎公司与买受人之间的合同。买受人之所以能够以较低的价格购买标的物,是因为芭莎公司与京东之间的合同。如果该合同被撤销,此种情况下,应当类推第三人欺诈的情况,由于买受人不知道京东与芭莎公司之间存在错误。因此,买受人与芭莎公司之间的合同不受影响。

但是,由于芭莎公司信赖其意思表示有效,并据此与消费者订立了不利的合同,产生了损害。因此,京东负有赔偿此种信赖利益的责任,但是,此种信赖利益的损害赔偿不能超过履行利益。

第二条进路,不允许京东撤销,那么京东公司构成违约,需承担违约损害赔偿责任。此种情况下,理所当然不影响芭莎与买受人之间的合同。此种情况下,京东赔偿的范围包括芭莎公司因买卖合同产生的损失。

## 六、结语

处理电子商务交易中的意思表示瑕疵问题依然立足于意思表示错误理论,但是需要对传统理论进行一定完善,无论是一元论还是二元论观点均将相对人的主观状态以及动机相关因素纳入考量范围,商事活动的特殊性也应当予以考虑。此外,在电子商务交易中网购平台的角色定位同样重要,交易不仅关涉买卖双方,而且关系到提供交易平台的第三方,商家与平台之间出现矛盾如何处理,如何规避此类矛盾对消费者利益的不利影响,这些问题都需要我们继续探究与思考。

# 论深层链接侵权认定中的“新公众标准”

## ——以视频聚合平台为例

徐　伟　白金帆*

**摘　要：**信息网络传播权的本质是控制作品的传播行为，故对其界定应包括“存在作品的传播行为”及“能够为新公众所获得”两个方面。对信息网络传播权的这一理解与欧洲法院对“新公众”标准的早期司法实践相符。在传播方式与初始传播相同的情况下，受众若非著作权人首次公开作品时本意传播的对象，只要满足受众的合理需求，就应承担相应的著作权侵权责任。“新公众”标准相比其他标准而言更具有普遍适用的意义、更能维护利益平衡、更符合著作财产权的本质。“新公众”标准在司法实践中具体应用时，还需综合考虑设链网站是否以营利为目的、被链网站是否采取技术措施以及设链作品的授权情况等因素来判定设链网站的注意义务，从而更准确地适用“新公众”标准。

**关键词：**深层链接；信息网络传播权；“新公众”标准

随着网络技术的发展，深层链接技术在聚合服务平台上得到了广泛应用，尤以视频聚合平台为甚。视频聚合平台是在整合各类视频资源的基础上，为用户提供视频观看服务从而谋取利益的网站或App，如快看影视、高清影视、剧集之家等。《2019年中国网络版权产业发展报告》显示，视频聚合平台已然成为现阶段的主流，深受广大用户的喜爱

* 徐伟，男，上海政法学院上海司法研究所佘山学者特聘岗教授；白金帆，女，天津市东丽区人民法院法官助理。

与追捧。但视频聚合平台在“便利”用户获取和观看视频内容的同时,却往往侵害被链接视频平台的利益,由此引发了诸多争议乃至诉讼。其中的核心法律争议是深层链接行为是否直接侵害了信息网络传播权?换言之,认定侵害信息网络传播权应采何种标准?就此,学界主要存在服务器标准、[①]用户感知标准[②]及实质呈现标准[③]等学说。司法实践的判决也莫衷一是,未有定论。近年来,有学者提出了“新公众标准”,并从法历史学、法政策学、法教义学角度对该标准的合理性做了论证。[④] 本文在此基础上,拟从信息网络传播权的传播本质、欧盟法院的比较法经验等角度进一步论证“新公众标准”的合理性,并将该标准和服务器标准等同时适用于各类涉信息网络传播权的案件类型,以具体展示该标准在纠纷解决上的优劣。鉴于司法实践中,深层链接侵权纠纷多发生于影视作品领域,故本文将以视频聚合平台为例展开说明,希冀能为新公众标准在我国的传播、适用和妥当解决侵害信息网络传播权纠纷尽绵薄之力。

## 一、信息网络传播权的再解读

在深层链接纠纷中,设链者往往通过深层链接的方式,将被链网站的资源“为己所用”,且无须付出获取相关资源(如版权人授权)的成本。无论学界抑或实务界,对这种“不劳而获”行为的不正当性易于达成共识。唯问题在于,以何种制度和概念逻辑否定这一行为?通过对现有争议的梳理可发现,对视频聚合深层链接行为的标准探讨主要围绕聚合行为的深层链接技术是否直接侵害了我国《著作权法》规定的信息网络传播权?

为有效回应上述争论,首先需厘清信息网络传播权的本质,从而正确

① 采用服务器标准的代表性学者有王迁,相关文献参见王迁:《网络环境中版权直接侵权的认定》,载《东方法学》2009 年第 2 期。

② 采用用户感知标准的代表性学者有芮松艳,相关文献参见芮松艳:《深层链接行为直接侵权的认定——以用户标准为原则,以技术标准为例外》,载《中国专利与商标》2009 年第 4 期。

③ 采用实质呈现标准的代表性学者有崔国斌,相关文献参见崔国斌:《加框链接的著作权法规制》,载《政治与法律》2014 年第 5 期。

④ 参见范长军:《加框链接直接侵权判定的“新公众标准”》,载《法学》2018 年第 2 期。

界定信息网络传播权保护权利的边界,才能进一步探讨视频聚合行为的深层链接技术是否触犯了信息网络传播权的边界。

(一)信息网络传播权定性

1.《伯尔尼公约》及 WCT 立法中的“向公众传播权”

我国对信息网络传播权的定义可追溯至《伯尔尼公约》(Berne Conventionfor the Protection of Literary and Artistic Works)以及《世界知识产权组织版权条约》(World Intellectual Property Organization Copyright Treaty,以下简称 WCT)。《伯尔尼公约》在第 11 条之二第 1 款及第 14 条第 1 款中规定了“向公众传播权”,并且列举了具体表现,这些表现用一个词概括就是“传播”,即其本质是将未经公开的作品向公众传播。

但随着传播技术的蓬勃发展,《伯尔尼公约》越来越无法满足当时的需要,为了弥补其滞后性,欧盟通过了 WCT。WCT 第 8 条规定了“向公众传播权”,不再把权利人限定为戏剧作品、音乐戏剧作品或音乐作品及文学和艺术作品作者,同时扩大了作者享有的排他性权利范围。我国《著作权法》第 10 条对信息网络传播权的规定其实参考了 WCT 第 8 条的后半句,但在权利名称上却选用信息网络传播权而非“提供权”,可以看出立法者也将“传播权”看作“提供权”的上位概念,“向公众提供”的本质是将作品向公众传播,“传播”涵盖各种提供行为,包括提供作品和提供服务。

2. 信息网络传播权的传播本质探讨

基于传播学原理,一件作品构成“传播”需要三个要素:(1)传播源;(2)媒介;(3)受众。我国信息网络传播所定义的“向公众提供,由公众获得作品”行为本质上即为传播行为。从传播原理看,信息传播由以下几个环节组成,缺一不可:作品内容、作品接入、信息存储、提供链接、存储传输设备。提供作品内容,将作品接入网络服务器中,属于“传播源”,是传播的发起行为。没有传播源,传播就无从谈起。光有传播源也不行,还需要传播媒介,服务器中的信息存储、提供搜索链接等网络技术服务及其提供者就是传播媒介,它们将内容导向受众,公众通过传播媒介获得作品。相较于传统媒介,网络传播中的媒介更加多元。

### (二)信息网络传播权应包括"传播行为"与"为公众获得"两个要素

根据上述分析,信息网络传播权的本质在于作品的传播行为,因此是否存在"传播行为"是判断是否侵害信息网络传播权的一个要件,但除了存在"传播行为"这一构成要件,还应当有"能够为公众获得"这一构成要件。理由如下。

信息网络传播权的本质在于作品的传播,对于是否构成著作权法上作品"传播"的判断不仅需要技术层面的考虑,更要关注"传播"中蕴含的"公众"要素,若要构成"传播",则必须有传播的对象——公众,使作品暴露于公众之中,能为公众在选定的时间和地点获取作品、利用作品,否则,离开"公众","传播"就失去了在著作权法上探讨的意义。原因在于著作权人的收益来源于交易,而有交易,就必须有交易的主体(公众)。有了"公众",才有了交易的市场,作品也有了"传播"的需求,有了"传播",著作权人才能从中获取收益,有了收益,才能促使作品的进一步创作,这与著作权法的立法目的——"鼓励作品的创作和传播"也是一致的。

此外,《最高人民法院关于审理侵害信息网络传播权民事纠纷案件适用法律若干问题的规定》第 3 条第 2 款对"提供行为"作了列举,虽然对提供方式作了具体列举,但并不限定于此,因为条文中出现了"等方式"的表述,说明立法者为提供方式预留了一定的空间,并不将"提供行为"拘泥于将作品上传至服务器的行为,同时更加强调了"能够为公众所获得"的一个状态。

结合上述分析,我们可以总结出信息网络传播权包括两个要素:一为作品的传播行为,二为能为公众所获得。

## 二、"新公众"标准在欧洲法院判决中的体现

上述 WCT 提案中提到,作品的传播行为须有被公众初始接收的一个状态,对此,应理解为能被"新公众"获得,因为这一理解与欧洲法院(Court of Justice)的司法实践相符。"新公众"标准最早是在欧洲法院的 SGAE 案①

① Case C－300/23,Sociedad General de Autores y Editores de Espafia ( SGAE ) v. Rafael Hoteles SA,2000.

中出现。该案中，一位宾馆老板通过内部电路将广播接收到的电视节目传输至各宾馆客房及大厅，欧洲法院判决根据《伯尔尼公约》第 11 条认定宾馆老板的行为构成不同于原广播机构的传播行为，即其传播行为针对的接收对象是不同于原广播行为所针对的对象，即出现了“新公众”，因此宾馆老板的行为构成未经授权的“向他人传播”行为。这是欧洲法院第一次引入“新公众”标准，但其也仅局限于“广播权”，随着“新公众”标准的不断完善，该标准逐渐能够适用于所有“公开传播权”。

在“Svensson”案①中，由于 Retriever Sverige 运营的网站中存在可点击的链接，能够将互联网用户定向引导至 Svensson 等人拥有版权的作品，且用户不知道他已被带到另一个站点以访问他感兴趣的作品，该链接行为对 Svensson 等人造成了损害。但最后欧洲法院认定 Retriever Sverige 网站中采用的深层链接的行为不足以构成“传播作品”。理由在于：欧洲法院认为一项行为若要构成“向他人传播”的行为，除存在“传播行为”之外，还需要满足向“新公众”传播这一要件。所谓的“新公众”，即指原著作权人在授权传播作品时没有考虑到的公众。本案中 Svensson 等人在授权公开自己的作品时没有采取任何技术措施来限制他人访问，因此其考虑的公众已经是原授权网站下潜在的所有互联用户，所有用户都可以不受限制地自由访问其作品，Retriever Sverige 网站即使设置了深层链接，但其针对的仍然是潜在的所有互联网用户，这与原网站的受众对象无异，因此也就不存在“新公众”，不满足第二个要件。随即法院判决认定 Retriever Sverige 的链接行为不构成“向他人传播”行为。

此外，在“Bestwater”案②中，法官也采用了“新公众”的判决思路，但在原基础上进行了一些完善。“Bestwater”案涉及的是加框链接行为，该案中法官认为其链接行为与先前的传播方式并无不同，也没有向“新公众”传播，因此认定该案中的链接行为并不构成“向他人传播”的行为。欧洲法院在“Bestwater”案中更加明确了“向他人传播”的构成要件：传播

① CaseC -466/12, Nils Svenssonand others v. Retriever SverigeAB, 2014.

② CaseC -348/13, Bestwater International v. Mebes and potsch, EU, 2014.

行为、新公众及与初始传播不同的传播方式。若一项行为要构成“向他人传播”的行为,要么认定其采用的是与初始传播不同的传播方式进行传播,要么是在同样传播方式的情况下认定其向“新公众”传播。

“GS 媒体”案的法官不同于“Svensson”及“Bestwater”案中法官对“向他人传播”构成要件的讨论,而是根据《2001 年 5 月 22 日欧洲议会和欧盟理事会关于协调信息社会中版权和相关权利若干方面的第 2001/29/EC 号指令》(《欧盟信息社会版权指令》)序言第 3 条及第 31 条对“向他人传播”作阐释:在互联网环境下,法官对于著作权案件的判决要同时兼顾对方利益,一种是著作权人的知识产权利益,另一种是作品使用者的合理利益及公众利益。本案中法官采取体系解释及目的解释方式,阐明“向他人传播”的行为必须满足“传播行为”及“新公众”的存在。但这两个要件并不是判断的唯一标准,在认定时还需进行多种因素的考量,如网站的传播是否带有营利性质、公众的数量以及故意介入的可能性等。尽管 Filefactory 网站是未经授权擅自在其网站中公开著作权人的作品,但鲜少有公众访问,在 GS 媒体运营的网站(荷兰访问量前十的网站)设置了深层链接后,作品的“曝光率”也更大了,使更多的公众访问著作权人的作品,在一定意义上也存在“新公众”。欧洲法院在总结历年案件判决的基础上对“新公众”标准做了再次的完善,强调法官要从立法目的出发,衡量著作权人利益、作品使用者及公众利益,结合多种因素考察认定一项行为是否构成“向他人传播”的行为。

欧洲是进行“广播权”保护最早的国家,也是对“传播权”保护力度最大的国家。欧盟作为 WCT 的成员国,《欧盟信息社会版权指令》中对“向公众传播的权利”几乎沿袭了 WCT 第 8 条,因此欧盟对 WCT 第 8 条的解释对我国具有一定的参考意义。

## 三、“新公众”标准的界定

根据欧洲法院的上述判决,“新公众”标准的含义可总结如下:权利人授权公开作品时没有预想到的公众为“新公众”,若以与初始传播相同的传播方式向“新公众”将该作品进行再次传播,作品能为“新公众”获得,则构成“向他人传播行为”。

(一)“公众”的界定

关于“公众”一词,WCT、《欧盟信息社会版权指令》、《伯尔尼公约》等都没能明确地进行定义。毫无疑问,“公众”与“私人”是个相对的概念,但是二者的分界线具体如何划界,还需要成员国制定相应的国内法予以明确。目前多数人认为,“公众”指的是提供行为发生地之外的人。但这种理解难免过于抽象,法官在司法实务中对“向他人传播”的判断中需要明确“公众”的含义,因此,正确理解“公众”的概念实属必要。

虽然《伯尔尼公约》没有明确“公众”的概念,但是根据体系解释,《伯尔尼公约》认为“公众”是“通常家庭范围内亲人及社会朋友”之外的人。WCT 在起草《世界知识产权组织表演和录音制品条约》(Wipo Performances And Phonograms Treaty, WPPT)的相关文件中找到了对“公众”一词明确的解释,总结起来的特征是:(1)排除“通常家庭范围内的成员及社会上关系密切的熟人”的受众;(2)获取作品的时间、地点是否相同,与这部分受众的判断并无关联。① 实际上《版权及相关权条约指南》对“公众”的理解也基本遵循 WPPT 起草文件的解释:公众指的是除家庭范围内或者有亲密社会关系外的群体,这个群体是否在相同的地点是无关紧要的,只要能获取作品即可,对于获取作品的时间点也没有一致的要求。

(二)“新公众”的界定

上文对“公众”的定义作了阐释,即除家庭范围内或有亲密社会关系外并由一定数量组成的群体。但是何为“新公众”?欧洲法院的法官在适用“新公众”标准时,对“新公众”的解释是著作权人在授权作品初次传播时没有考虑到的群体为“新公众”,但前提是行为人采取的是与初始传播相同的传播方式。因此,判断是否为“新公众”,在传播方式与初始传播相同的情况下,要考虑著作权人首次公开作品的本意针对的受众对象是哪一类群体,所谓的“新公众”是针对著作权人而言的“新公众”。至于“公开”

① 参见相靖:《国际条约中提供权的发展及其在著作权法中的实践》,载《知识产权》2018年第8期。

的界定,只有毫无技术措施去限制访问用户的情况才能称为“公开”。

(三)“作品为公众所获得”的界定

若要正确适用“新公众”标准,还需深入了解“新公众”标准含义中的“作品能为公众获得”的定义。《关于提交外交会议讨论有关文学艺术作品保护若干问题的条约实质性条款的基础提案》(以下简称《基础提案》)中对“作品能为公众获得”的解释是除了为公众提供对作品相应的访问路径,还需要使公众达到能够获取作品的状态。这就要求在保护“向公众传播权”时要遵守《伯尔尼公约》第3条规定的作品公开须取得权利人同意,并且在考虑作品属性的基础上满足受众的合理需要;换言之,作品是否达到能为公众获得的状态必须要根据其属性来考量是否满足公众的合理需求。

因此,《基础提案》中“作品为公众获得”可进一步解释为:行为人已经采取了必要的技术措施来提供作品,并且作品结合其性质已经能满足公众的合理需求,这个访问路径是否被公众利用则没有相关性。无论是作品的初始传播还是再次传播都要满足这个条件。[①] 至于达到何种地步才能称为满足公众的合理需求,《世界知识产权组织(WIPO)管理的版权和相关权条约指南及版权及相关权术语汇编》(Guide to the Copyright and Related Rights Treaties Administered by WIPO and Glossary of Copyright and Related Rights Terms,以下简称《WIPO指南》)提出即使公众不占有作品的复制品,该作品也应视为已出版品。我国有学者将提供作品使作品达到“能为公众获得”的状态称为“新用户感知标准”,[②]与“用户感知标准”不同,“新用户感知标准”强调用户能感知作品已经“能为公众获得”,而“用户感知标准”则强调用户要感知作品的主要来源。“新用户感知标准”虽然与《基础提案》第3条第3款第11项的立法宗旨相契合,但其“感知”一词颇具抽象性,没有第11项提到的“根据作品客观属性来满足公众合理需求”的解释具体明确。

---

① 参见刘银良:《信息网络传播权的侵权判定——从“用户感知标准”到“提供标准”》,载《法学》2017年第10期。

② 参见刘银良:《信息网络传播权的侵权判定——从“用户感知标准”到“提供标准”》,载《法学》2017年第10期。

## 四、新公众标准的比较优势

### (一)典型案例中的利益平衡

在司法实践中,法官对于信息网络传播权的认定标准有不同裁判。为展示新公众标准与其他判断标准的优劣,此处拟通过梳理实务中可能出现的几种典型案情,比较同一情形下适用不同标准产生的不同结果。

从实务来看,可能发生的典型纠纷情形如下:A 是著作权人,B 网站取得著作权人 A 的合法授权公开其作品,并且 B 网站对于所有潜在互联网用户是公开的,没有设置任何限制措施阻止用户访问,C 网站未经 B 网站及著作权人的许可,设置深层链接至 B 网站的视频。同时需说明的是,由于实践中不以营利为目的的 C 网站极少。虽然有的网站对用户“免费”,但并不影响其从其他途径获取利益,故表 1 所讨论的情形都默认 C 网站以营利为目的。表 1 中所列的,均以 B 网站为原告,A 允许 B 再授权的前提下得出 C 网站是否授权。

对上述案件,可能出现的纠纷情形见表 1。

**表 1 各认定标准在典型情形中的适用**

| 典型情形 | 服务器标准 | 用户感知标准 | 实质呈现标准 | 新公众标准 | 不正当竞争 |
|---|---|---|---|---|---|
| A →B 公开→C (授权)(未授权) | 不侵权[1] | 侵权[2]<br>也有一审认定侵权,但二审以不存在主观过错为由认定不侵权[3] | 侵权[4] | 不侵权 | 侵权[5] |
| A →B 不公开→C (授权)(未授权) | 不侵权[6] | 根据用户感知(综合 C 网站是否注明视频来源) | 侵权[7] | 侵权 | 侵权[8] |
| A →B 公开→C (未授权)(未授权) | 不侵权,但构成帮助侵权[9] | 根据用户感知(综合 C 网站是否注明视频来源) | 侵权 | 侵权 | 不侵权 |

续表

| 典型情形 | 服务器标准 | 用户感知标准 | 实质呈现标准 | 新公众标准 | 不正当竞争 |
|---|---|---|---|---|---|
| A→B 不公开→C(未授权)(未授权) | 不侵权,但构成帮助侵权 | 根据用户感知(综合 C 网站是否注明视频来源) | 侵权 | 侵权 | 不侵权 |
| A→B 公开→C(授权)(授权) | 不侵权[10] | 不侵权 | 不侵权 | 不侵权 | 不侵权 |
| A→B 不公开→C(授权)(授权) | 不侵权 | 根据用户感知(综合 C 网站是否注明视频来源) | 侵权 | 侵权 | 侵权 |

〔1〕湖南快乐阳光互动娱乐传媒有限公司诉同方股份有限公司著作权纠纷上诉案,北京知识产权法院(2015)京知民终字第 559 号民事判决书。

〔2〕西安信利软件科技有限公司诉杭州锋线文化信息咨询有限公司等侵害作品信息网络传播权纠纷案,北京知识产权法院(2015)京知民终字第 296 号民事判决书。

〔3〕辽宁骄阳信息技术发展有限公司诉北京盛世骄阳文化传播有限公司侵犯信息网络传播权纠纷上诉案,一审:辽宁省沈阳市中级人民法院(2012)沈中民四初字第 441 号民事判决书;二审:辽宁省高级人民法院(2013)辽民三终字第 176 号民事判决书。

〔4〕上海幻电信息科技有限公司诉飞狐信息技术(天津)有限公司侵害作品信息网络传播权纠纷案,上海知识产权法院(2015)沪知民终字第 276 号民事判决书。

〔5〕北京我爱聊网络科技有限公司诉央视国际网络有限公司侵害著作权及不正当竞争纠纷案,北京市第一中级人民法院(2014)京一中民终字第 3199 号民事判决书。

〔6〕北京易联伟达科技有限公司诉深圳市腾讯计算机系统有限公司侵害作品信息网络传播权纠纷上诉案,北京知识产权法院(2016)京 73 民终 143 号民事判决书。

〔7〕北京易联伟达科技有限公司诉深圳市腾讯计算机系统有限公司侵害作品信息网络传播权纠纷上诉案,北京市海淀区人民法院(2015)海民知初字第 40920 号民事判决书。

〔8〕北京爱奇艺科技有限公司诉深圳聚网视科技有限公司其他不正当竞争纠纷案,上海知识产权法院(2015)沪知民终字第 728 号民事判决书。

〔9〕同方股份有限公司诉湖南快乐阳光互动娱乐传媒有限公司侵害作品信息网络传播权纠纷上诉案,北京知识产权法院(2015)京知民终字第 2413 号民事判决书。

〔10〕上海激动公司诉武汉市广播影视局、武汉网络电视股份有限公司侵害信息网络传播权纠纷案,武汉市中级人民法院(2012)鄂武汉中知初字第 3 号民事判决书。

从表 1 中可见,服务器标准以是否将作品存储于“服务器”为认定标准,在司法实践中一般采否定深层链接行为侵害了信息网络传播权的,不利于对著作权人利益的保护;用户感知标准主观性较大,法律稳定性不足;实质呈现标准过于严格,并且偏向于保护著作权人的利益,不利于各方利益平衡;相对而言,“新公众”标准以行为人将作品再次传播于著作权人授权首次公开作品时没有考虑在内的“新公众”作为判断标准，既对著作权人的权利给予了充分保护，又不至于对公众的信息自由过于限制，对于信息网络传播权的认定更加松弛有度，能更好地维护和协调著作权人、作品使用者以及公众利益。在“新公众”标准下，著作权人通过作品交易获取的利益和公众利益将得到保障，在信息社会中能很好地应对层出不穷的科技手段带来的冲击和挑战，使公众在自由获取信息的同时而不损害著作权所在的市场交易机制，保障著作权人的知识产权，促进信息社会利益平衡机制的形成。

此外，我国《最高人民法院关于审理侵害信息网络传播权民事纠纷案件适用法律若干问题的规定》第 1 条阐明了法官在办理著作权相关案件时应当平衡和协调著作权人、网络服务提供者、用户及社会公众利益，这与我国《著作权法》的立法宗旨协调与平衡各著作权利益一致。尤其在电子信息环境中：一方面要考虑版权所有者的知识产权和相关利益；另一方面要考虑作品使用者的基本权利，包括其言论自由和信息自由，最后要考虑公众利益。只有将各方利益协调平衡好，才能促进作品的创作和传播。

（二）具有普遍适用意义

我国对信息网络传播权的定义可追溯至 WCT 第 8 条，WCT 第 8 条“向公众传播的权利”以开放的形式赋予文学和以艺术作品的作者享有包括信息网络传播权在内的专有权。[①] 我国在信息网络传播权的规定上参考了 WCT 第 8 条后半句。在司法实践中，对于加框链接是否构成信息网络传播权上采“服务器标准”，认定深层链接不构成信息网络传播的侵害，但是我国《著作权法》同时也对著作权人享有的权利进行了兜底规定，在深层链接问题上可以用“其他权利”规制，[②]以此给法官一定的自由裁量权以期弥补立法的遗漏。但是，在对该条进行解释时，也应参照我国已加入的国际条约中的立法解释，[③]即我国《著作权法》规定的作者享有

① 参见范长军：《加框链接直接侵权判定的“新公众标准”》，载《法学》2018 年第 2 期。

② 参见崔国斌：《得形忘意的服务器标准》，载《知识产权》2016 年第 8 期。

③ 参见熊琦：《著作权法定与自由的悖论调和》，载《政法论坛》2017 年第 3 期。

的“其他权利”也包括“向公众传播的权利”,并且“公众”涵盖了传播发生地及发生地之外的公众。

(三)符合著作权中的财产属性

著作权法的制定旨在“激励作品的创作和传播”。但是无论是作品的创作还是传播,都离不开“市场”这个要素,著作权人创作了作品,需要获得对等的知识产权报酬,而这个报酬,产生于知识产权所在的交易市场,以及与其交易的“公众”,“公众”想要获取作品,必须通过交易,取得著作权人的授权,著作权人获取对等的报酬,才能激励其继续作品的创作,以此循环。Paul Goldstein 教授曾表明:著作权的本质就是作者通过作品的交易获取相对等的报酬,以此鼓励作品的进一步创作。[①] Paul Goldstein 教授的这段话实质上指出了著作权的财产属性。

根据著作权的财产属性,可以将作品的利用分为作品的传播行为和作品的复制行为,国际上亦是如此。[②] 复制行为不同于传播行为,传播是直接将作品公布于众,使广大公众得以知晓并利用,复制则是将作品固定附着于某个介质,为下一步的传播做准备,在这个意义上作品的复制行为又可以称为“准备传播”的行为。由此可知,从著作权的财产属性出发,作品的利用行为与行为人是初始传播还是再次传播无关,也与行为人到底采用何种技术手段进行传播无关,只与著作权人能否从他人对作品的利用行为中获取对等的市场回报有关。而“新公众”标准则强调权利人授权的必要性,无论是初始传播还是再次传播,行为人只要超出著作权人预期的公众范围,就必须重新得到授权,否则构成“信息网络传播”行为,从而保障著作权人能够获得充分对等的交易报酬,这符合著作权的财产属性。

---

① Paul Goldstein, *Copyright's Highway, From Gutenberg to the Celestial Jukebox*, Stanford University Press, 2003, p. 21.

② 参见[法]克洛德·科隆贝:《世界各国著作权和邻接权的基本原则——比较法研究》,高凌瀚译,上海外语教育出版社 1995 年版,第 55 页。

## 五、“新公众”标准在司法实践中的运用

### （一）“新公众”标准的考量因素

“新公众”标准能够更好地平衡各方利益，相较于学界对于信息网络传播权的其他认定标准具有优势。因此，此处将进一步分析适用“新公众”标准的具体考量因素，以促进司法裁判的统一。

“新公众”的判定标准在于传播方式与初始传播相同的情况下，行为人将作品向著作权人首次公开作品时没有考虑到的“新公众”传播，则构成对著作权人信息网络传播权的侵犯。法官在认定时除了对“新公众”的要件作出判断外，还需要综合考量设链网站的注意义务、作品的授权情况以及设链网站是否破坏技术措施等多项因素。

关于设链网站的注意义务判定，学界历来对于网络服务提供者的注意义务看法不一。本文认为，深层链接不同于普通链接。首先，视频聚合网站在提供视频时，往往会对网站内的视频进行整理、选择、编辑、推荐等，因此聚合网站若采取深层链接，往往对于作品有着更强的控制能力，也更容易感知到作品是否存在侵权情况。其次，视频聚合网站聚集了海量视频，包括对部分公众限制的网站视频，用户无须在多个网站内跳转搜索，在一个网站即可找到所需资源，大大提高了效率，节约了用户的时间，并且一般聚合网站会免去片前广告，以此吸引大量用户，扩大了作品的传播范围。若是作品涉及侵权，聚合网站利用深层链接无疑进一步扩大了作品的公开范围，加深了侵权损害。最后，聚合网站采用的深层链接技术为网站节约了宽带、服务器等成本，甚至一些设链网站收取了部分广告收益，采取深层链接的视频聚合网站能获得比普通视频网站更多的收益，因此，采取深层链接的视频聚合网站理应有更高的注意义务。

对于以营利为目的的视频聚合网站来说，在向公众提供视频之前，对视频的审查更应该作为一项必要的义务，要适用更高的判断标准。对于以营利为目的采用深层链接的视频聚合网站，注意义务是当前信息网络环境的必然要求。原本采取深层链接的视频网站就具有对作品控制能力

强、传播范围广、收益高的特点,若该类网站还以营利为目的向公众提供视频,不对其课以注意义务,则会导致:一方面涉及侵权作品时相当于放任侵权行为的发生,扩大侵权作品传播的范围;另一方面对于获得授权同样提供视频的视频网站来说不公,深层链接的视频网站不仅分流了其用户流量,使得其收益来源减少,而且破坏了信息网络市场的网络服务提供者之间的良性竞争,不利于各方的利益平衡。以营利为目的的视频聚合网站,往往会根据用户的需求对热门视频及相关链接自动生成页面,以便高效率地对热门信息进行链接,以此增加用户的浏览量,吸引用户访问,提高收益。据此,本文认为,聚合网站可以设置"敏感词",提供"举报奖励"等相关措施,同时工作人员定期抽调审查,通过向权利人、相关协会或组织以及在一些公开的信息中主动了解作品的授权情况。

(二)"新公众"认定的步骤

司法实践中法官在处理信息网络传播权案件时,具体案件情况各异,即使主张适用"新公众"标准,也会因为法官的理解、认知的不同而产生不同结果,影响司法的统一。因此,本文提供一个具体明确的"新公众"认定步骤,供法官参考。

在深层链接技术引发的纠纷中,法官在明确这是一起信息网络传播权案件后,需要从侵权构成要件来判断设链网站的行为是否侵害了信息网络传播权。若设链网站以营利为目的设置深层链接,其负有审查视频授权情况的注意义务,以避免侵权的扩散。我国《著作权法》第48条对未经权利人授权而公开作品应承担的民事责任作了规定,行为人在公开作品时,必须要经过著作权人的合法授权。因此,在设链网站尽到审查的注意义务后,被链网站若没有经过著作权人的授权或作品已经超出授权期限,则设链网站可能存在过错。此外,设链网站在未经授权的情况下链接视频作品,对被链网站及著作权人造成了经济损害结果,两者之间具有因果关系。因此,在这种情况下,推定行为人设链网站将作品传播给了"新公众",认定其构成侵权;若被链作品经过著作权人授权且未超出授权期限,则需进一步判断被链网站是否对网络用户进行了访问限制(包括会员注册、试看限制等)，若被链网站向全网用户进行了访问限制，则设置深层链接需要避免或者破坏其设置的技术措施，只要链接成功，则推定设链网站是知道或者应当知道被链网站是不向所有网络用户公开的，主观上存在过错；设链网站扩大受众范围，产生了损害结果，避免或破坏技术措施的行为与损害后果之间具有因果关系，符合侵权四要件，认定其侵权；若被链网站是向全网用户公开的，那么推定设链网站尽到了全面审慎的注意义务，不存在主观过错，不认定其侵权。

若设链网站不以营利为目的，那么设链网站的注意义务相对宽松。首先需要判断被链网站是否对用户公开，若为公开，再进一步判断被链网站是否经过著作权人的合法授权或被链作品是否超过了授权期限，判断步骤与营利时相同；若为不公开，通常来说，深层链接至不公开的网站作品，往往需避免或者破坏被链网站设置的技术措施，这时设链网站具有主观过错，通过故意避免或破坏技术措施达到深层链接作品的目的，具有违法性，给著作权人及被链网站带来了损害后果，这种损害后果与其违法行为之间有因果关系，认定设链网站符合侵权四要件，构成侵权；但是虽然被链网站设置了技术措施，也不能排除设链网站没有破坏技术措施的情形，若不破坏，则仍然按照被链网站公开时的判断步骤进行。具体见图1。

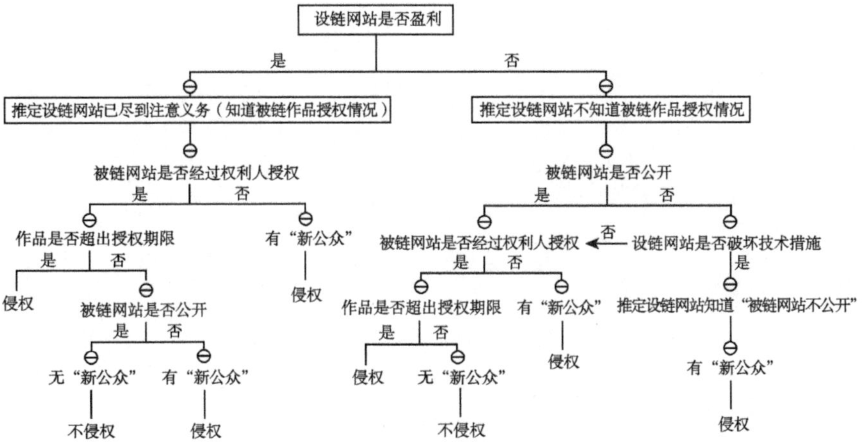


**图1 “新公众”的认定步骤**

## 六、结语

深层链接行为是否侵害信息网络传播权的认定标准,既要便于把握和判断,又要能适应商业实践中多样化的发展需求。“服务器标准”对信息网络传播权的认定过于宽松,一些网络服务提供者利用这个缺陷谋取利益,损害被链网站利益,这不利于市场的良性竞争和经济发展;“用户感知标准”则过于侧重用户的主观感受,具有很强的不确定性,这不利于建立一个稳定的法律环境;“实质呈现标准”对于网络服务提供者则过于严苛,这不利于作品的利用和信息的传播自由。相较而言,“新公众”标准为著作权人提供较好保护的同时,也保障了作品使用者的信息传播自由,能够协调维护各方之间的利益平衡,是最可取的选择。

# 司法裁判视野中的网络平台公开数据法律制度

## ——评“北京微梦创科网络技术有限公司与云智联网络科技(北京)有限公司不正当竞争纠纷案”*

张建文**

**摘　要**:在“新浪微博数据案”中,司法机关提出了“公开数据”与“非公开数据”的类型化。所谓“公开数据”,在本质上仍然是私人控制和管理下的数据,“公开数据”的公开具有私人公开的性质。“公开数据”负担了容忍他人合法收集和利用的义务,但平台经营者容忍他人抓取和利用公开数据的义务是有限度的,而且他人的收集和利用行为应当是合法的。在该案中,司法机关所提出的“公开数据”和“非公开数据”的类型化,以及由此对企业数据概念的构成性见解,为进一步推进对企业数据类型化的整体性认识和正确解决平台企业的数据法律保护,提供了必要的裁判资料。

**关键词**:企业数据;公开数据;非公开数据;不正当竞争;自由使用

## 一、问题的提出

2020年7月20日,北京市海淀区人民法院就“北京微梦创科网络技

---

* 本文为张建文主持的2022年度国家社会科学基金“数字经济时代个人信息侵权损害赔偿责任研究”(项目类别:一般项目,批准号:22BFX079)的阶段性成果。

** 张建文,男,西南政法大学教授、博士生导师。

术有限公司与云智联网络科技(北京)有限公司不正当竞争纠纷案”[①](以下简称新浪微博数据案)作出判决,自2017年立案[②]到2020年7月20日作出初审判决,历经三年,以被告败诉承担停止不正当竞争行为和在相关媒体刊登消除影响的声明并赔偿损失和相关费用而告终。

本案中,微梦公司主张云智联公司非法抓取,并在涉案App中向用户推送、展示涉案数据和新浪微博内容的行为构成不正当竞争。云智联公司对其运营涉案App,实施抓取部分涉案数据和相应内容并在涉案App上推送、展示之行为等事实不持异议,但提出微梦公司不享有涉案数据和内容的相关权益,且其未抓取部分涉案数据,其所抓取的涉案数据和内容均系新浪微博公开数据和内容,且抓取数据后的使用行系正当等主要抗辩理由。鉴于新浪微博内容与涉案数据二者本质同一,且后者系前者之根本,故本案法院围绕涉案数据进行论述。

云智联公司自称其使用网络爬虫技术抓取部分涉案数据并经整理后在涉案App中进行推送、展示;据此,被诉行为系在网络环境中发生,并因利用技术手段开展经营性活动而引发。因此,云智联公司通过抓取并使用涉案数据的行为是否构成不正当竞争行为成为本案的焦点。

在该案中,法院提出了公开数据的类型化及其法律地位以及在网络环境中抓取并使用公开数据的限度问题。正是在该案中,司法机关在个案裁判的意义上提出并型塑了互联网企业的“公开数据”法律制度,[③]不但明确了其法律本质、主要特征,更重要的是对公开数据所负担之自由使用义务的界限也进行了探索。公开数据与在我国某些地方法规中使用的“公共数据”概念[④]并不相同。

针对作为经营者的互联网企业之间,利用企业公开数据的问题,无法

---

① 参见北京市海淀区人民法院民事判决书,(2017)京0108民初24512号。

② 参见北京知识产权法院民事裁定书,(2017)京73民辖终804号。

③ 值得指出的是,笔者并非不知在我国司法机关不能确立立法制度,在这里,笔者所使用的法律制度,并非指在立法上的制度,而是指具有受法律保护或者受司法保护的制度之意。

④ 如2020年7月15日“深圳市司法局关于公开征求《深圳经济特区数据条例(征求意见稿)》意见的通告”所附《深圳经济特区数据条例(征求意见稿)》第20条规定了“公共数据”的定义,并且列举了所谓的具有公共管理和服务职能的企事业单位的范围。

回避的是：公开数据的法律本质如何？与通常所使用的公共数据的概念又有何区别？公开数据的法律特征如何？其是否负担以及负担何种范围的容忍他人收集和利用之义务？从公开数据与非公开数据之类型化而言，如何更加全面和整体性地认识互联网企业所管理和掌握的数据资源之特殊性？由此角度而言，对互联网企业所控制的数据特性的认识之深化，虽然可能仍然无法一劳永逸地解决企业数据的归属与权利化问题，但无疑将会极大地推动对这个问题的解决。

## 二、公开数据与非公开数据的类型化及其法律地位

### （一）公开数据与非公开数据的类型化

在本文所研究的"新浪微博数据案"中，司法机关面对诉争当事人所提出的"前端数据"与"后段数据"，以及"公开数据"与"非公开数据"的数据类型化，采纳了被告提出的"公开数据"与"非公开数据"的分类，认为这种分类更能体现法律意义。司法机关将公开数据定义为："未设定访问权限的数据""向公众公开的数据"，而非公开数据则是指"通过登录规则或者其他措施设置了访问权限的数据"。[①] 法院指出，在该案中，"涉案数据中应既有新浪微博公开数据，亦有非公开数据"，由此明确了从公开数据与非公开数据的类型化角度而言，平台数据本身就是一个包含公开数据和非公开数据的数据集合。

### （二）公开数据法律地位的特殊性：类似但并非自由使用

在该案中，司法机关指出了平台数据作为"重要的经营资源"的价值，即"网络平台通过自身经营活动吸引用户所积累的平台数据对平台经营者具有重要意义，是其重要的经营资源"，但并没有明确平台数据的归属问题，只是含混地提出"平台经营者能通过经营使用这些数据获得相应的合法权益"，回避了对平台数据的一般归属的判断，并使之仍然处于悬而未决的状态。一方面可能是由于平台数据本身的归属问题极其复杂化，难以在短时期内彻底解决；另一方面可能是由于公开数据与非公开数

① 参见北京市海淀区人民法院民事判决书，(2017)京0108民初24512号。

据的划分,导致在没有阐明公开数据的法律地位之前,尚不宜或者不敢直接明确包括公开数据和非公开数据在内的所有平台数据的归属问题。

在该案中,公开数据的主要法律特征体现在如下几个方面。

第一,公开数据具有私人控制的性质,也就是说,尽管在立法上和司法上都并没有明确公开数据在权属划定上归属于互联网平台企业,但是,说其属于互联网平台企业保存、控制和管理则无异议,因此,法院认为,“即便是涉案数据中的公开数据,亦因其具有较强的用户个人色彩,微梦公司对该部分数据有所投入等因素而并不当然成为通常意义上应当纳入互联互通的信息类型”。① 以此,公开数据与公共数据具有明显的差别,后者意味着公共数据实际上就是政府部门和事业单位等公共机构所保存和管理的数据。②《深圳经济特区数据条例(征求意见稿)》更进一步试图明确公共数据的本质和权属,将公共数据定位为“新型国有资产”,“其数据权归国家所有”。③

第二,公开数据的公开性具有私人公开的性质,是由于其私的控制和管理者出于自己的意愿(无论是何种考虑)而作出将其向不特定的人公开的决定。也就是说,对作为此类数据的控制者来说并无法定的必须公开的义务。因此,在该案中,司法机关也注意到了这一点,认为:原告“对新浪微博相关网页享有一定的权益,故其可以自由决定是否对某些或某一具体的搜索引擎机器人开放数据的抓取”。④ 以此与政府信息公开法上的政府信息公开相区别。后者具有公共信息权的意味,涉及及时发布公共信息义务和有效获取公共信息的权利两方面。⑤ 因此,我国政府信

---

① 参见北京市海淀区人民法院民事判决书,(2017)京0108民初24512号。

② 参见《国务院关于印发促进大数据发展行动纲要的通知》(国发〔2015〕50号)。比如《浙江省公共数据开放与安全管理暂行办法》(浙江省人民政府令第381号)第2条第2款就规定,公共数据是指“各级行政机关以及具有公共管理和服务职能的事业单位”,即公共管理和服务机构“在依法履行职责过程中获得的各类数据资源”。《上海市公共数据开放暂行办法》第3条第1款对公共数据的定义也与之相同。

③ 如2020年7月15日“深圳市司法局关于公开征求《深圳经济特区数据条例(征求意见稿)》意见的通告”所附《深圳经济特区数据条例(征求意见稿)》第21条第1句。

④ 参见北京市海淀区人民法院民事判决书,(2017)京0108民初24512号。

⑤ 参见张永和主编:《人权之门》,广西师范大学出版社2015年版,第363页。

息公开立法就规定，行政机关负有“及时、准确地公开政府信息”的义务，而且，对政府信息而言，政府信息公开“以公开为常态、不公开为例外”。[①]

第三，公开数据负担容忍他人合法收集或利用的义务，即在该案中司法机关所提出的“网络平台对他人抓取其公开数据所应容忍的义务”，即“对于平台中的公开数据，基于网络环境中数据的可集成、可交互之特点，平台经营者应当在一定程度上容忍他人合法收集或利用其平台中已公开的数据，否则将可能阻碍以公益研究或其他有益用途为目的数据运行，有违互联网互联互通之精神”。[②]

从前述对该容忍义务的表述上看，公开数据的使用具有自由和无偿的特性，意味着“每个人都可以按照自己的意愿使用这种信息”，[③]也就是说，类似于以无条件的一般许可为前提，对于一般之公众（“他人”）容许其自由使用。[④] 尽管公开数据所负担的容忍他人抓取和利用的义务，有点类似于国家直接提供给公众使用的公共财产所负担的自由使用，但是，二者具有较大的甚至本质性的差别，因为公开数据本质上仍然是由私人控制和管理的资源，并非在本质上属于应当且必须开放的数据，其是否开放，向何种范围的人群开放，在多长时间内开放等，均属于由私人作出决定的范围，而公共数据则属于由国家或者地方自治团体所控制和管理的资源，公共数据由于其法律性质内在地负担共享和开放义务，与公物法上的公物自由使用的理念[⑤]相同。

当然，从该案的裁判理由来看，平台经营者容忍他人收集和利用公开

---

① 参见《中华人民共和国政府信息公开条例》(2007 年 4 月 5 日中华人民共和国国务院令第 492 号公布，2019 年 4 月 3 日中华人民共和国国务院令第 711 号修订）第 5 条和第 6 条第 1 款。

② 参见北京市海淀区人民法院民事判决书，(2017) 京 0108 民初 24512 号。

③ Савельев А. И. Комментарий к Федеральному закону от 27 июля 2006 г. № 149 – ФЗ《Об информации, информационных технолоиях и защите информации》( постатейный). – М. : Статут, 2015. С. 79.

④ 参见张建文：《公众用国有财产之公用性实现机制研究》，载《经济法论丛》2009 年第 2 期。

⑤ 参见张建文：《转型时期的国家所有权问题研究：面向公共所有权的思考》，西南政法大学民商法学院 2006 年博士学位论文，第 184 页。

数据义务的界限,主要包括目的正当性、手段正当性以及收集利用行为的正当性三点要求。

## 三、竞争法视野中互联网平台企业对其所控制和管理的平台数据的合法权益:经营利益说

在之前的司法实践中,有法院笼统地认为:"数据作为一种特殊类型的物",应该得到法律的保护;[①]在美景公司诉淘宝公司不正当竞争纠纷案中,法院更有针对性地对网络大数据产品提出了"竞争法意义上的财产性权益"的裁判观点,[②]明确否定了将其作为知识产权法上的数据库或物权法上的财产所有权的对象予以保护的可能性。

### (一)平台数据法律地位的新见解:基础性资源说

司法能动主义体现在对属于立法空白且引起理论争议的数据保护问题,并没有停留并止步于绝对的权利法定主义的立场,这种立场意味着只要是没有在侵权责任立法所明确列举的受法律保护的权利清单之内的权利,均不受司法的保护,[③]而是直面立法的空白,以积极的司法行动,在司法裁判合法功能的范围内,在个案的空间内填补立法空白。

司法机关一方面,意识到"因我国立法尚未就数据进行单独立法,故数据是否能作为前述规定的知识产权权利客体而受民法或其他知识产权部门法保护仍有争议",[④]另一方面,直接表明能动主义司法的,也可以说是超越绝对的权利法定主义的立场:"司法不能以数据尚未成为一种法定权利为由而拒绝裁判。"[⑤]由此可见,提出了数据作为互联网经营者之间相互竞争的基础性资源的观点,"在当前的市场环境下,数据已经成为经

① 参见江苏省海门市人民法院民事判决书,(2018)苏0684民初5030号。

② 参见浙江省杭州市中级人民法院民事判决书,(2018)浙01民终7312号。

③ 参见张建文:《新兴权利保护的合法利益说研究》,载《苏州大学学报(哲学社会科学版)》2018年第5期。

④ 与前述美景公司诉淘宝公司不正当竞争纠纷案中司法机关明确否定了将其作为知识产权法上的数据库或物权法上的财产所有权的对象予以保护的可能性的裁判观点不同,在"新浪微博数据案"中,司法机关虽然正视了但没有去回应理论上的争议。

⑤ 参见北京市海淀区人民法院民事判决书,(2017)京0108民初24512号。

营者,尤其是互联网经营者之间相互竞争的基础性资源”。①

“基础性资源说”的观点无疑受到了我国有关大数据和数据市场发展的官方立场的影响,如2015年8月国务院印发的《促进大数据发展行动纲要》提出“数据已成为国家基础性战略资源”;②《大数据产业发展规划(2016—2020年)》重申“数据是国家基础性战略资源”,是“21世纪的‘钻石矿’”,大数据产业包括“数据资源建设”;③最近中央提出的“加快培育发展数据要素市场”,④明确提出“数据资源有效流动”“提升社会数据资源价值”“加强数据资源整合和安全保护”⑤等提法,实际上就是将数据作为基础性资源的地位对待的。行业研究者也指出:“掌握丰富的高价值数据资源日益成为抢占未来发展主动权的前提和保障”,“数据是资产的概念已经成为行业共识”。⑥

(二)作为基础性资源的平台数据保护的反不正竞争法路径

按照该案的司法裁判观点,其他经营者未经许可擅自抓取且使用平台数据的行为,当然可以落入反不正当竞争法调整的范围。其理由有二。⑦

第一,经营利益说,即经营者获得数据可以带来经营利益,“获得数据意味着可据此进行分析并改进、完善产品功能,从而获得更多的经济利益”,“这种数据整体上可为经营者进行衍生性利用或开发从而获得进一步的经营利益”。

第二,付出成本说,即经营者为数据的衍生性利用和开发付出了成

① 参见北京市海淀区人民法院民事判决书,(2017)京0108民初24512号。

② 参见《国务院关于印发促进大数据发展行动纲要的通知》(国发〔2015〕50号)。

③ 参见工业和信息化部《关于印发大数据产业发展规划(2016—2020年)的通知》(工信部规〔2016〕412号)。

④ 参见《中共中央 国务院关于新时代加快完善社会主义市场经济体制的意见》(2020年5月11日)。

⑤ 参见《中共中央 国务院关于构建更加完善的要素市场化配置体制机制的意见》(2020年3月30日)。

⑥ 中国信息通信研究院云计算与大数据研究所、CCSATC601大数据技术标准推进委员会:《数据资产管理实践白皮书(3.0版)》,2018年12月,第1页。

⑦ 参见北京市海淀区人民法院民事判决书,(2017)京0108民初24512号。

本,即"经营者为收集、整理数据,以及维护其互联网产品中的数据运行和安全而付出成本",如在该案中部分明星要求其动态信息不予公开,经营者需要维持进行产品功能的设计等。

根据笔者近年的观察,我国司法机关在有关互联网企业数据方面的纠纷中,更倾向于使用反不正当竞争法的调整方法处理相关的案件,特别是在缺乏明确的规范依据时,司法机关更乐意动用《反不正竞争法》第2条的一般规定作为裁判的规范依据。①

## 四、从平台数据的类型化看互联网平台企业的数据归属与保护

从司法机关在该案中的裁判观点来看,其认为互联网平台企业所管理和掌握的数据可以分为三类:

第一类是由平台企业所控制和处理的属于个人信息(个人数据)性质的微博用户的数据。此类数据属于个人信息,平台企业负有保护其数据安全和保障个人信息主体权利等基本义务,立法对此类数据在终极意义上的归属并没有明确规定;也可以进一步说,立法对此类数据没有采用类似所有权模式的归属界定方式。

除规定个人信息主体享有的权利束之外,互联网平台企业对其合法取得的个人信息在尊重和保障个人信息主体的权利的前提下可以进行处理和流通。该类资料在某种意义上而言也属于互联网平台企业的经营资产的范畴,可以作为企业的概括财产,即"为从事经营活动而使用的财产综合体",②它并非统一的物,也不是物的简单总和,而是整个的财产综合体。③

---

① 参见北京市第一中级人民法院民事判决书,(2012)一中民初字第5718号;北京市高级人民法院民事判决书,(2013)高民终字第2352号;北京市朝阳区人民法院民事判决书,(2017)京0105民初10025号;北京市高级人民法院民事判决书,(2017)京民终5号;上海知识产权法院民事判决书,(2017)沪73民终287号。

② 参见《俄罗斯联邦民法典》第132条第1款第1句。参见张建文译:《俄罗斯联邦民法典(第一部分)》,华中科技大学出版社2019年版,第97页。

③ 参见[俄]E. A. 苏哈诺夫主编:《俄罗斯民法》(第1册),黄道秀译,中国政法大学出版社2011年版,第282页。

该类数据的特殊性在于其作为经营资源的价值与作为人格尊严的价值[①]的交织缠绕。作为人格尊严的载体，它意味着个人信息处理者负有尊重和保障个人信息主体的权利的义务，与个人信息主体的人格尊严直接相关，个人信息主体对其享有完整且充分的自我控制的权能。但是，作为经营资源的载体，它意味着作为个人信息处理者的互联网平台企业合法取得了对个人信息的处理权限（包括使用等权利），平台企业可以在个人信息主体同意的范围内合理地实施处理行为，包括在互联网环境下的商业性使用。

尽管立法者对该类数据的归属并没有做直接明确的界定，甚至可能有意回避用所有权模式的方式界定其归属，但是，这种略带模糊的方式，反而形成并保持了其有利的作用：一方面着力于保护个人信息主体的人格尊严与人格自由发展；另一方面为个人信息处理者（特别是互联网平台企业）在合理和必要的范围内处理与流通个人信息提供了合理性和正当性。

这部分个人数据的法律地位，有点类似于信托法上的信托财产，在名义上是在受托人的管理和控制之下，但不得与自己的固有财产混同，在实质上，受托人尽管可以对信托财产实施事实上和法律上的处分，但是，受托人却必须为了受益人的利益而实施此类管理和处分行为。作为个人信息处理者的互联网平台企业即负有此类尊重和保障个人信息主体的权利而进行处理的义务，而个人信息主体则具有委托人和受益人合一的双重地位，作为委托人可以撤回同意，要求个人信息处理者不得继续处理自己的个人数据。

第二类是所谓的衍生数据，也就是说，这部分数据虽然源于个人信息主体（用户）的数据，但并非该些零散且相对独立的数据的简单集合，而是被个人信息处理者进行了数据安全保护等加工后形成的数据。[②] 这类数据的特征在于“数据内容虽然同样源于网络用户信息，但经过网络运营

① 参见［英］伊莱恩·卡斯凯特：《网上遗产：被数字时代重新定义的死亡、记忆与爱》，张淼译，海峡文艺出版社2020年版，第144页。

② 参见北京市海淀区人民法院民事判决书，（2017）京0108民初24512号。

者大量的智力劳动成果投入,经过深度开发与系统整合,最终呈现给消费者的数据内容,已独立于网络用户信息、原始网络数据之外,是与网络用户信息、原始网络数据无直接对应关系”。[①] 可以说,衍生数据与前述的个人信息类型的数据已经没有直接对应关系,因此,此类数据应当完全属于互联网平台企业所拥有,并且互联网平台企业可以拥有完整的处分权能。

第三类是互联网平台企业的自己创造的数据,这部分数据并非网络用户生产的数据,如在本文所研究的“新浪微博数据案”中,涉案数据中的明星在线时间,就是原告根据微博用户在线时间计算、整理得出的数据。此类数据与前述衍生数据相类似,与用户个人数据存在本质的差异,因而应当由互联网平台企业拥有,并可由互联网平台企业完全处分。

后两类数据的共同特征在于,它们都已经不再属于个人数据的范畴,与个人数据存在本质性的差别,不再受到个人信息法律保护制度的效力约束。

可以将互联网平台企业所管理和控制的数据视为一个数据集合,这个数据集合既包括公开数据,也包括非公开数据;既包括个人数据,也包括非个人数据,这里的非个人数据包含利用网络用户数据开发形成的衍生数据和平台企业独立制作的数据。

就归属和保护的角度而言,对于企业数据的保护,至少可以从两个角度看:对于企业数据中的个人信息类型的数据,应当适用个人信息保护法律制度,既保障个人信息主体对自己个人信息的自我控制的权利,也允许平台企业在自己的经营活动中对合法取得的个人信息进行处理(包括商业性使用和流通等);对于企业数据中的其他非个人数据,原则上应当视为企业完全拥有并可自主处分的资产,这里的处分,相当于欧盟议会《非个人数据在欧盟境内自由流动框架条例》中对非个人数据的处理,即“以电子格式对数据或数据集执行的任何操作或操作集”。[②]

① 参见浙江省杭州市中级人民法院民事判决书,(2018)浙01民终7312号。

② 参见2018年10月4日欧盟议会通过的《非个人数据在欧盟境内自由流动框架条例》第3条第2项。

对于非个人数据来说，如果技术的发展会使这些非个人数据重新具有可识别性，则这些数据将转变为个人数据，并适用个人信息法律保护制度。[①] 此外，对于作为概括性的企业数据的概念来说，如果个人数据与非个人数据可以分开的话，则适用各自的法律制度，如对于个人数据部分适用个人信息保护的法律制度，对于非个人数据部分，则适用非个人数据的法律制度，对于密不可分的数据集合，则应当适用个人信息保护法律制度。[②]

## 五、结语

在本文所研究的"新浪微博数据案"中，司法机关提出的"公开数据"与"非公开数据"的类型化，以及由此对企业数据概念的构成性见解，为进一步推进对企业数据类型化的整体性认识和正确解决平台企业的数据法律保护，提供了必要的裁判资料。尽管个案裁判本身具有零散化和非体系化的缺点，但是在缺乏立法规范而又亟待司法调整的领域，提供了极其重要的在规范意义上的法制发展（续造）。尽管在目前，企业数据法领域中的基本问题仍然缺乏立法的终极解决，但是并非意味着立法应当过早介入，毋宁让司法裁判的"子弹"再飞一会儿。立法者不宜在缺乏必要的理论准备和实践支撑的条件下过早介入新兴经营领域。

① "如果技术的发展使匿名数据转换成个人数据成为可能，那么这些数据将被视为个人数据，并相应地适用《欧盟条例 2016/679》"（参见 2018 年 10 月 4 日欧盟议会通过的《非个人数据在欧盟境内自由流动框架条例》前言部分第 9 款）。

② "对于由个人和非个人数据组成的数据集，本条例适用于数据集的非个人数据部分。若数据集中的个人和非个人数据密不可分，则本条例不影响（欧盟）2016/679 法规的适用"（参见 2018 年 10 月 4 日欧盟议会通过的《非个人数据在欧盟境内自由流动框架条例》第 2 条第 2 款）。

# 第二编

# 智慧司法的探索与展望

# 互联网法院“集中管辖”规则评述

段厚省　屠琳舒*

**摘　要**：目前，三家互联网法院都是在“集中管辖”的制度安排下，对所在市级区域的基层涉网案件行使管辖权，其上诉法院分别是所在市级区域相应的中级法院。这种“集中管辖”的制度安排在法律依据上较为模糊，且未摆脱传统地域管辖中“地域性”的束缚，与互联网法院的功能定位和涉网案件的性质要求并不相符，有进一步改革完善的必要。改革的思路是进一步明确互联网法院“试验田”的功能定位，在案件管辖上摆脱各自的地域限制，可以考虑三家互联网法院共建统一的诉讼平台，统一收案分案；允许当事人协议管辖仅以“涉网性”作为连接点，取消与地域性相关的实际联系原则；为互联网法院设立不方便管辖原则，使其可以摆脱冗案负担，集中精力进行实体与程序的规则探索。

**关键词**：互联网法院；管辖；在线诉讼

## 一、互联网法院的管辖规则概览

2018年9月3日最高人民法院审判委员会第1747次会议通过《最高人民法院关于互联网法院审理案件若干问题的规定》（以下简称《互联网法院规定》），于2018年9月7日起施行。

其中第2条规定了北京、广州、杭州互联网法院管辖的性质、管辖范围、管辖级别与管辖类型：“北京、广州、杭州互联网法院集中管辖所在市

* 段厚省，男，复旦大学法学院教授，互联网法治研究院（杭州）专家委员；屠琳舒，女，复旦大学法学院诉讼法方向博士研究生。

的辖区内应当由基层人民法院受理的下列第一审案件:(一)通过电子商务平台签订或者履行网络购物合同而产生的纠纷;(二)签订、履行行为均在互联网上完成的网络服务合同纠纷;(三)签订、履行行为均在互联网上完成的金融借款合同纠纷、小额借款合同纠纷;(四)在互联网上首次发表作品的著作权或者邻接权权属纠纷;(五)在互联网上侵害在线发表或者传播作品的著作权或者邻接权而产生的纠纷;(六)互联网域名权属、侵权及合同纠纷;(七)在互联网上侵害他人人身权、财产权等民事权益而产生的纠纷;(八)通过电子商务平台购买的产品,因存在产品缺陷,侵害他人人身、财产权益而产生的产品责任纠纷;(九)检察机关提起的互联网公益诉讼案件;(十)因行政机关作出互联网信息服务管理、互联网商品交易及有关服务管理等行政行为而产生的行政纠纷;(十一)上级人民法院指定管辖的其他互联网民事、行政案件。"

第3条规定了协议管辖:"当事人可以在本规定第二条确定的合同及其他财产权益纠纷范围内,依法协议约定与争议有实际联系地点的互联网法院管辖。电子商务经营者、网络服务提供商等采取格式条款形式与用户订立管辖协议的,应当符合法律及司法解释关于格式条款的规定。"

第4条规定了三个互联网法院所管辖案件的上诉法院:"当事人对北京互联网法院作出的判决、裁定提起上诉的案件,由北京市第四中级人民法院审理,但互联网著作权权属纠纷和侵权纠纷、互联网域名纠纷的上诉案件,由北京知识产权法院审理。当事人对广州互联网法院作出的判决、裁定提起上诉的案件,由广州市中级人民法院审理,但互联网著作权权属纠纷和侵权纠纷、互联网域名纠纷的上诉案件,由广州知识产权法院审理。当事人对杭州互联网法院作出的判决、裁定提起上诉的案件,由杭州市中级人民法院审理。"

## 二、互联网法院管辖规则存在的问题

### (一)"集中管辖"的性质与含义存在分歧

《互联网法院规定》在管辖规则的用词上暗示了互联网法院的性质,即互联网法院是基层人民法院,以集中管辖的方式管辖所在市辖区内的互联网案件。但是《互联网法院规定》中的集中管辖与专门管辖的概念之间，乃至它们与专属管辖之间，在司法实践中都可能会产生理解上的歧义。① 例如，在施某琳诉广州唯品会电子商务有限公司网络购物合同纠纷案②中，广州唯品会电子商务有限公司提出管辖权异议，认为协议管辖中明确约定“协议管辖签订地人民法院管辖”，同时合同中载明“本协议签订地为广州市荔湾区”。根据《关于广州互联网法院案件管辖的规定》，应由广州互联网法院集中管辖广州市辖区内基层人民法院受理的“通过电子商务平台签订或者履行网络购物合同而产生的纠纷；签订、履行行为均在互联网上完成的网络服务合同纠纷”。因此，由协议签订地人民法院（广州市荔湾区法院）管辖的此类案件均应依约定转移到广州互联网法院专属管辖。显然，广州唯品会电子商务有限公司将互联网法院的“集中管辖”认为是专属管辖，杭州互联网法院支持了广州唯品会电子商务有限公司的管辖权异议，将案件移送至广州互联网法院。相反，在北京爱奇艺科技有限公司诉吴某威网络服务合同纠纷案③中，爱奇艺科技有限公司提出管辖权异议，认为《互联网法院规定》第 2 条所规定的互联网法院的管辖规则，不属于《民事诉讼法》规定的级别管辖或专属管辖，北京互联网法院也不属于《人民法院组织法》中规定的专门法院，本案系网络服务合同纠纷，爱奇艺科技有限公司与吴某威在用户服务协议中约定相关纠纷由北京市海淀区人民法院管辖，上述管辖约定不违反法律关于级别管辖和专属管辖的规定，协议条款合法有效，依据双方之间的有效约定，本案应由北京市海淀区人民法院管辖。显然，不同当事人对“集中管辖”的不同理解会影响其对某一法院有无管辖权的认识，从而引发管辖权争议，影响管辖的确定性与案件审理效率。

### （二）集中管辖与协议管辖之间存在效力冲突

根据《民事诉讼法》第 34 条的规定，当事人达成的管辖协议不得违

---

① 张卫平对专门管辖和专属管辖作了区分，认为专属管辖是在不涉及普通法院和特别法院的划分基础上就某些案件专属于某一法院的权限界定，而专门法院涉及特别法院的权限范围，是针对特别法院的管辖职能而言。但显然目前在实践中存在专门管辖、集中管辖、专属管辖混用的情况。参见张卫平：《民事诉讼法》，中国人民大学出版社 2015 年版，第 79 页。

② 参见杭州互联网法院民事判决书，(2019)浙 0192 民初 9780 号。

③ 参见北京市第四中级人民法院民事裁定书，(2020)京 04 民辖终 13 号。

反级别管辖和专属管辖的规定。由于集中管辖本身缺乏合法权源以及概念存在模糊性,无法从相关的法律文件中推导出集中管辖与专门管辖、专属管辖之间的关系,《互联网法院规定》第3条允许当事人通过协议管辖的方式选择互联网法院作为管辖法院,因此在实践中又引发了集中管辖与协议管辖之间的冲突。集中管辖是否属于专属管辖?集中管辖相较于协议管辖是否具有优先性?具体而言,在集中管辖与协议管辖的问题上,可能出现三种情形:第一种情形是双方当事人合意选择了本来就有管辖权的互联网法院作为解决纠纷的法院(互联网法院与争议事实具有实际联系);第二种情形是双方当事人合意选择了本来没有管辖权的互联网法院作为解决纠纷的法院(互联网法院与争议事实没有实际联系);第三种情形是双方当事人约定由互联网法院以外的法院管辖,但一方当事人却根据集中管辖的规定起诉至互联网法院。第三种情形又可细分为选择杭州、广州、北京基层法院与选择其他地区的法院管辖两种更为具体的次级情形。前述第一种情形不会出现管辖权争议;第二种情形涉及有关协议管辖在制度上要求必须满足实际联系原则是否会减损立法目的的讨论;第三种情形在实践中引发的冲突较为明显,学者的讨论也多聚焦于此,并认为集中管辖并不具有优先于协议管辖的效力。[①] 在司法实践中,互联网法院在此一问题上的实践探索已经出现了分歧。总体来看,法院更倾向于认为集中管辖有优先于协议管辖的效力。本文认为,这一立场可能已经侵犯了当事人程序上的处分权,也在一定程度上架空了协议管辖制度,使本就受实际联系原则限制而遭致功能减损的协议管辖制度有着目的落空的危险。而且这种倾向也违反了法律法规的内部逻辑,若集中管辖拥有优先于协议管辖的效力,则意味着集中管辖类似于专属管辖的性质,因而协议管辖不得违反专属管辖。而专属管辖本身具有排他性,属于专属管辖的案件并不允许当事人通过双方的合意更改管辖法院。但是《互联网法院规定》第3条又规定了协议管辖,允许当事人通过合意约定选择互联网法院进行管辖。这表明立法者并未将集中管辖视为专属管

① 参见刘哲玮、李晓璇:《互联网法院管辖规则评述》,载《经贸法律评论》2019年第5期;肖建国、庄诗岳:《论互联网法院涉网案件地域管辖规则的构建》,载《法律适用》2018年第3期。

辖,因此法院在案件审理中认为集中管辖优先于协议管辖的立场,目前来看,至少与制度本身的逻辑不完全符合。

(三)涉互联网法院之协议管辖的内在矛盾

《互联网法院规定》第3条规定了当事人可以通过协议管辖将属于互联网法院受理范围的案件约定由与争议有实际联系地点的互联网法院管辖。客观来说,协议管辖制度在互联网纠纷中有其自身的优势。通过协议选择法院的方法确定管辖权,可以不受地域约束,只要双方当事人意思表示一致即可。这样可以在一定程度上解决网络空间无法对应物理空间,从而找不到地域管辖依据的问题。也正是基于这样的认识,有观点认为:“虚拟空间与协议管辖应该是最佳的组合。”①然而,《互联网法院规定》虽认同协议管辖制度,却仍然要求满足实际联系原则,这使涉互联网案件的管辖协议又不可避免地与地域相联系,使互联网法院在确定具体案件中协议管辖的效力时又无法摆脱地域约束。这种实际联系要求案件在物理空间上与管辖法院存在现实连结,而发生在互联网上的案件,其特点就是与物理空间的地域联系较弱。因此目前的协议管辖制度与互联网法院在管辖上应该具有的优势之间,有着内在矛盾。

协议管辖制度作为尊重当事人意思自治、增加管辖法院的确定性、减少管辖权冲突以及防止地方保护为目的的功能性管辖规则,本身就因要求实际联系原则遭受到诸多学者的批评。② 在以地域性为基础的协议管

① 朱萍:《虚拟空间管辖权的确定——美国和欧盟实践的启示》,载《法商研究》2002年第4期。

② 例如,李浩培先生在《国际民事程序法概述》中评价我国1991年颁布实施的《民事诉讼法》第244条时认为,这种要求当事人在对国际裁判管辖权的合意选择时要与争议有实际联系是值得仔细斟酌的,不符合现代各国国际民事程序法发展的趋势。马永梅在《辩论主义与我国涉外民事诉讼程序的完善》中认为,中立法院有许多优势,应该允许当事人选择与争议事项无实际联系的法院,而且实际联系原则还会引发管辖权的消极冲突。刘晓红、周祺在《协议管辖制度中的实际联系原则与不方便法院原则——兼及我国协议管辖制度之检视》中认为,管辖法院与系争事项之间的联系不应作为管辖权是否有效和可执行的前提条件,排他性协议管辖指向的法院可以适用不方便法院原则进行审查。朱伟东在《中日韩国际民事案件管辖权规则的冲突与协调》中通过比较中国、日本、韩国的协议管辖制度认为,应尽量尊重当事人的意志,取消实际联系原则更有利于顺应国际的发展趋势。包鸿举在《涉外协议管辖实际联系原则的制度检视与规则重构——以“一带一路”倡议下民商事诉讼的国际化为视角》中认为我国废除实际联系原则的风险可控,并提出了废除后的规则重构建议。

辖规则中,实际联系原则都受到了批评,更何况互联网法院受理的是具有虚拟性、无边界性、脱离与地域联系、管辖连结点难以确定的涉网案件,要求争议案件与管辖法院之间有实际联系,本质上是将当事人的选择范围禁锢于地域管辖规则的连接点范围内,在此原则束缚下的可选法院本身就是法律规定的对案件拥有管辖权的法院。在涉网案件中要求协议管辖也满足实际联系原则,不仅当事人无法通过协议管辖的合议来避免地方保护主义,或是通过合意选择具有更高专业水平的法院以获得更加公正的审判结果,还可能因涉互网案件协议管辖规则中存在的内在矛盾而无法实现管辖权的确定。

## 三、完善互联网法院管辖规则的思路

### (一)互联网法院应摆脱传统地域管辖的观念束缚

#### 1. 传统管辖规则以"地域性"为基础的原因

在传统的物理世界中,管辖规则不仅面向法院也面向当事人,管辖规则的设计不仅要考虑法院还需考虑当事人之间的诉讼权利与义务的分配。从法院的角度来看,首先,管辖制度与法院的案源分布有关,需要用管辖制度统筹法院系统内部对案件的均衡分布,解决法院之间的分工与权限问题。如果没有管辖上的限制,就有可能出现一些法院案件数量太多审判负担过重而另一些法院无案可审的情况,或是法院可以随意决定是否受理案件,不符合管辖确定性原则。其次,为了便于法院审理与执行裁判,我国的地域管辖规则遵循实际控制、实际发生原则,有管辖权的法院往往对当事人的人身或财产拥有实际控制的能力或是与法律事实行为有关的地点。从当事人的角度来看,管辖法院的所在位置与参与一次诉讼需要付出的时间、精力、成本有直接关系。如果法院所在地距离自己很远,则意味着需要抽出专门的时间赶往法院所在地,如果是一个简单的案件,常出现往返路途时间远大于庭审时间的情况。时间上的冲突也会影响当事人是否参与诉讼的决定。诉讼虽然能解决纠纷,但是为诉讼所付出的时间、精力、成本以及长时间的诉讼过程常使"理性"的当事人放弃用诉讼来维护自己的正当权益。因此管辖制度的设计要考虑便利当事人参与庭审,并尽量保证公平合理地分配诉讼成本与负担。除此之外,由哪个法院审理案件对当事人有重要意义,因为不同的法院审理可能会导致审理结果的不同。结果不同的可能性有很多,或是审理法官的水平高低不同、或是不同法院所在地的整体法治水平与素养不同、或是存在地方保护主义人情因素影响了法官的中立地位。

综上,管辖制度的划分依据最主要的便是两便原则,既要便利法院,又要便利双方当事人。在物理世界中,这种便利性具体体现在距离、时间、金钱支出方面。正因如此,法院的地理位置会影响双方当事人参与诉讼的便利程度,与当事人之间的程序利益与公正挂钩;而与案件有关的地点则会影响法院审理的便利性与控制性。因此传统管辖规则以“地域性”为基础有自身的合理性与必要性。

2. 互联网法院管辖规则摆脱“地域性”的必要性

互联网法院产生于互联网技术和数字经济蓬勃发展的浪潮中,从成立之初其与传统法院相比在审判方式上就有先天的特殊性。互联网法院通过信息网络技术进行远程审判,当事人与法官之间以及当事人相互之间通过信息网络技术进行远距离的言语交往,而不是传统诉讼程序中各方齐聚一室的面对面交流。这种以远程性为本质的审判方式打破了传统法院中依传统线下审判方式必须要求法官与当事人双方居于同一物理空间中的限制,不再要求当事人在开庭日从各地赶往法院所在地,当事人进行诉讼所需花费的时间仅为进行开庭审理的时间。在此种情况下,法院所在地距离原被告的远近都无关紧要,并不会因为距离某方特别远而使这一方承担过重的诉讼成本。在管辖中考虑对弱者的特殊保护时,主要也出于给弱势方带来的诉讼成本问题。在协议管辖制度中,在讨论是否要取消实际联系原则时,支持者往往认为如果取消实际联系原则,协议管辖会被实质强势方所利用,选择有利于强势方进行诉讼的法院。这种有利的条件概括起来无非为两种:一是有利于自己参与诉讼,距离上的自我考虑使对方背负更重的诉讼成本与负担。二是选择有利于自己胜诉的诉讼法院。远程审判使第一种有利条件变为同等公平,对双方当事人来说,法院的距离远近不再是一个问题。因此远程审判使管辖规则的设计无须过多考虑当事人的便利因素。

实际上涉网案件的性质也要求排除“地域”考量。互联网法院所管辖的案件发生于网络空间内,案件本身就与地理位置没有实际联系,且涉网案件的证据材料形成于网络,很少涉及法院对证据的实地调查。因此,互联网法院所管辖的案件性质使得管辖规则的设计无须从地域上考虑法官审理案件的便利程度。

(二)互联网法院管辖规则的发展构想

1. 三家互联网法院共同建构统一的诉讼平台

从互联网法院的存在样态来说,作为独立于现有法院体系的“试验田”,目前已有的三家互联网法院在数量上已经足够了,并不需要再增设互联网法院。鉴于它们具有共同的功能定位,三家互联网法院可以考虑通过统一的诉讼平台对外受理案件。当事人起诉的时候在同一个端口进行立案申请,至于究竟应由哪一家互联网法院管辖,则是互联网法院内部的案件分流问题,由于摆脱了地域限制,这种内部的案件分流不会增加当事人和法院的成本。三家互联网法院内部进行专业分工,可以根据案件的类型、案件的难度等进行划分,形成职能的专门化和类型化,如此既有利于对新类型类案的研究,提升总结经验、探索规则的能力,同时又可利用数据和算法,总结出新型案件的审判规则,形成共同的案件数据库。同时,考虑到互联网法院作为“试验田”所试验的对象具有动态性,为了尽可能地减少不确定性,可以利用统一诉讼平台进行管辖规则的公示,更新、调整、剔除不需要互联网法院管辖的案件,增加应由互联网法院管辖的案件,对社会系统的变化作出及时回应。在三家互联网法院建构了统一的诉讼平台后,可以进一步考虑打破三家互联网法院法官之间的樊篱,使合议庭的组成突破不同法院的限制,也就是可以由不同法院的法官组成合议庭。比如可以利用数据与算法系统,指定分属杭州、广州、北京三地法院的法官随机组合成合议庭,法官可以在任何地点通过诉讼平台进入审理案件的线上“云法庭”,完成案件的开庭。这样做的好处是:一方面,打破法官的地域性可进一步促进审判的独立;另一方面,依托数据与算法,分配给法官的案件会逐渐专业化、类型化,通过审理案件量的积累实现法官们办案能力的提升。这种合议庭组成方式与法官制度重构本身就是对已有规则的变革与创新,同时也是在探索一种新的可能性。

2. 以“互联网”而不是地域性作为互联网法院管辖连结点

首先,在管辖案件类型上,应当明确的是互联网法院管辖并不改变管辖案件的基础特征,即依托互联网发生,证据主要产生和储存于互联网。但并不对管辖的案件类型作出过于具体的规定,其审理的案件定位为新型、疑难案件与目前阶段需要“试验”的其他案件类型,这样规定的好处在于,互联网法院可以根据探索的需要对受案范围进行动态调整,以灵活适应社会变化与现实需求。当然,鉴于法律规则有着稳定性与安定性的要求,应配套建立互联网法院管辖规则的公示制度,定期在同一互联网诉讼平台以公告的方式进行公示。其次,在互联网法院的管辖范围上,可以考虑使互联网法院有权受理它认为应当受理的所有涉互联网案件,不仅不限于互联网法院所在地域,也不限于国界。互联网法院在决定其所受理的案件时,只考虑规则创新的需要和在国际上占据规则创制之高地的需要。再次,在互联网法院受理案件的依据上,可设定两个标准:一为互联网法院根据实际情况制定的管辖规则;二为当事人在满足互联网法院审理案件的基本条件下通过合意所进行的选择。最后,在互联网法院的级别管辖上,考虑到互联网法院的功能定位,可以设想互联网法院受理的一审案件,可以在互联网法院内部进行二审。这样考虑的另一个理由是,如果案件的一审在互联网法院进行,二审在各地的中级法院进行,会减损互联网法院规则探索与创新的意义。既然互联网法院是涉网案件审理的试验田,那么它所使用的技术和审判理念与各地传统的中级人民法院不可避免地存在差异。如果互联网法院受理的一审案件由其他中级法院进行二审,就会产生这样的一个矛盾:互联网法院审理的一审案件会在“试验田”的视角下进行,而受理二审的中级人民法院又是在传统的规则与理念下进行审判,如此互联网法院的规则创新如何能够完成?那么如何完成互联网法院一审案件在本院的上诉?笔者提出一种解决方法,即在互联网法院内部分别设立原诉庭和上诉庭,上诉庭的法官由更为资深的符合中级人民法院要求的法官组成。上诉案件仍然借助算法与数据,自动生成二审合议庭。再审可能会由高级人民法院或是最高人民法院受理,为了保证互联网案件审理的一致性,建议在互联网法院所在地的各高级人民法院与最高人民法院设立互联网法院再审庭,专门审理来自互联网法院的再审案件。

(三)完善涉网案件协议管辖规则

为使前述互联网法院管辖的制度构想得到实现,应充分发挥协议管辖在互联网案件管辖分配中的作用。基于涉互联网案件的特点以及互联网法院的特点,对于协议选择互联网法院管辖的案件,应剔除实际联系原则的要求,且不限制案件的具体类型,以充分发挥协议管辖在确定涉互联网案件的管辖法院与避免管辖权冲突上的作用。尤其是,互联网法院远程审判所带来的便利性,甚至可以作为有利条件吸引域外当事人选择中国的互联网法院进行案件的管辖。如此一来,剔除实际联系原则的协议管辖规则可为我国将来获得更多的涉外案件管辖权预留机会,以提高我国在国际司法领域的竞争力和话语权,同时也可缓解我国与他国之间司法主权方面的冲突。此外,也需要考虑,因为对互联网法院管辖的选择是由当事人通过合意的方式自愿达成的,在没有充分证据证明该管辖协议是非自愿情况下达成的,则应该承认管辖协议有效并予以执行。在当事人明确选择由互联网法院管辖(不需要具体到哪一个互联网法院,因为是统一平台且案件的分流由系统内部完成)后,双方当事人都不得再提出管辖权异议,防止当事人将管辖权异议作为诉讼策略影响案件的审理进度。限制当事人管辖权异议的合理依据是,互联网法院受理案件后,所采远程审判方式不会给任何一方当事人造成时间、经济成本上的更多负担,此种情况下,管辖权异议也就失去了原有的意义。

(四)建立互联网法院不方便管辖规则

考虑到互联网法院的功能定位是作为"试验田"进行规则的探索与创新,而不是解决争议,化解纠纷,可以考虑赋予互联网法院更多的选择案件的自主权。也就是说,对于当事人协议选择或者虽然没有管辖权协议而当事人选择到互联网法院进行诉讼的案件,若已没有规则探索与创新的意义,互联网法院可以拒绝受理,令当事人到其他的传统法院起诉,或者将案件移送其他法院管辖。如此可使互联网法院集中精力进行规则的探索与创新。

# 智慧法院的建设重点与前景展望

周　翠*

**摘　要**:借助数据技术的帮助,智慧司法的建构重点从纠纷解决为主前移为纠纷预防为主,而纠纷预防最重要的屏障是公证,为此我国有必要尽快进行电子公证的改革。在纠纷解决机制的建设方面,首先有必要发展高效、低费、保密、自治的在线调解和调停程序(ODR),以解决数目庞大且争议额相对较小的消费者权益纠纷、家事纠纷、劳动纠纷;其次则可借助技术手段促进民事程序的分层与分流,以进一步促进诉讼专业化、专门化并减轻法官的负担。就此而言,未来的改革重点在于:其一,设立高效低费的电子督促程序,筛选双方当事人无争议且数额明确的金钱之债,以帮助债权人快速获得执行名义。其二,针对事实清楚、权利义务关系明确、争议不大的金钱给付纠纷,可以尝试引入电子速裁程序,由智审软件协助生成判决。其三,针对复杂的一审民商事案件,可以尝试引入电子准备程序,即借助自动程序对结构化的当事人陈述进行筛选整理并梳理争点,以减轻法官的审前准备工作。

**关键词**:电子诉讼;电子司法;电子督促程序;电子速裁程序;电子准备程序

## 一、电子司法的建设重点:从纠纷解决到纠纷预防

电子司法与传统司法的差异,不仅体现在技术手段上,而且也表现在

* 周翠,女,浙江大学光华法学院教授、博士生导师。

体系构想上。借助数据技术的帮助,智慧司法的建构重点从纠纷解决为主前移为纠纷预防为主。在任何国家,"纠纷避免"相较于"纠纷解决"都更值得被优先追求。信息和数据技术的发展,也为接近这一目标提供了技术基础。尤其是当新技术与公证相结合时,预期可以取得更优效果。这也是德国立法者进行公证电子化改革的理由。

2017年3月23日,德国正式通过《重新规制公证文件保存与设立电子文书档案法》,①该法不仅引入电子文书档案(elektronisches Urkundenarchiv)、修订公证文书保存规范,而且还为德国联邦公证员协会(Bundesnotarkammer)和公证员增设了新的义务。

首先,德国联邦公证协会不仅负责运行三大电子登记簿——养老照管中央登记簿(ZVR)、遗嘱中央登记簿(ZTR)和公证电子文书档案,而且还负有义务设立电子公证案卷存储器(Aktenspeicher)、公证员名册和公证员专用电子邮箱(beN)。其中,电子文书档案为新增内容,由德国联邦公证员协会负责运营、联邦司法部负责监管[《德国公证员法(BNotO)》新第78h条第1款]。依照立法规划,电子文书档案自2020年1月1日起开始收录公证员制作的电子文书目录(Urkundenverzeichnis)和电子保管目录(Verwahrungsverzeichnis),自2022年1月1日起开始收录电子文书汇编(Urkundensammlung)。② 在文件的全部保存期间,电子文书档案系统均须确保所保存的文件可被利用、完整、真实、保密和透明,联邦公证员协会采取必要的技术与组织措施确保维持所保管的电子文件的证明力(《德国公证员法》第78h条第2款)。实务界人士认为,引入统一的电子文书档案,可以提高系统安全,便于公证机关可靠与高效地处理日常工作并实现案卷透明,同时亦可促进登记与管理的顺畅运行、节省费用以及灵活应对未来之发展;但缺点在于扩大了攻击面,并在确保数据对

① Gesetz zur Neuordnung der Aufbewahrung von Notariatsunterlagen und Einrichtung des Elektronischen Urkundenarchivs bei der Bundesnotarkammer, BGBl. I 2017, S. 1396.

② 电子文书目录,是公证员对公证及其他职务行为制作的电子目录;电子保管目录,是公证员对其依照相应法律负责保管的物品制作的电子目录,该目录取代了此前的保管簿、物品簿、信托账户列表和姓名目录,Vgl. Damm, DNotZ 2017, 426, 427。

外安全、保证物理存储器抗击自然灾害、战争、袭击,以及确保存储完整、防止数据遭受黑客攻击等方面带来巨大挑战。不过,由于德国联邦公证员协会已经积累了许多前期经验,不仅有能力出具认证的电子签章和时间戳,而且还通过旗下的 NotarNet 有限责任公司经营公证专用网络,因此立法者和实务界均认为其具备相应的硬件基础。① 目前,德国联邦公证员协会通过区块链、哈希值、智能合约等技术对出具电子授权委托书、电子地籍登记、电子商事登记、在线成立资合公司、自动执行不动产合同等多领域进行尝试,又称电子公证 4.0 版改革。

其次,德国联邦公证员协会还负责如下事务。

设立电子案卷中央存储器,以便公证员自愿记录和存储其他不必纳入电子文书档案的文书(《德国公证员法》第 78k 条第 1 款)。

制作公证员名册,对公证员和公证管理人员进行登记,以便机关、法院、权利寻求人和其他法律交往参与者提供信息,并便于公证员协会履行职责,任何人均可无偿查阅公证员名册,并可进行电子搜索(《德国公证员法》第 781 条第 1 款第 1 句、第 2 款)。②

自 2018 年 1 月 1 日起,联邦公证员协会还必须为登记在册的公证员和公证管理人员设立专门的公证员电子邮箱。这样的电子邮箱并非个人邮箱,而是属于各自的公证机关,其以律师专用电邮(beA)为蓝本,同样属于 2018 年 1 月 1 日生效的《德国民事诉讼法典》第 130a 条规定的安全传递途径,③公证机关可借此与法院进行电子交往。新法还为公证员增设了电子签名和报告义务:公证员必须拥有一个由认证的信用服务商提供的、长期可被审查的认证证书(qualifizierte Zertifikat),并拥有制作和维持电子签名有效的技术手段;认证证书必须包含公证员姓名、职务住所地、所属公证员协会和国家等内容(《德国公证员法》第 34 条),电子签名

① Begr. Reg E., BR-Drucks. 602/2016, S. 105; Damm, DNotZ 2017, 426, 428.

② 公证员名册收录了公证员的任命日期及变动、姓名、解职或调任后案卷保存的地点、业务机关的住所及地址以及对外办公的时间与场所、所属协会、公证员专用电子邮箱的地址、电话、外语知识等内容,详见《德国公证员法》第 781 条第 3 款。

③ Begr. Reg E., BR-Drucks. 602/2016, S. 88.

等同于公证员的亲笔签名,公证员必须向监管机关和自己所属的公证员协会报告可能的电子签名、公章的丢失、滥用或伪造等情况(《德国公证员法》第34条)。[①]

德国此次的公证改革比奥地利迟延10多年之久,奥地利早在2000年就已引入电子文书档案制度。不过,实务界人士认为,此次改革建立在多年充分准备的基础之上,且充分发挥了公证协会的协助作用,法条本身令人信服,改革模式亦有别于电子政务法,仅对公证工具和公证机关的日常工作进行重大革新,而不涉及具体的公证程序,并且改革目标也仅限于推动电子司法和促使公证参与电子法律交往;节省费用虽非改革目标,但属于令人欢迎的法律效果之一。[②]

德国关于电子公证的构想亦为我国带来了有益启示。如果我国未来建构统一的电子公证平台,对公证遗嘱、失能监护(《民法典》第33条)、公证文书、公证保管物品、公证保全的证据资料进行统一登记与管理,则有利于进一步避免继承、家事等纠纷,并且便于法院进行电子证据调查和强制执行。电子世界的联通对接能够产生协同效应,这亦是我国最高人民法院追求的方向。[③] 就此而言,立法者应当确立具体的时间规划,制定翔实的细节规范。唯有对公证和诉讼同步进行改革并实现电子公证与智慧法院的全面对接,纠纷避免与纠纷解决机制才能够良好运转。

## 二、在线纠纷解决机制的体系构想:在线调解与调停

单纯对公证进行电子化改革以进一步预防和避免纠纷,尚且远远不够。未来还需发展在线纠纷解决的机制,以持续减轻法院的负担和实现

---

① Begr. Reg E., BR-Drucks. 602/2016, S. 96; Damm, DNotZ 2017, 426, 440f.

② 从长远看,电子公证改革会产生节省费用的效应,但近期需投入资金。根据德国联邦公证员协会的估计,引入电子文书档案大概耗资3500万欧元,每年维持该系统的费用约在2000万欧元,这些花费主要由公证收费填补,故公证收费将略有提高,详见Damm, DNotZ 2017, 426, 431。

③ 详见《最高人民法院关于人民法院进一步深化多元化纠纷解决机制改革的意见》第11项。

法和平。在线纠纷解决尤其适宜解决大规模的小额纠纷(mass processing of small claims)。最高人民法院自2016年起开始针对保险、证券期货等纠纷展开在线调解的探索。[①] 以这些试验为基础,未来可尝试构建统一的在线纠纷解决平台,并及时制定规范固定的经验和统一做法。就此而言,欧盟和德国的规范值得借鉴:2013年5月21日,欧盟在2020战略"数字欧洲计划"的框架下颁布了《ADR指令》和《ODR法令》,旨在高效、快速地解决消费者的纠纷。[②] 而且,"欧盟在线纠纷解决平台"(https://webgate. ec. europa. eu)已于2016年2月15日启动。以《ADR指令》为基础,德国于2016年2月通过《消费者纠纷解决法(VSBG)》和《消费者纠纷解决——信息义务行政法令(VSBInfoV)》。[③] 这两部规范于2016年4月1日生效,对纠纷解决的方式、程序、人员、机构和平台提出极为细密之要求。

(一)定纷方式:调解与调停

与欧洲相比,我国首先有必要明确代纠纷解决的方式。在欧洲,代纠纷解决指法院程序之外的和好解决争议的机制,包括两种方式:(1)支持谈判,如调解(mediation)、协作(collaborative law);(2)由第三人作成拘束(或部分拘束)当事人的裁决,如调停(Schlichtung)、仲裁、建筑领域内的争端裁决(baurechtliches Adjudikationsverfahren)。[④] 在我国,代纠纷解决方式主要指调解。未来是否有必要引入其他代纠纷解决方式,如英国法上的"早期中立评估"(early neutral evaluation),[⑤]以及欧洲大陆的调停,有待详讨。

---

① 例如《关于在部分法院开展在线调解平台建设试点工作的通知》《关于全面推进保险纠纷诉讼与调解对接机制建设的意见》《关于在全国部分地区开展证券期货纠纷多元化解机制试点工作的通知》。

② RL 2013/11/EU; VO (EU) Nr 524/2013.

③ BGBl. I 2016, S. 254; BGBl. I 2016, S. 326.

④ Deutlmoser/Engel, MMR 2012, 433, 434.

⑤ 在英国,ADR方式主要包括调解、仲裁、早期中立评估、专员监督方案(Ombudsmen schemes),详见《英国关于诉前行为和笔录的实务指引(Practice direction-Pre-action conduct and protocols)》第10条。

在欧洲,调停与调解、仲裁的区别在于:[1]调解员不提供方案建议,其仅是不拥有裁判权和建议权的谈话主持人;仲裁员可以直接作成具有拘束力的裁决;调停员(Schlichter)虽然应当为当事人拟定方案建议,但这样的建议对当事人不具有拘束力,其完全可以拒绝接受该建议。[2] 在德国,调停人针对消费者纠纷提供的调停建议还应当附理由,并包含基本案情和调停人的法律评价(《德国消费者纠纷解决法》第19条第1款第3句)。如此一来,即便调停最终未取得成功,调停建议仍然包含对法律关系的客观评判,亦可为后来的诉讼结果提供指引。[3] 相较之下,我国最高人民法院允许调解员(无论是特邀调解员还是法院调解人员)提出解决争议的方案建议。[4] 这表明,我国的调解员亦拥有欧洲或德国调停员的权限。但与调解自愿有别,欧洲的调停却与"强制"联系在一起,这突出体现在瑞士的调停程序上。

2011年1月1日生效的《瑞士民事诉讼法典》实行"先调后审"(zuerst schlichten,dann richten)原则,并在民事诉讼中普遍引入强制诉前调停机制(Schlichtungsobligatorium)。仅在财产纠纷的标的额超出10万瑞士法郎且双方当事人一致同意(第199条第1款),并且在简易程序(第248条以下)、身份诉讼、离婚诉讼、破产领域的诉讼、主参加、反诉和告知参加等诉讼中,才会不前置强制诉前调停程序(第198条)。强制诉前调停程序的结果亦纷繁多样(第208条以下),当事人既可以达成和解协议(Einigung),调停机构也可以批准起诉(Klagebewilligung)、提出判决建议(Urteilsvorschlag)或作成裁决(Entscheid)。这一程序在瑞士实践中大获成功。根据2011年和2012年进行的一项实证调查,各省由调停机构解决纠纷的比例大致在50% ~85%;2014年,在巴塞尔省提起的数量各为1200余件的非租赁纠纷和租赁纠纷的调停申请中,和解比例分别为

---

① Vgl. Kreissl, SchiedsVZ 2012, 230, 241.

② 详见《欧盟ADR指令》第2条第1款,《德国消费者纠纷解决法》第19条第1款。

③ Grössl, NJW 2016, 838, 839.

④ 详见《关于人民法院特邀调解的规定》第17条,《关于人民法院民事调解工作若干问题的规定》第8条。

39%和38%、认诺和撤诉等比例分别为31%和43%、调停机关批准起诉的比例分别为22%和11%、调停机关提出的判决建议被接受的比例均为3%、判决建议被拒绝的比例分别为1%和5%、调停机关作出裁决的比例分别为4%和0。①

不出所料,瑞士的强制诉前调停程序遭到德国学者的质疑,他们对"全面避免法院程序的立法构想"和"调停人员拥有作出裁决的权限"提出不同意见。② 德国曾于2000年允许各州针对部分案件(例如争议额低于750欧元的财产纠纷)引入强制诉前调停程序,但该程序在大范围内受到电子督促程序的挤压未发挥实质作用,遂又遭到各州立法者的废弃。③

与瑞士的调停员相比,我国的调解员无权作出裁决,而且调解奉行自愿原则。这表明,我国的调解实际上仍然相当于欧洲或德国的调解,而非调停,只不过我国调解员的权限更为积极主动,亦有权(但非必须)提供方案建议,但尚未达到瑞士调停员有权作出裁决的程度。考虑到部分纠纷尤其是消费者权益纠纷的特点,未来似可考虑引入单方面针对企业的强制调停程序。对此同样可以借鉴欧盟和德国的经验。

### (二)特殊设计:消费者权益纠纷

针对消费者纠纷,欧盟要求各成员方在程序参与、程序结果和程序费用等方面特别关照处于结构弱势地位的消费者,也即在这些方面区别对待消费者和企业主。首先,在程序参与方面,欧盟仅强调消费者自愿。在美国的实践中,商家为了迫使消费者放弃参加集团诉讼,往往通过格式条款强迫消费者参与仲裁。④ 为了防止出现这一现象,欧盟和德国的规范均强调,剥夺消费者向法院寻求救济之权利的格式条款,或者强制诉前调

---

① Vgl. Sutter-Somm,ZZP 130 (2017),61,70f.

② Eslami/Steinrötter,Disskussionsbericht,ZZP 130 (2017),87.

③ 详见周翠:《调解在德国的兴起与发展——兼评我国的人民调解与委托调解》,载《北大法律评论》2012年第1辑。

④ 美国联邦最高法院于2013年确认消费者合同中订立的仲裁条款有效,US Supreme Court v. 20. 6. 2013 – 12 – 133,2013 WL 3064410 – Am. Express Co. v. Italian Colors Rest。

解或调停的格式条款无效。① 相反地,欧盟允许各国强制企业主参与代纠纷解决程序,负义务的企业主应当在主页或格式条款中将处理争议的代纠纷解决机构告知消费者,而且各国还应当针对企业主违反义务的行为制定有效、恰当和有威慑性的惩罚措施。② 在德国,如果企业主违反广泛的信息告知义务,消费者可以起诉主张停止侵害或消除妨碍,并要求违反合同义务应赔偿损失,也即赔偿因不进行代纠纷解决程序而产生的费用。③

其次,在程序结果上,欧盟亦允许各国区别对待消费者和企业,例如,可以规定如下条款,"只要消费者接受方案建议,该方案就对企业主具有拘束力",或"纠纷解决方案无须征得企业主同意就对其具有拘束力"(详见《ADR 指令》第 9 条第 3 款、第 10 条第 2 款第 2 句)。在德国的银行与保险行业的实践中,调停人亦可对企业主作出具有单方拘束力的裁决,即接受调停的企业主应当接受 1 万欧元以下的调停裁决,之后不得再向法院起诉;如果企业主违反裁决的单方拘束力,消费者可以依照《德国民法典》第 242 条主张诚实信用之抗辩。④

最后,在程序费用上,欧盟和德国亦对企业和消费者设立了不同规定。针对消费者,欧盟要求程序免费,或消费者仅需缴纳保护费(《ADR 指令》第 8 条第 c 项)。在德国,仅当消费者的申请属于滥用时,才可要求消费者支付必要的报酬,但最高不超过 30 欧元(《德国消费者纠纷解决法》第 23 条第 1 款第 1 句、第 31 条第 3 款);相反,企业主应当支付报酬。

---

① 《欧盟 ADR 指令》第 10 条第 1 款规定:"消费者与企业主在纠纷发生前订立的有关代纠纷解决的协议导致剥夺消费者向法院寻求救济之权利的,该协议不对消费者发生拘束力。"《德国民法典》第 309 条第 14 项(2016 年 2 月生效)规定:"如果企业主约定如下内容的格式条款:'仅此前在代纠纷解决程序中进行过和解努力的合同相对人,才可到法院起诉',这样的格式条款无效。"此处所称的代纠纷解决程序主要指调停和调解,不包括仲裁,缘由在于《德国民事诉讼法典》第 1031 条第 5 款允许消费者参与订立仲裁条款,但其必须包含在一份由当事人亲笔签名的文书或电子文件中。

② 详见《欧盟 ADR 指令》第 9 条第 2 款第 a 项第 3 句、第 13 条第 1 款和第 2 款、第 21 条。

③ 详见《德国消费者纠纷解决法》第 36 ~ 37 条、《德国不作为之诉法》第 2 条第 2 款第 1 句第 12 项。不过,由于很难预估是否能够达成和解协议,这加重了对"代纠纷解决程序是否可以避免诉讼以及损失数额大小"等事实的证明困难,Vgl. Grössl, NJW 2016, 838, 839。

④ Kotzur, VuR 2015, 243.

德国根据调停机构的类型对收费作出具体规定：私立调停机构可以收取合理的报酬，通用调停机构（Universalschlichtungsstellen）依照标的额大小向企业主收费，如争议标的额超过2000欧元的，收取380欧元的费用，法定情形下亦可将费用降低为75欧元或进一步减免。[①]

借鉴欧洲或德国的如上经验，我国不仅有必要建成全国统一的在线纠纷解决平台，而且还应当为消费者权益纠纷设立单独的模块。在该模块中，可考虑针对企业单方面引入强制调停程序，通过立法强制企业参与在线纠纷解决程序并接受调停员作成的若干数额以下的裁决，而且企业还应当缴纳程序费用；相反，消费者自愿参与程序，自由决定是否接受程序结果并免交费用。

（三）质量保障：高效透明公平

首先，代纠纷解决程序绝非二等的权利保护，其亦应保障纠纷解决的质量。这意味着，我国未来的在线纠纷解决平台首先应当满足用户友好、资讯全面、数据安全和保护隐私等标准。就此，我国亦可参考欧盟的相关规定：欧盟委员会不仅要求“欧盟在线纠纷解决平台”界面友好、使用免费、提供多种语言、尽可能保证为所有人开通（“为所有人设计”），而且还要求该平台提供各种表格、信息和反馈机制，以及确保这些资讯正确实时、清楚易懂、便于获取。[②] 欧盟委员会还强调，在规划阶段就应当在平台的研发、运行和维护等方面考虑保护用户的隐私（“内置的数据保护”），以及采取确保数据安全的技术与组织措施，如监管数据入口、安全规划和消除安全隐患（《ODR法令》第5条第1款第3句、第13条第2款）。仅为了实现法定目的，欧盟才容许代纠纷解决机构或联络处获得与争议相关的必要信息；仅为了运转和维护平台所需，欧盟委员会才对平台用户的个人信息进行处理；仅为了实现法定目的所需，与争议相关的个人信息才存储在数据库中；之后，数据自动被销毁，至迟在争议结束6个月后销毁（《ODR法令》第12条）。此外，代纠纷解决机构的联络处亦负有

① 详见《德国消费者争议解决法》第23条第2款、第31条第1款和第2款。

② 详见《欧盟ODR法令》第5条第1款第2句和第3句、第4款、第5款。

职务保密义务(《ODR 法令》第 13 条第 1 款)。

其次,在线纠纷解决程序应当公平、高效和顺畅,纠纷解决人员应当专业、中立和独立,国家应当对纠纷解决机构进行监管。为此,德国要求争议中间人必须掌握有关消费者法的法律知识和争议解决技巧,并具备法官职位或认证调解员(zertifizierter Mediator)资质(《德国消费者纠纷解决法》第 6 条第 2 款第 2 句),而且立法者还对中间人的聘期与解聘、中立与独立、披露义务等提出具体要求。① 此外,德国区分三类消费者调停机构实施监管——私立、官方和通用调停机构。② 唯依法承认、委托或设立的机构,才得使用“消费者调停机构”的称谓,故意或过失将自己或某机构标示为消费者调停机构的,处 5 万欧元以下罚款(《德国消费者纠纷解决法》第 2 条第 2 款第 1 句及第 2 句、第 41 条)。这些规范对我国未来的法律制定亦不无参考价值。

## 三、智慧法院的建设重点:从在线法院到智慧法院

### (一)利用信息技术:从实体法院到网络法院

除发展电子公证和在线纠纷解决机制之外,持续推进电子法院的建设,亦属于立法者的重要任务。利用信息和数据技术,不仅可以有效促进法院之间、法院与当事人之间的联络沟通,从而提高诉讼效率和促进司法近民;而且也可以方便法官工作,减少管理错误和实现诉讼经济。从实体法院转向网络法院,关键在于实现电子联络和电子案卷。在这方面,我国最高人民法院已经在电子案卷、电子庭审记录、网上公开裁判文书、直播庭审等方面制定了相关规范,未来尤其应当对电子联络(电子递交和电子送达)进一步改革。在我国这样一个幅员辽阔且东西部经济差异显著的

---

① 详见《德国消费者纠纷解决法》第 7 ~ 8 条。

② 私立调停机构由德国联邦司法部负责承认(Anerkennung);官方调停机构设在航空旅客、财税服务、资本投资等领域,除联邦通讯和邮电网络代理商设立的调停机构有优先管辖权外,官方调停机构的管辖权位列私立调停机构之后;各联邦州可在私立与官方消费者调停机构之外设立通用调停机构,仅当无其他的消费者调停机构实施管辖时,通用调停机构才处理本州企业主或消费者提起的争议标的额介于 10 ~ 5000 欧元的消费者争议,详见《德国消费者纠纷解决法》第 29 条、第 30 条第 1 款第 2 项和第 4 项。

国家完全实现在线法院的构想,显然需要立法者制定精确的时间规划,并按步骤、分阶段根据用户的专业程度依次改革三大诉讼法,就此亦可借鉴德国的立法经验。

德国以“2022 年基本建成电子司法”为目标有序进行法律修订:关于电子案卷的改革率先在刑事诉讼中展开,并且预定于 2016 年 1 月 1 日起全面实行电子案卷。关于电子联络的改革则率先在民事、行政、劳动诉讼等领域推行,而且还对专业用户和非专业用户区别对待:就电子递交而言,非专业用户自 2018 年 1 月 1 日起可以通过电子途径向法院递交文书,专业用户自 2022 年 1 月 1 日起必须通过安全的电子途径递交文书(《德国民事诉讼法典》第 130a 条第 1 款、第 130d 条);就电子送达而言,法院无须征得专业用户的同意就可进行电子送达,但针对其他诉讼参与人进行电子送达,需要该人的明确同意(《德国民事诉讼法典》第 174 条第 3 款)。

未来,我国立法者也可以以“2030 年全面实现专业用户与法院的电子交往”为目标,逐步推进在线法院的建设,并在电子递交、电子送达、电子公告送达、电子案卷、电子文件及其证明力、在线庭审等方面制定周密规范,以及尝试在强制执行领域引入电子执行名义登记册等。[①]

(二)利用数据技术:从在线法院到智慧法院

单纯利用信息技术建成在线法院,并非终极目标,这样的法院仅能实现在虚拟世界中再现诉讼的功能,而不能真正减轻法官的负担。唯当法院与数据技术结合时,法官的工作才可得到一定程度的减轻。

不过,依照现有的技术水平,无论是大数据技术,[②]还是利用简单算法和强化学习(reinforcement learning)的机器学习,还是利用卷积神经网络(CNN)的深度学习,在法院领域内仅能实现“人机合作”,而无法替代

① 详见周翠:《德国司法的电子应用方式改革》,载《环球法律评论》2016 年第 1 期;周翠:《中国民事电子诉讼年度观察报告(2016)》,载《当代法学》2017 年第 4 期。

② 就此亦详见张吉豫:《大数据时代中国司法面临的主要挑战与机遇——兼论大数据时代司法对法学研究及人才培养的需求》,载《法制与社会发展》2016 年第 6 期;白建军:《法律大数据时代裁判预测的可能与限度》,载《探索与争鸣》2017 年第 10 期。

法官判案,更无法承担续造法律的功能。即在复杂的、涉及多边矛盾关系且具有宪法意义或涉外的纠纷中不堪重负,更无法在法续造和法教义极为重要的高一审级法院中有所作为。但是在自动审查请求权或人机合作方面却具有实践价值,例如,可以协助法院进行纲要式的正当性审查、对律师提交的陈述进行结构化处理、协助一审法院处理不需法教义学探讨就能解决且有高一审级法院检错或纠错的纠纷。鉴于此,我国智慧法院当前的建设重点应当放在如下领域:借助技术手段帮助一审法院筛选不需审判的纠纷、协助一审法官梳理争点、在简单的纠纷中于现有法教义学和判例库的基础上帮助法官预测类似案件的判决内容。换言之,尝试引入电子督促程序、电子准备程序和电子速裁程序,以此为基础来构成未来的改革重点。

1. 电子督促程序

电子督促程序可谓法律科技在法院领域的最简单应用,其主要功能在于过滤,也即将当事人双方无争议的金钱给付案件筛选出来,以便债权人不经对审就快速获得执行名义。这样的程序在我国能否如同在德国或奥地利一样发挥重要作用,不仅取决于我国的信用体系建设,而且也取决于督促程序的具体设计。在我国部分法院(如浙江省杭州市西湖区人民法院)已经开始试点试验,且在最高人民法院积极推动电子督促程序发展①的背景下,制定了周密的规范以实现集中管辖、重新定位督促程序与保全程序的关系、完善费用承担机制和防止程序滥用,②这无疑有助于电子督促程序在我国的生长和有效发挥作用。

2. 电子准备程序

大陆法系关于起诉与答辩的规范来自20世纪末的构想,已不再适应电子时代的需求。在复杂的案件中,针对当事人提交的浩繁诉讼资料尤其是巨量电子资料,法官借助普通的审前准备程序很难实现明晰争点的

---

① 详见《最高人民法院关于人民法院进一步深化多元化纠纷解决机制改革的意见》第15条。

② 详见周翠:《电子督促程序:价值取向与制度设计》,载《华东政法大学学报》2011年第2期;周翠:《再论督促程序电子化改革的重点》,载《当代法学》2016年第6期。

目的,这在我国表现得更为突出。我国民事诉讼法并未要求当事人依据创设或妨碍请求权的规范结构分层提交事实资料,这导致法官在复杂的诉讼中必须通过召集庭前会议的方式(《最高人民法院关于适用〈中华人民共和国民事诉讼法〉的解释》第 223 ~ 224 条)梳理争点,但通常亦难以取得良好效果。随着电子诉讼的引入,法律科技在梳理争点方面也就拥有了适用空间。引入电子准备程序,[①]也就变得顺理成章。在此问题上,德国学者提出的改革建议和美国展开的司法实践,亦为我国提供了参照。

(1)德国:结构化的准备程序

电子准备程序,首先从当事人主张的结构化开始。结构化程序(strukturiertes Verfahren)或结构化主张,由部分德国学者[②]提出,后被纳入 2014 年举行的德国第 70 届法学家大会的决议。[③] 德国学者认为,提交结构化的主张,属于当事人促进诉讼义务的重要内容;[④]促使当事人主张结构化,亦属于法官实质指挥诉讼义务的核心内容。[⑤] 在他们看来,要求当事人根据请求权基础规范和抗辩规范的要件构成对事实主张和法律主张进行结构化的分层,既非稀释或取消辩论原则,也非减轻法官的释明义务,而是为法官实质指挥诉讼提供补充,法官通过及早进行释明的途径与当事人协同合作,努力促使诉讼资料获得提纯与凝练,从而最终促进程序的集中与高效。[⑥] 而且,通过调取关键词和包含关键词的主张,法官可以

---

① 关于审前程序电子化,亦详见王福华:《电子诉讼制度构建的法律基础》,载《法学研究》2016 年第 6 期。

② Gaier, NJW 2013, 2871, 2874; Gaier, ZRP 2015, 101, 103; Caliess, NJW-Beil. 2014, 27, 30; Von Olenhusen, AnwBl 2014, 568, 572; Greger, NZA 2016, 1, 12; Roth, ZZP 129 (2016), 3, 20; Preuß, ZZP 129 (2016), 421, 454; Ory/Weth, NJW-Beil. 2016, 96, 97; Vorwerk, NJW 2017, 2326.

③ 德国第七十届法学家大会决议第 13 条的内容为:“应当借助有拘束力的规则确保当事人提交结构化的事实与法律陈述。”第 15 条的内容为:“与第 13 条相联系,应当在就分层陈述保障法定听审方面,加强法院指挥诉讼的义务。”前述两法条所获支持、反对和弃权的票数分别为 41 : 38 : 5 和 46 : 30 : 8。

④ Vgl. Ory/Weth, NJW-Beil. 2016, 96, 97.

⑤ Vgl. Gaier, ZRP 2015, 101, 104; Preuß, ZZP 129 (2016), 421, 454.

⑥ Vgl. Preuß, ZZP 129 (2016), 421, 454; Von Olenhusen, AnwBl 2014, 568, 572. 持反对意见的学者认为,梳理案情和识别法律上相关的事实陈述是法官的本职工作,代理人不能越俎代庖,而且也无法期待这样会真正节省时间和加快诉讼。引入电子联络方式,亦非稀释辩论原则的充分理由,错误的结构反而导致诉讼无效率和拖延时间,详见 Hirtz, NJW 2014, 2529, 2531。

轻松汇集双方当事人的主张和反驳,从而减轻法官的工作;同样,律师也可以通过调取关键词有针对性地对对方的答辩意见进行答复,并借助法官的释明进行充分准备。[①]

自2021年1月1日起,《德国民事诉讼法典》新增第139条第1款第3句:"法官可以通过实质指挥诉讼的措施实施结构化的程序并对诉讼资料分层。"通过分层,裁判作成过程可被分解为不同的阶段,并且当事人应当优先提交法官命令提交的主张;通过结构化,法官可以促使当事人严格按照法律规范提交集中的事实资料。而且,为了促进程序加快,法官还可以指定期间,超期提交则产生失权的后果。一旦收集诉讼资料的电子准备程序(digitale Vorverfahren)结束,法院就可以发布包含如下内容的电子命令。[②]

①指定主审理期日(必要情况下进行程序准备措施或证据调查);

②进行分立的证据调查(尤其是针对鉴定意见);

③命令进行书面审理程序(如果双方当事人一致同意);

④指定在某位诉讼法官或和解法官前进行和解期日;

⑤指定讨论期日(例如在鉴定人在场的情形下,以澄清鉴定的必要性及其内容);

⑥建议进行诉讼和解;

⑦将案件移送,进行调解或调停。

(2)美国:软件筛选相关信息

在美国,为了克服大数据技术为电子开示程序(e-discovery)带来的挑战,《联邦民事诉讼规则修正案》(2015 Amendments to the FRCP)于2015年12月1日生效。实务界以"全新局面"、"游戏改变"、"范式转换"乃至"时代终结"等语评价此次改革。[③] 其中一项重要的改革举措为:

---

① Vorwerk, NJW 2017, 2326.

② Greger, NJW 2019, 3429.

③ Vgl. Marcus, ZZP Int 20 (2015), 291. 有法官认为美国近年来对《联邦民事诉讼规则》进行的重要修订均追寻如下目标:(1)鼓励律师之间进行更紧密的合作;(2)将开示程序限缩在为解决案件真正所需的范围之内;(3)促使法官尽早和主动地管理案件;(4)处理与巨量电子存储信息相联系的新问题,详见 Kissing Camels Surgery Center, LLC v. Centura Health Corp., 2016 WL 277721 (D. Colo., 22. 01. 2016)。

借鉴英国的经验，在开示程序中引入比例原则(proportionality rules)，也即当事人在开示程序中提交的信息应当与“案件所需”之间符合比例[《联邦民事诉讼规则》第26(b)(1)项]。[①]

而且，美国法院自2012年2月起开始使用TAR(Technology Assisted Review)对当事人在开示程序中提交的电子存储信息(ESI)进行筛选。TAR通常被定义为一种进行优先排序的程序，或者利用电脑化系统收集文件的代码，一些TAR程序利用“机器学习算法”(Machine Learning Algorithms)将相关文件从不相关文件中分离出来，另一些TAR程序则仿效专家做出判断的程序提取系统规则，而且TAR程序普遍混合使用统计模型和(或)抽样技术。[②] Peck法官在首例案件中表示：“TAR并非适合所有案件的万能魔法按钮，其仅应当用在恰当的案件中，而且这也并不意味着以机器取代人类，而只是一种人机合作机制……本庭知道算法不完美，但《联邦民事诉讼规则》并不要求完美。”[③]如今，美国法院已逐渐开始广泛使用TAR程序搜索切题的信息，此举不仅可以大幅降低费用，而且也极大提高了寻找应答信息的速度；英国法院亦已认可TAR。[④]

(3)我国：改革展望

以德国的理论探讨和美国的技术实践为基础，我国未来亦可尝试在

① 如今，《联邦民事诉讼规则》第26(b)(1)项的内容为：“除非法院通过命令作出其他限制，开示范围如下：就与当事人的任何诉讼请求或抗辩相关的非特权事项，当其与案件的需要符合比例时，当事人可以获得开示，就此需考虑所涉争点在诉讼中的重要性、争议标的额、当事人与相关信息的相对距离、当事人的资源、开示对解决争点的重要性，以及开示的负担或费用是否超过其可能的益处。本开示范围内的信息不必采纳为证明可开示性的证据。”

② Maura R. Grossman and Gordon v. Cormack, The Grossman-Cormack Glossary of Technology-Assisted Review, 7 Fed. Courts L. Rev. at 32. 此外，很多案件也使用“机器辅助检索”(machine assisted review)、“人工智能辅助检索”(artificial intelligence assisted review)以及“预测代码”(predictive coding)等概念。不过，“预测代码”被认为是TAR的一种类型，而非近似概念。

③ 2012年2月24日，Peck法官在Da Silva Moore v. Publicis Groupe, 287 F. R. D. 182一案中支持使用TAR，双方当事人亦同意使用，此系美国首例使用TAR的案件。两个月后，在Global Aerospace, Inc. v. Landow Aviation, L. P., 2012 WL1431215一案中，Chambin法官不顾原告反对仍然命令使用TAR软件。

④ Vgl. Marcus, ZZP Int 20 (2015), 291, 295.

民事诉讼中引入电子准备程序。电子准备程序的关键在于借助计算机程序对当事人结构化的主张进行分类、筛选和整理。为实现这一目的,最高人民法院可以尝试针对《民事案件案由规定》中确立的各类民商事案件逐一确定请求权基础规范和抗辩规范,并将规范的要件构成制成结构化的电子表格,当事人通过填写这些表格即可条理分明地分层提交事实陈述、法律观点以及攻击与防御手段。在此基础之上,可以通过类似于TAR的程序(如利用机器学习等技术)自动对结构化主张进行筛选和梳理争点,以减轻法官准备案件的负担。

引入结构化主张,亦可促进律师之间的合作,尤其有助于促使当事人及其律师条分缕析地评估胜诉风险,从而尽早考虑是否通过调解或和解结束争议。法官可在此阶段进行广泛的告知和释明,与律师一道共同促成高效与集中的审前准备程序。

3. 电子速裁程序

对于不需要高深法教义学探讨的简单案件,机器学习与大数据技术拥有发挥之空间:"由于法律科技使用命令式的运转方式,而且所有的裁判标准均为预设,算法亦无须公开,因此创作和适用法律的行为均处于黑暗之中,欠缺必要的透明性和审查阶段,故以算法为基础的自动适用法律的技术,仅应当限定在可上诉的一审简单案件上,之后至少还可由高一审级法院对案件结果进行审查。"[①]这在我国尤其指可以上诉的民事速裁程序。依照最高人民法院的构想,民事速裁程序属于简易程序,但有别于小额程序,其主要适用于事实清楚、权利义务关系明确、争议不大的金钱给付纠纷,庭审程序和裁判文书大幅度简化,审结期间也缩短为15天。[②] 事实上,我国各地法院研发的系统也已经初步具备智能案件办理、案件偏离度分析等功能。智审软件以现有的案例为基础,判例越统一,数据越完备,预测也就越准确。故改进法学教育、提高判决质量、持续统一判例以及构建完备的案例库,事关电子速裁程序的成败。而且,预测是否准确,

① Vgl. Buchholtz, JuS 2017, 955, 959.

② 《最高人民法院关于民商事案件繁简分流和调解速裁操作规程(试行)》第19~24条。

亦取决于算法。未来尝试引入全国统一的智审软件标准并不断对之改进,显有必要。

## 四、结语:从智慧法院到智能法院

或许,人类在不久的未来又会从数据时代进入超级人工智能时代,也即进入蒂姆·厄班(Tim Urban)笔下描绘的"脑机交流"的魔法纪元(The Wizard Era)。[①] 但无论时代如何变迁,法律都是时代之子,必须亦步亦趋紧随技术的发展进行变革。

虽然预测2050年的电子司法的面相近乎不能,但从传统司法到智能司法的发展进程无疑就是从"机机联网"到"人机合作"再到"脑机交流"的过程。

第一阶段:从传统司法到在线司法,这与互联网时代紧密相连。从真实世界转向虚拟世界,从固态的物理结构转向无形的模块结构,从书面语言转向图像,立法者的任务是使司法融入电子世界。具体就法院而言,在线法院应当具备在虚拟世界中再现诉讼的功能。

第二阶段:从在线司法到智慧司法,这发生在数据时代。机器学习(使用简单算法和强化学习)获得重要意义,数据越完备,预测越准确。立法者在这一阶段的任务是实现"人机合作"。就法院而言,智慧法院应当能够通过技术手段减轻审前准备工作,并在简单案件中做到借助案例库和算法协助法官判案。

第三阶段:从智慧司法到智能司法,这发生在超级人工智能时代。深度学习(使用卷积神经网络)获得重要意义,人类体验被无意识但高智能的算法替代,人类智慧转变为超级人工智能。立法者在此阶段的任务是实现"脑机交流"。就法院而言,智能法院将不再由法官而是由超级人工智能判案。能否实现这一设想,取决于人工智能的发展程度。

我国当前的电子司法重点在于全面实现第一阶段的目标——建成在

① 参见[美]蒂姆·厄班:《未来的人会是怎样》,载张立宪:《读库1705》,新星出版社2017年版,第2页。

线司法(借助互联网技术)和努力促进第二阶段目标的实现——建成智慧司法(借助数据技术)。智慧司法与传统司法的差异,不仅体现在技术手段上,而且也表现在体系构想上。借助数据技术的帮助,智慧司法的体系建构重点亦从纠纷解决为主前移为纠纷预防为主,而纠纷预防最重要的屏障是公证。为此,我国有必要借鉴德国、奥地利等国家的经验尽快进行电子公证改革。

在线纠纷解决机制,属于电子司法的重要内容。作为高效、低成本、保密和自治的程序,在线调解和调停尤其适宜解决数目庞大且争议额较低的消费者权益纠纷。以各地试点试验为基础并参考欧盟、德国的规范,我国应当尽快对在线纠纷解决的方式、程序、人员、机构监管以及平台设计制定细密统一的规范,以保障在线纠纷解决的质量。

电子诉讼属于电子司法建设的最重要内容。为了实现诉讼专业化和进一步减轻法官的负担,智慧法院的建设重点尤其在于借助技术手段实现案件的分层与分流:其一,应当设立高效低费的电子督促程序,筛选双方当事人无争议的、数额明确的金钱之债,帮助债权人快速获得执行名义。其二,针对涉及持续关系的家事、劳动等纠纷,可以尝试由调解法官通过在线纠纷解决的途径解决。其三,针对事实清楚、权利义务关系明确、争议不大的金钱给付纠纷,可以尝试引入电子速裁程序,由智审软件协助生成判决。其四,针对复杂的一审民商事案件,可以尝试引入电子准备程序,也即借助自动程序对结构化的当事人陈述进行筛选整理并梳理争点,以减轻法官的审前准备工作。

# 第三编

# 数据竞争与秩序规制

# 互联网市场界定、市场力量测度和经典竞争行为:新进展与新解读

方　燕*

**摘　要**:本文主要提炼互联网竞争约束被低估的缘由,总结互联网情境下市场界定和市场势力测度的一些最新进展,就价格—成本关系和经典反竞争行为给出新解读,为互联网竞争执法打下基础。本文认为,互联网平台的市场界定和市场势力测度可以辩证地吸收部分传统智慧,并适时采用产品性能测试和盈利模式测试等手段界定市场边界。此外,本文结合市场多边性解读掠夺性行为、投资/并购等经典行为的经济合理性。

**关键词**:互联网竞争;市场多边性;竞争多重性;市场界定;反竞争行为

## 一、引言

随着二十世纪七八十年代以来互联网和现代信息通信技术革命浪潮的推开,20 世纪 90 年代初催生出所谓“新经济形态”。当前,互联网(移动互联网)领域已经和即将衍生出诸多新业态、新模式和新行业。但是,全球市值公司 TOP 10 几乎被科技巨头霸占以及国内数字经济领域腾讯和阿里双巨头影响大的事实,让人们不禁担忧互联网行业过于集中、缺乏竞争的问题,也不禁要提出经典经济理论体系是否需要重构抑或修订拓

---

* 方燕,男,中国社会科学院经济学博士和理论经济学博士后,浙江财经大学中国政府管制研究院副研究员。

展、传统反垄断执法理念和工具面临互联网变革是否具有适用性等疑问。

为了揭示互联网反垄断审查当前面临如此处境的原因,有必要明确互联网反垄断问题的最新理论成果,特别是互联网平台市场界定和市场势力测度问题上的新进展。也很有必要客观看待价格—成本关系,以及掠夺性定价、投资并购、协同行动等经典行为在互联网情景下的新解读。

## 二、互联网平台市场界定的新认识

### (一)平台市场界定应把握的两个问题

在美国司法辖区下,基于多边平台情境按照合理推定原则对市场界定、市场势力和反竞争效应进行细致分析的首个案例是美国运通案(2018)①。在欧盟辖区下,欧盟法院在"万事达诉欧委会案"和"法国银行卡联合会诉欧委会案"这两起案件中正式分析了支付组织上的用户和商家两边之间的交叉网络效应及其经济效率问题。中国最高人民法院在"奇虎诉腾讯垄断案"中明确分析了互联网反垄断过程中的市场界定和市场势力问题。尽管如此,在涉及多边网络平台的反垄断审查情景下,有时可能毫无必要进行市场界定。② 如果非要界定相关市场,就必须明确两大问题。

一是需要界定多少个市场。对此可把握两点:一为通过对交叉网络效应的显著性评估确定哪些应看作多边市场而不应视为传统单边市场;二为只要竞争评估时考虑了交叉网络效应带来的影响,究竟将市场整体界定为一个独立的双边市场还是两个相关联的市场都是可行的。但是对于某些司法辖区而言,对这两个市场界定方案的挑选可能会严重影响经济效率和竞争损害之间的权衡。因而,在交叉网络效应存在重要影响(且

---

① See David S. Evans & R. Schmalensee, *Antitrust Analysis of Platform Markets: Why the Supreme Court Got It Right in American Express*, Competition Policy International, December 11, 2019; J. Gregory Sidak & Robert D. Willig, *Two-Sided Market Definition and Competitive Effects for Credit Cards after United States v. American Express*, 1 Criterion Journal on Innovation 1301 (2016).

② See OECD, *Rethinking Antitrust Tools for Multi-Sided Platforms*, OECD Publishing, Paris, 2018, p. 40.

确需界定市场）的情景下，独立的多边市场的界定方案可确保竞争评估的完整性，能充分考虑竞争和效率方面的所有潜在影响，而不会遗漏或随意排除任何影响的源头。①

二是在界定市场的具体范围时有何有益的智慧可用。对此，Evans & Noel（2005）和 Parker 等（2016）等指出，基于交易型和非交易型双边市场的分类来看待双边市场的相关市场界定问题有重要价值。对于交易型双边市场只需界定一个市场，而对于非交易型双边市场，则要界定两个相关联的市场。此外，对于只有一边存在网络外部性的特殊的非交易型双边市场，可以仅关注不存在网络外部性的那一边，在该边界定相关市场足矣。至于假定垄断者（Small but Significant and Non-transitory Increase in Price，SSNIP）测试在非交易型双边市场是否仍有效，至今仍存在争议。有关分类适用的做法，后续将结合案例简要阐述。②

对于 SSNIP 测试在平台情景下的适用性问题，经济合作与发展组织（以下简称 OECD）总结梳理出的一些基本建议值得借鉴：第一，SSNIP 的分析框架提供了一套可供参考的标准，最起码避免了用仅基于某些市场特征而忽略可替代性的方法界定相关市场的明显错误。第二，SSNIP 测试应检测目标市场每边价格上涨及其整体价格上涨的可营利性。在针对目标市场范围的每次迭代测试中，如无法确保假定垄断者都能设定最优价格结构，就应小心审视市场界定过程，提防把市场边界定得过宽。第三，当某平台被界定为在一个独立的多边市场中运营，且其中某边市场设

① See David S. Evans & R. Schmalensee, *The Antitrust Economics of Multi-Sided Platform Businesses* (January 30, 2013), Roger Blair and Daniel Sokol, eds., Oxford Handbook on International Antitrust Economics, Oxford University Press, Forthcoming, University of Chicago Institute for Law & Economics Olin Research Paper No. 623, 2013, p. 130; David S. Evans & R. Schmalensee, *Matchmakers: The New Economics of Multi-Sided Platforms*, Harvard Business Review Press, 2015, p. 90.

② See David S. Evans & Michael Noel, *Defining Antitrust Markets When Firms Operate Two-Sided Platforms*, 3 Columbia Business Law Review 101 (2005); Geoffrey G. Parker, Marshall W. Van Alstyne & Sangeet Paul Choudary, *Platform Revolution: How Networked Markets are Transforming the Economy and How to Make Them Work for You*, W. W. Norton & Company, 2016, p. 210.

定的价格为零时,SSNIP测试仍有意义,至少能作为一个概念性分析工具,甚至有时还能利用经修正的SSNIP测试。第四,当某平台被认定在多个相互关联的市场中运营,且其中某边市场设定的价格为零时,SSNIP测试将无法有效实施。此时,或许需要用小而显著的非暂时性质量降低的产品性能测试法(Small but Significant and Non-transitory Decrease in Quality,SSNDQ)测试。[①]

### (二)零货币价格产品反垄断:产品性能测试和盈利模式测试

在互联网领域套用需求替代分析、SSNIP测试等传统的市场界定方法容易产生误导,但是这些方法经修正后仍拥有很大的参考价值。在"奇虎诉腾讯垄断案"中,最高人民法院指出SSNIP测试方法具有普遍适用性,在互联网的零货币价格端也可以适用,市场形态及竞争因素差异不会阻碍SSNIP的适用。而且根据我国相关市场界定指南,SSNIP测试并非界定相关市场的普遍方法和主要思路,而是在相关市场边界不够清晰或不宜确定时,用来帮助解决相关市场界定中可能出现的不确定性的一个选择。

互联网零货币价格产品反垄断中的市场界定,有时可尝试用由SSNIP测试调整而来的产品性能测试法SSNDQ。借助SSNIP测试的基本原理,以产品性能变化取代价格变化来测试需求弹性,以确定相关市场边界。SSNDQ测试虽有一定的应用空间,但因产品性能本身不易量化,有时性能提高一定的百分比的含义毫无意义,使产品性能测试受限较多。此外,性能测试还面临很强的技术专业性和操作复杂性等问题。

鉴于标准SSNIP法及其衍生的性能测试等变种的固有缺陷,欧盟委员会倡导有时可使用盈利模式测试法界定相关市场。盈利模式测试法以收费主体和对象为依据,按照不同的盈利模式界定市场边界。采用相同盈利模式的运营商可能被界定为同属一市场。此方法要求在面

① See OECD, *Rethinking Antitrust Tools for Multi-Sided Platforms*, OECD Publishing, Paris, 2018, p. 89.

对零货币价格的互联网产品时,首先要分析清楚商业模式,了解互联网产品免费的实质。建议以利润来源边为市场界定的主要依据,考虑交叉网络外部性对垄断力量的传递效果,如果交叉网络外部性为正,就有必要借助对平台盈利模式的确定及平台利润来源的剖析划定市场边界;如果交叉网络外部性为负,那么对平台的反垄断指控可能是一个缺乏实质意义的伪案。虽然盈利模式测试法简单易行,避开了复杂的专业技术问题,但是其有效性有待检验。也存在遗漏的问题。比如,百度和优酷都是各自领域的领先者,均存在负交叉网络外部性,它们同样存在损害用户的可能。

无论是产品性能测试还是盈利模式测试,拓展至互联网平台市场的核心是对交叉网络效应的科学合理的刻画。降低平台某一边需求会影响其他边的用户数量,而其他边用户数的变动反过来进一步影响该边需求量,让平台总价值加倍降低。鉴于交叉网络效应和反馈效应闭环,某些外部性可能使针对平台特定边有利的 SSNIP 测试结果,在综合考虑平台各边时演变为无利可图的 SSNIP 测试。①

### (三)根据平台交易类型界定市场边界:Google 并购 DoubleClick 案

针对涉及双边平台市场的市场界定,另一更合理的办法是针对不同类型的双边市场采用不同方法改进 SSNIP 测试②。尤其是将双边市场分类为交易型和非交易型。总体而言,对于交易型双边市场,双边存在能为平台所观察和测度的交易活动。比如,支付卡和购物电商中介、持卡人和商家之间,同买家和卖家之间都发生了直接的交易对接,同时支付卡组织和购物平台都知晓平台两边之间发生的实际交易情况。对于这样的双边市场,平台运营商常用的交易费模式,以总价格为基准价格。

---

① See David S. Evans & Michael Noel, *Defining Antitrust Markets When Firms Operate Two-Sided Platforms*, 3 Columbia Business Law Review 101 (2005).

② See Eric Emch & T. Scott Thompson, *Market Definition and Market Power in Payment Card Networks*, 5 Review of Network Economics 45 (2006); Lapo Filistrucchi et al., *Market Definition in Two-Sided Markets: Theory and Practice*, 10 Journal of Competition Law and Economics 293 (2014); Renata B. Hesse & Joshua H. Soven, *Defining Relevant Product Markets in Electronic Payment Network Antitrust Cases*, 73 Antitrust Law Journal 709 (2006).

对于非交易型双边市场,双边不存在交易活动,或交易活动不能为运营商所观察和测度。比如,报纸和电视等平台中广告商和受众之间没有发生直接的交易对接。对于这样的双边市场,运营商仅能收取预定费,应分别对各边价格进行 SSNIP 测试,且测试时应对相关公式进行修正以反映交叉网络外部性。

可见,牵涉双边平台的反垄断案中的市场界定的基本思路是,先根据各种潜在业务范围,梳理和认定市场的单边性或双边性;然后对相关的单边市场按照传统手段界定相关市场,对双边市场则进一步认定其是交易型还是非交易型的。据此按照前面阐述的思想进行市场界定。

基于交易类型进行市场界定的第一个经典案例是"谷歌 DoubleClick 并购案"。在该案中,谷歌公司当时是一家连接广告商和网页出版商的一体化广告平台:不单单运作一个能出售广告空位的搜索引擎,还为网页出版商和广告商提供在线广告发布服务。网页出版商向广告商出售广告位以及观看广告位的观众群体。出版商同意规范广告位以便于接受谷歌广告。广告商竞标特定的关键词,并引导谷歌在拥有这些关键词的网页里植入广告。谷歌以中介身份与出版商一起瓜分广告收益。DoubleClick 则是一家基于服务器的软件工具和服务提供商,为出版商和广告商管理在线广告业务,从出版商和广告商使用同一款软件中获得效率的提升。出版商常会用 DoubleClick 软件管理借助直接销售手段和广告网络出售的广告,但很少使用这个软件管理谷歌广告平台。大型出版商常用 DoubleClick 或其他管理软件包管理大部分广告位,也会使用谷歌广告平台,小型出版商通常只使用像谷歌等品牌的广告平台。显然,谷歌和 DoubleClick 都是双边平台。谷歌运作着一个一体化平台,其广告平台是唯一一个为网页出版商和广告商搭建桥梁的中介渠道的平台。DoubleClick 只是为一个分散化平台两边用户同时提供一个要素。出版商使用一个软件工具和一个中介手段(包括自有销售手段和广告网络)开展业务。

在审查"谷歌 DoubleClick 并购案"的过程中,美国联邦贸易委员会(以下简称FTC)和欧盟委员会(以下简称EC)分别界定了三个相关市场。①EC认为该案涉及在线广告空间供应、在线广告中介和在线显示广告服务技术供应三个相关市场,其中作为平台市场的在线广告中介又分为广告网络和广告交易。理论上,广告网络扮演转售商角色,属于典型的单边市场形式,而这里将之错误地认定为在线平台。不同地,FTC认为该案涉及搜索广告、(在线)广告中介和第三方(在线)广告服务三个相关市场,其中在线广告业务和在线广告中介分别属于非交易型和交易型双边市场,而第三方在线广告服务则属于传统的单边市场。其实,“谷歌DoubleClick并购案”的任何经济效应都源于一个一体化要素平台并入一个分散式平台。关键是在考虑平台双边的基础上这两平台多大程度上是相互替代的。如果两者在同一市场内,反垄断审查就应关注两平台并购对价格和其他竞争策略的影响。

特别地,对于存在单向交叉网络外部性的非交易型双边市场,可以直接进行SSNIP测试,但只对不存在外部性的那一边进行测试。比如,在“谷歌DoubleClick并购案”中,将搜索引擎平台中的广告商而非搜索用户界定为一个市场。但是在唐山人人诉百度案②中,本应将不存在正网络效应的广告商视为一个相关市场,而实际上却以搜索用户为相关市场。

总之,标准的市场界定智慧或许不能直接用于平台市场边界确定,但是对于网络平台反垄断执法而言仍有价值。最起码网络市场直接套用SSNIP测试得出的过窄相关市场,是待寻找的相关市场的下界,过宽的相关市场至少足以作为上界。换言之,传统智慧最起码能帮助压缩问题的潜在范围,让进一步判决时的犯错成本具有可控性。

## 三、平台市场势力测度新认识

由于网络平台至少连接两组不同类型的用户,在界定相关市场和测度市场势力时,不能仅关注市场的一边,而应把所连接的多边用户群体都

① See David S. Evans & Michael D. Noel, *The Analysis of Mergers that Involve Multisided Platform Business*, 4 Journal of Competition Law and Economics 663 (2008).

② 北京市高级人民法院民事判决书,(2010)高民终字第489号。

纳入统一框架进行整体分析。[①] 在具体实现过程中,是直接给予各边用户群体福利相同权重,还是对各边用户的相对重要性,需要给出合理判断。[②]

正如 OECD 所强调的,测度平台市场竞争性的较理想的工具是总价格水平,而非单边价格水平或价格结构。[③] 这点洞见值得反垄断执法者注意。退一步而言,至少应考虑采用一种多边分析方法可能带来的价值;如果决定不采用多边分析方法,必须适当解释其理由。[④] 如果交叉网络效应对平台市场各边都有显著影响,某个平台运营商就不可能在市场某边拥有市场势力,应是作为一个平台整体来看要么拥有一定程度的市场势力,要么没有市场势力。因为,尽管市场各边的需求可替代性可能存在差异性,但考虑到各边定价的相互关联性,认定平台某边是否拥有市场势力毫无意义。

一个基本共识是,针对平台市场的市场势力测度若采用单边分析逻辑,将高估市场势力和潜在反竞争效应。[⑤] 在带有正网络外部性的平台情景下,传统市场势力测度法低估不可观察到的边际成本,而高估平台市场势力和并购后定价预测。刻画市场势力或许可以尝试通过判断平台各

① See Howard H. Chang, David S. Evans & Richard Schmalensee, *Market Definition: Assessment of the Relevant Market in Competition Matters*, Reported Prepared for the Federal Competition Commission of Mexico, 2011a, p. 19; Howard H. Chang, David S. Evans & Richard Schmalensee, *Market Power: Assessment of the Relevant Market in Competition Matters*, Reported Prepared for the Federal Competition Commission of Mexico, 2011b, p. 23; Mark J. Tremblay, *Market Power and Mergers in Multi-Sided Markets* (September 10, 2018), https://ssrn.com/abstract=2972701 or http://dx.doi.org/10.2139/ssrn.2972701.

② See David S. Evans, *Basic Principles for the Design of Antitrust Analysis for Multisided Platforms*, 7 Journal of Antitrust Enforcement 319 (2019).

③ See OECD, *Two-Sided Markets*, Policy Roundtables, DAF/COMP (2009) 20, OECD, 2009.

④ See OECD, *Rethinking Antitrust Tools for Multi-Sided Platforms*, OECD Publishing, Paris, 2018.

⑤ See David S. Evans & Michael Noel, *Defining Antitrust Markets When Firms Operate Two-Sided Platforms*, 3 Columbia Business Law Review 101 (2005); Mark J. Tremblay, *Market Power and Mergers in Multi-Sided Markets* (September 10, 2018), https://ssrn.com/abstract=2972701 or http://dx.doi.org/10.2139/ssrn.2972701.

边总价格是否显著高于各边总边际成本做出决断。由于绝大多数平台市场具有固定成本高昂(主要由研发创新投入大和失败风险高所致)的特征。在面临固定成本显著的平台市场时比较总价格和总边际成本的判断思路存在高估市场势力的倾向。只要刻画市场势力最终是为了评估对应产业的竞争状况,从经济学角度来看测度经风险调整的投资回报率或许更可取。这也就是说,可以通过测度总回报和各边总投资来评估网络平台的市场势力程度。

评估市场势力程度的另一个潜在思路是,测算在位者因忌惮于市场进入而在定价和研发等商业行为方面受限制的程度,尤其是评估阻挡同等(甚至更加)有效率的竞争者进入的各种壁垒。从这个意义上说,如果进入和退出壁垒足够低,多边市场即便当前由一个平台主导,也可能是高度可竞争的。这正是滴滴出行并购优步中国得到部分学者支持的一个理论解释。正如 Shapiro & Varian 等大批相关文献所言,只要新技术的性能提升程度足够大,那么新技术进入市场的难度并没有普遍认为的那么高。[①] 由于互联网平台市场往往发展非常迅速,当前的领导者经常面临来自潜在进入者的竞争压力,时刻存在被从主导位置上拉下马的可能。[②] 也有人指出,在互联网平台环境下局限于传统的市场支配力的定义(如勒纳指数、价格—成本边际),恐难有新突破。必须突破市场势力的传统定义和测度思路,比如,用平台两边用户数乘积或者潜在配对数来定义市场支配力,或者按这个思路进行细化,建立新的概念体系。

另外,对于无须参考需求响应的其他市场势力评估工具,如策略市场集中度或盈利能力的工具,交叉网络效应的影响可能主要体现在初步分析后的第二阶段评估中:第一,初步分析可能使用到一些标准的分析工具,诸如接入平台的用户百分比、市场进入和退出障碍、平台利润等。为了更好地理解平台市场的竞争性质,分析时还可能会考虑用户单归属和

① See Carl Shapiro & Hal R. Varian, *Information Rules: A Strategic Guide to the Network Economy*, Harvard Business School Press, 1999, p. 25.

② See B. Caillaud & B. Jullien, *Chicken & Egg: Competition among Intermediation Service Providers*, 34 The RAND Journal of Economics 309 (2003).

多归属行为模式等因素。综合这些分析将有助于针对特定平台的市场力量形成一个的初步认识。第二,在解释用户使用模式(如单归属)对市场某边可替代性的影响以及市场某边可替代性对评估市场势力的价值时要格外谨慎;对市场势力的评估应综合市场各边的情况进行判断。第三,如果涉案平台提供的产品不会对其他各边市场产生交叉网络效应,即交叉网络效应是单向的,基于初步分析已经足以判断平台的市场力量大小。第四,如果交叉网络效应是双向的,应相应调整针对平台市场力量的初步判断,以确保交叉网络效应已经得到了完备的考虑。这需要进一步评估交叉网络效应是否提升(或降低)了初步评估环节确认的平台市场力量,以及提升(或降低)的具体程度。

由于互联网平台不能简洁地适用于评估市场边界和市场势力的标准工具,自然存在这样一个愿景:尽最大努力调整标准工具,使之适用于特定网络平台。[①] 为了尽量避免犯下严重的错误,有必要在调整标准工具时注意:其一,要考虑平台各边间的交叉网络效应和正反馈机制对要研究的那一边的具体影响;其二,要考虑针对平台各边用户的所有潜在福利影响。[②] 这两条提醒所指不局限于涉及互联网平台的滥用市场支配地位行为分析,同样适用于针对垄断协议(合谋)和并购(经营者集中)的行为分析。其实,对标准工具进行拓展以让其适用互联网平台情景的尝试,面临技术和经验上的挑战。同时也不存在能轻松处理许多情景的通用型工具。

## 四、对基本规律和经典行为的新解读

### (一)辩证理解服务价格和成本间的正向关联性

经典微观经济学作为价格理论,围绕价格展开,其中特别揭示出最优

---

① Mark J. Tremblay, *Market Power and Mergers in Multi-Sided Markets* (September 10, 2018), https://ssrn.com/abstract=2972701 or http://dx.doi.org/10.2139/ssrn.2972701.

② David S. Evans & R. Schmalensee, *Matchmakers: The New Economics of Multi-Sided Platforms*, Harvard Business Review Press, 2015, p. 251; David S. Evans & R. Schmalensee, *Antitrust Analysis of Platform Markets: Why the Supreme Court Got It Right in American Express*, Competition Policy International, December 11, p. 29.

的产品价格是其边际成本的非递减函数（乃至递增函数）的结论。在单边供给市场情景下这就意味着价格和成本存在明确的正相关关系。经典文献 Rochet & Tirole、Evans、Armstrong 和 Weyl 等显示，在多边平台市场，价格和成本之间根本不存在明确的正向关联性。双方间的模糊关系意味着存在三个基本认识：一是平台某边上的高于边际成本的定价不意味着存在市场势力；二是平台某边的价格低于其成本，同样不能说明是掠夺性定价；三是平台某些边超低价而其他有些边超高价，并不表征一种交叉补贴行为。有效价格结构不完全反映成本结构的基本认识，对于互联网领域同样成立。互联网平台运营商基本上关注，如何吸引或拉拢各群消费者接入本平台促进平台有效运行，因而价格结构的一个决定性力量是间接网络效应的强度，而不是服务各边消费者引致的相对成本水平。①

根据平台经济理论，确保实现平台利润最大化的最优定价结构，不仅取决于平台各边的成本和需求情况，更取决于各边间的交叉网络效应的性质和强度，以及平台运行成本等因素。同时，平台竞争状况、平台收费模式和用户归属性也会影响定价结构。对于垄断性双边平台，给予另一边更强的网络外部性的那边被索取的价格倾向于低于该边相应的成本甚至为零（或为负），导致定价结构不对称或具倾斜性是常态性现象和规律。对于竞争性瓶颈平台，对单归属用户索低价而对多归属用户索高价以补偿单归属性用户低价导致的损失。由此可见，即便对于最简单的双边市场，价格和成本间的关系也要比单边市场下复杂得多，边数更多的其他平台市场更是如此。一言以蔽之，价格等于边际成本或平均变动成本，无论对于平台哪边，都不是也不应是评估平台市场势力的经济尺度。因

---

① See Jean-Charles Rochet & Jean Tirole, *Platform Competition in Two-sided Markets*, 1 Journal of the European Economic Association 990 (2003); Jean-Charles Rochet & Jean Tirole, *Two-sided Markets: A Progress Report*, 37 The Rand Journal of Economics 645 (2006); David S. Evans, *The Antitrust Economics of Multi-Sided Platform Markets*, 20 Yale Journal on Regulation 235 (2003); Mark Armstrong, *Competition in Two-sided Markets*, 37 The RAND Journal of Economics 668 (2006); E. Glen Weyl, *Monopolies in Two-Sided Markets: Comparative Statics and Identification*, Working Paper in Department of Economics of Harvard University, 2008; E. Glen Weyl, *A Price Theory of Multi-sided Platforms*, 100 American Economic Review 1642 (2010).

而平台一边的价格偏离该边边际成本的事实,不足以表征该平台通过定价行为滥用了市场势力和排除竞争。换言之,此时标准勒纳指数不再适合直接测度市场势力,除非在考虑到间接网络效应的基础上适度调整该指数。同时,这也意味着基于成本的规制(Cost-based Regulation)在平台市场领域注定失败。

尽管价格和成本间的正向关联性不再成立,但是价格仍是互联网企业参与竞争的重要手段。的确,互联网运营商有可能实施掠夺性定价,让向某边(或某几边)的索价足够低,以阻挠对手进入或驱赶对手退出目标市场。掠夺性定价策略的具体表现,可以是提供更多或更好的零货币价格产品/服务以补贴平台某边消费者,还可以是以低于各边总成本的总价格方式排斥竞争对手等。等到将竞争对手驱赶出目标市场后,运营商就像单边企业那样,提高价格和降低补贴以弥补前期亏损。同样,运营商也可能滥用其市场地位,索取过高价格。① 有时,双边平台对某边索取的过高价格,部分地表征对另一边的掠夺性定价。② 过高价格和掠夺性价格,通常是运营商为吸引各边消费者而采取的平衡性策略。运营商采用掠夺性定价策略的一个功效是,能建立一个好战型竞争者的有利声誉,便于抑制进入或竞争。

现在的问题是,如何界定和判断某运营商的经济行为是否合理?双边市场理论显示,要同时考虑市场各边而非孤立地分析各边。此时需要指出的一点是,无论对于单边企业还是多边平台运营商,只要必须为弥补低于成本定价所致的损失而诉诸于阻挠进入或驱赶退出带来的不确定的预期获益,成功的掠夺可能相当困难甚至不可能。

至于互联网领域的经济行为是否应受到反垄断部门的制止,要从定价结构和总体价格水平方面进行综合判断,而不应瞄准价格和成本的关

① See OECD, *Two-Sided Markets*, Policy Roundtables, DAF/COMP (2009) 20, OECD, 2009.

② See Stefan Behringer & Lapo Filistrucchi, *Areeda-Turner in Two-Sided Markets*, 46 Review of Industrial Organization 287 (2015).

系不放。[①] 整体而言,标准的反垄断分析方法尤其是市场界定和市场势力评估,不能直接用于互联网平台市场,否则可能得出错误的结论。因为,经济学模型往往很大限度地依赖于前提假定,且模型结论对假定很敏感,将在单边市场假定下的反垄断方法和结论,直接套用到多边市场情境很难确保满足潜在的前提条件。试图通过拓展和完善基于单边市场的标准反垄断分析方法以适合多边情形的思路,从技术和实证角度富有挑战性,虽有进展,但离提出适合的解决方案还有距离。

### (二)重新解读掠夺性定价、投资并购和协同行动

这里从互联网平台市场上的掠夺性定价开始重新剖析若干个经典行为的竞争性质。在互联网领域各市场上的定价策略往往带来不同的竞争影响,需要区别对待。[②] 掠夺性定价行为常被认为是总价格水平低于合理预期的平均变动成本。将基于单边供给市场而来的单边分析逻辑简单套用于互联网反垄断案的做法是错误的。这个错误在欧美等司法辖区都存在,在欧盟尤其如此。比如,在 2012 年的 Bottin Cartograhes 诉谷歌公司及其法国分公司滥用在线搜索市场支配地位排斥在线地图市场竞争者的案件中,有偿提供与谷歌地图 API 类似的在线地图应用的多媒体绘图公司 Bottin Cartograhes 坚持认定谷歌零货币价格提供地图服务是为了将其在搜索市场的支配地位拓展至在线地图市场,并排斥地图市场竞争的掠夺性定价行为。巴黎商业法院虽然认识到谷歌会按照相关合约在谷歌地图 API 服务中植入广告以出售富有针对性的广告服务,但是定性时仅考虑无偿提供谷歌地图 API 的价格(零价格)低于相应服务提供成本的事实,最终认定掠夺性定价成立。谷歌不服,诉诸于巴黎巡回法庭重审。巴黎巡回法庭暂时搁置原有判决,转而请求法国竞争执法当局就谷歌此等行为是否可视为反竞争提供专业建议。巴黎巡回法庭之举显示出实践

---

① See Marc Rysman, *The Economics of Two-Sided Markets*, 23 Journal of Economic Perspectives 125 (2009).

② See David S. Evans & R. Schmalensee, *Matchmakers: The New Economics of Multi-Sided Platforms*, Harvard Business Review Press, 2015, p. 245.

者们就双边市场掠夺性定价的认定标准存在不同认识。①

导致巴黎巡回法院作出此等判决的主要原因是,像 Fletcher 和 Evans & Noel 等绝大多数稍早的政策研究那样,尽管其批判了将单边 Areeda-Turner 规则用于双边市场的不可行性,但是未提供任何有助于认定双边市场掠夺性定价的可行办法。或者说,只提出问题但未解决问题。为填补此空白,Behringer & Filistrucchi 致力于将 Areeda-Turner 规则进行修订,以适用于双边市场环境。成果初步显示,双边市场领域的掠夺性定价测试需要考虑平台两边间存在的间接网络效应,因而各边的边际利润要相互关联地看,尤其是需要总价格水平与平台两边共同的边际成本相比较。与 Areeda & Turner(1975)当年的阐述类似,由于边际成本数据不易获取,变通地采取总价格水平与总平均变动成本进行比较。②

显然,多边市场各边需求间的相互依赖性必须同时考虑,割裂地分析任何一边都不合理,或者说应当对多边平台的定价结构进行掠夺性认定,而非对其某边定价水平进行认定。特别地,判定某个价格结构是否具有掠夺性后果,主要是权衡平台各边群体。具体地,当平台两边存在同一的可观察性指标(如交易的数量、次数和人次等)时,应判定平台各边依据此指标加总而来的总价格水平是否低于各边相应的总成本;当平台各边存在各异的可观察性指标时,就需要根据总收益和总变动成本等指标,经过标准化处理,等效地视为各边拥有同一的观察性指标,进而判定平台各边经交叉网络效应调整的总收益水平是否低于经交叉网络效应调整的总变动成本。Behringer & Filistrucchi 指出,在双边市场环境下判定掠夺性定价的标尺是,让平台垄断者的总边际利润为负的价格水平,也就是确保

---

① Bottin Cartographes v. Google Inc. & Google France, Judgment of the 15th Chamber of the Paris Commercial Tribunal dated 31 January 2012.

② Amelia Fletcher, *Predatory Pricing in Two-Sided Markets: A Brief Comment*, 3 Competition Policy International 221 (2007); David S. Evans & Michael D. Noel, *The Analysis of Mergers that Involve Multisided Platform Business*, 4 Journal of Competition Law and Economics 663 (2008); Stefan Behringer & Lapo Filistrucchi, *Areeda-Turner in Two-Sided Markets*, 46 Review of Industrial Organization 287 (2015); Phillip Areeda & Donald F. Turner, *Predatory Pricing and Related Practices under Section 2 of the Sherman Act*, 88 Harvard Law Review 697 (1975).

平台各边经调整的总收益等于总变动成本的定价结构。或者说，一个经交叉网络效应调整后的价格水平，低于合理预期的经调整的平均变动成本时，才可视为掠夺性定价。①

除了掠夺性行为外，并购和投资持股也是科技企业受非议的一种行为。一般地，水平并购内部化了源自对手直接竞争诱导的水平研发效应产生的商业偷窃效应，进而抑制研发激励，但是诸如非自愿溢出和研发生产率提升等并购特有因素可能会抵销并购对研发的负面影响。② 数字经济领域旨于获取控制力或重要影响的并购兼并和(战略性与财务性)投资持股十分常见，是一种重要的竞争手段。双边市场给平台并购提供了一个新式的效率来源。理论和经验研究显示，在双边市场领域的并购活动不必然导致任何一边的价格提升。此外，当平台并购带来交叉网络效应程度的提升时，所有参与者都可能实现利益的提升，即便并购后各边价格确实也提升了。③ 对于纵向并购而言，要想做大和“放飞”双边平台，还需克服鸡—蛋相生问题。尽管多数时候并购本身是竞争的结果，有助于资源配置效率的提高，但是也有一些并购行为可能面临扼杀研发创新的潜在风险。此类并购的一个表现是所谓的杀手式收购，即由拥有市场支配地位的企业为避免竞争而将兼并(直接或潜在)竞争对手的做法。比如，巨头不惜代价地收购初创企业，或者是对其进行战略性(财务性)投资。正如诺贝尔经济学奖得主让·梯若尔在2018年12月召开的“互联网时代的竞争与治理”研讨会中所言，尽管缺乏足够的证据表明，

---

① See Stefan Behringer & Lapo Filistrucchi, *Areeda-Turner in Two-Sided Markets*, 46 Review of Industrial Organization 287 (2015); David S. Evans, *The Antitrust Economics of Multi-Sided Platform Markets*, 20 Yale Journal on Regulation 2 (2003); David S. Evans et al., *Platform Economics: Essays on Multi-Sided Businesses*, Competition Policy International, 2011b, p. 190; Stefan Behringer & Lapo Filistrucchi, *Areeda-Turner in Two-Sided Markets*, 46 Review of Industrial Organization 287 (2015).

② See Giulio Federico, Fiona Scott Morton & Carl Shapiro, *Antitrust and Innovation: Welcoming and Protecting Disruption*. In Josh Lerner and Scott Stern (eds.), Innovation Policy and the Economy (Vol. 20), University of Chicago Press, 2019, p. 125 – 190.

③ See Yassine Lefouili & Joana Pinho, *Collusion in Two-Sided Markets*, Toulouse School of Economics Working Paper No. 18 – 894, 2018, https://www.cresse.inf/wp-content/uploads/2020_ps7_pa2_Collusion.pdf.

Facebook 收购 Instagram 的行为会损害社会福利,但是凭直觉此类并购更可能产生阻碍竞争的后果。更麻烦的是,有一些大企业在收购新锐企业后将其原本业务撤销。对于此种情形,监管机构应积极作为,仔细审查其并购申请。①

针对互联网领域的并购(或经营者集中)评估,在界定了相关市场后才开始着手评估目标市场的多边特性(尤其是间接网络效应和反馈闭环)的相对重要性。② 如果这些新要素被认定不是目标市场的决定性维度,就没有理由不使用传统的单边分析逻辑和标准并购评估手段。如果这些要素很重要,那就必须进行重点考虑。

针对互联网平台的反垄断执法,如果不很好地解读双边市场具备的重要经济技术特征,(单边的)市场势力及其反竞争效应更可能被高估:有效的价格机制不是必须反映成本结构;高于边际成本的价格水平不必然表征了市场势力,低于边际成本的价格也不必然表征了掠夺性意图或交叉补贴;多边平台在其中某边采用排他性合约或搭售制度安排之举可能是新的效率来源点,也可能导致极化结果。③ 此外,许多在其他领域可能视为反竞争的经济行为通常也会被诸多面临强烈竞争压力的中小型平台所采用,而不单单为大平台所采用。④ 因而相对于传统经济领域,在互联网领域采用合理推定原则相比本身违法原则的重要性更加突出。其实,无论是掠夺性行为还是并购、合谋和协调等行为在任何情形下都不能完全抛弃传统工具和单边分析逻辑。这不单单是因为这些行为在单边和

---

① RAIE:《诺奖得主梯若尔发表主旨演讲平台专家共议互联网时代的竞争与治理》,载互联网经济学研究联盟。转引自博客中国 2018 年 12 月 17 日,https://xueshu.blogchina.com/799113781.html。

② Mark J. Tremblay, *Market Power and Mergers in Multi-Sided Markets* (September 10, 2018), https://ssrn.com/abstract=2972701 or http://dx.doi.org/10.2139/ssrn.2972701.

③ Mark J. Tremblay, *Market Power and Mergers in Multi-Sided Markets* (September 10, 2018), https://ssrn.com/abstract=2972701 or http://dx.doi.org/10.2139/ssrn.2972701.

④ Geoffrey Parker & Marshall Van Alstyne, *Two-Sided Network Effects: A Theory of Information Product Design*, 51 Management Science 1494 (2005); Geoffrey G. Parker, Marshall W. Van Alstyne & Sangeet Paul Choudary, *Platform Revolution: How Networked Markets are Transforming the Economy and How to Make Them Work for You*, W. W. Norton & Company, 2016, p. 210.

多边情境下都会提出一些相通的问题，更因为许多概念和工具在两种情境下都直接或（经微调后）间接适用。

## 五、总结和展望

本文总结提炼了互联网平台市场界定和市场势力测度上的新进展，在互联网情境下重新剖析价格—成本关系和若干经典行为，为数字经济反垄断打下理论和政策储备。尽管传统反垄断工具的直接实用性面临挑战，但是在互联网市场边界的确定和市场势力的测度上还是可以辩证地吸收部分传统智慧，最起码可以探索将传统的竞争执法工具经过程度不一的调整或解读后拓展到双边平台市场情景，还能进一步细化互联网平台交易类型推进市场界定；在零货币价格产品反垄断中可尝试适时采用产品性能测试和盈利模式测试等手段划定市场边界。本文的探究有助于竞争执法者、法学家乃至普通大众在面对互联网反垄断相关议题时做出及时准确又合理的解读和审视，防止互联网诊断有误而影响互联网的健康有序发展。

# 商业主体数据“搬运”规则

## ——以企查查“误导性消息”案为切入点

王　鹏*

**摘　要**：近期，以“天眼查”“企查查”为代表的商查平台深陷侵权纠纷，商查平台本应是以客观中立的查询服务为征信市场提供规避风险的工具，但由于数据更新时效性滞后、进行信息渲染和发布不实信息、侵犯商业主体经营者个人隐私等问题，引发外界质疑，干扰了正常的商查行业发展秩序。解决商查领域的矛盾，需要明确公共数据共享边界，多措并举，以《民法典》为基础，配合《反不正当竞争法》和《征信业管理条例》扩展商查主体的注意义务，进而促进商查行业的发展和提高商事主体利用公共数据的积极性。

**关键词**：商业信息；公共数据共享；数据搬运；反不正当竞争

## 一、问题引入

2019年5月5日，苏州朗动科技旗下企查查公司发布并向特定用户推送“蚂蚁微贷”公司新增清算组成员应某的相关内容，并将该信息标注为“警示信息”，短时间内引发了极大的社会关注。此后企查查发布的“声明”进一步引发了人们对于“蚂蚁金服”的“破产”联想。[①] 但“蚂蚁金服”公司随后宣布，企查查推送的相关清算信息系2014年所发布，并以企

---

* 王鹏，男，上海市司法局四级主任科员。

① 参见朱丹丹：《“蚂蚁微贷”开始清算?》，载腾讯网，https://new.qq.com/omn/20190506/20190506A0BQIW.html。

查查涉嫌不正当竞争将其诉上法院。2020 年 4 月 29 日，杭州互联网法院就原告蚂蚁金服与蚂蚁微贷诉被告企查查不正当竞争纠纷一案作出裁判，认定企查查发布、推送有关蚂蚁微贷清算的误导性信息构成不正当竞争，判令朗动公司赔偿蚂蚁金服、蚂蚁微贷经济损失及合理费用 60 万元，并为其消除影响。该案被杭州互联网法院称为“公共数据不正当竞争第一案”。①

无独有偶，国内商查领域在快速发展的同时也频频出现“技术失误”，不少企业纷纷中招。2020 年 3 月 5 日，天眼查信息显示，途牛（南京）信息技术有限公司（以下简称途牛）法定代表人由陈杰变更为朱春晔，②引起投资市场的关注。一周后，途牛回应该人事变动系正常变更。2020 年 4 月 17 日，天眼查、企查查等平台发布“中国石化集团销售实业有限公司”为“中海国龙集团有限公司”唯一股东，中国石化集团销售实业有限公司回应称该消息不实，将依法追究不实信息发布平台的法律责任。③ 2020 年 4 月 21 日，天眼查持续发布《周鸿祎卸任 360 金融董事长，其助理洪兆接任》《360 金融高层变更：周鸿祎卸任 360 金服董事长，吴海生、金明义新增为董事》等文章，360 金融向天眼查发去律师函，要求停止侵权并公开道歉。④

## 二、商查平台风险分析

### （一）商查数据的共享风险

#### 1. 商查平台数据更新的时效性滞后

自 2015 年起，商查平台逐渐走进人们的视线。作为信息查询工具，

---

① 参见余建华：《首例公共数据不正当竞争案宣判，“蚂蚁”胜诉》，载《人民法院报》2020 年 4 月 30 日，第 3 版。

② 参见王真真：《陈杰卸任途牛信息法定代表人，途牛回应：公司正常变更》，载搜狐网 2020 年 3 月 12 日，https://www.sohu.com/a/379522157_114988。

③ 参见张维：《商查平台搬运数据缘何频遭质疑》，载中国新闻网，http://www.12348.gov.cn/pub/sfbzhfx/zhfxfzzx/fzzxyw/202005/t20200511_25196.html。

④ 参见中新经纬：《360 金融准备起诉天眼查发布严重不实信息？》，载百度网 2020 年 4 月 21 日，https://baijiahao.baidu.com/s?id=1664594199959103400&wfr=spider&for=pc。

天眼查、企查查、启信宝一类的平台汇集了众多社会实体单位的企业背景、发展进程、经营风险、知识产权、上市资料等多种数据,为求职者、投资者等提供信息查询和风险规避服务。

作为信息实时查询平台,公共数据的真实客观是命脉,而数据的时效性则是获取竞争优势的关键。但由于商查平台获取并且处理数据的量级不断加大,从公共数据开放、抓取再到整合并最终展现,一项公司股东变更的信息可能需要 1 周左右才会在商查平台中完成更新,而数据在“搬运”过程中如果时效过于滞后,则极易造成误导。

2. 商查平台加重“诱导性”提示

在资本市场中,企业信息变动,尤其是企业的高层人事变动、业务范围变动,能够反映出企业未来的发展趋势。因此,外部市场往往对企业的信息变更作出大量的解读,甚至是曲解和误读。但企业信息的变动又大多是正常的内部治理行为,或为便于业务开展,或为开拓新业务,或为正常的人事更替。但为了能够迎合市场、吸引流量,商查平台将企业信息的变动打上“风险预警”“疑似实际控制人”的标签,并主动推送于平台用户。此种行为,不仅有悖于“公共数据”的客观性,还影响了企业正常的经营发展。

3. 公共数据和隐私数据的界限模糊

商查平台的信息来源主要包含两部分:一是基于信息公开,如全国企业信用信息公示系统、中国裁判文书网、中国执行信息公开网等,同时通过 API 数据接口采集商查平台也会获取大量数据;①二是基于数据缓存,先前被其他用户查询过的信息主体的数据会在平台中留下使用痕迹并被缓存,留待继续使用。这种数据的整合能力在经营者的刻意默许下侵蚀着个人隐私和公共数据的界限。

在国内公益性消费投诉媒体网站 21CN 聚投诉平台检索“天眼查”“企查查”两家企业,②其中“天眼查”遭 43 次投诉、“企查查”遭 17 次投

---

① 参见中国数据宝:《API 数据接口正在崛起,渐成企业核心业务》,载百度网 2018 年 4 月 17 日,https://baijiahao.baidu.com/s?id=1597955375597592618&wfr=spider&for=pc。

② 参见 21CN 聚投诉平台:https://ts.21cn.com。

诉、“启信宝”遭21次投诉,投诉理由主要集中于“泄露企业主个人信息”“售卖个人手机号码”“公开企业注销信息”等侵犯隐私的事项。由此可见,商查平台为了凸显自己的优势,刻意将企业联系方式放在引人注目的位置。这不但有侵犯企业主个人隐私权的嫌疑,还为一些骚扰广告和诈骗勒索行为提供了便利。

4. 主动推送有违商查业务的客观性

商查平台的核心功能在于为企业信息提供查询服务,以此为契机,也能促进企业经营的透明化。但商查平台本身是公共数据的“搬运工”,与穆迪、标准普尔等信用评级公司不同,这些信用评级公司本身就需要通过获取数据,并对数据进行深入分析,才能对商业主体作出评级。而商查平台也在逐渐依靠自己手中的数据进行分析并向公众推送,这种转变有违公共数据本身应坚持的客观立场,由于直接推送的行为比评级公司向客户提供分析数据的单个行为有着更广的影响力和波及面,稍有错误或者不实,就会导致商誉侵权或造成不正当竞争。

(二)公共数据共享的立法缺失

1. 法律层面缺乏直接规制

目前,我国缺少直接针对商查行业的法律。对商查平台发布误导性信息、进行信息渲染规制的法律依据主要为《反不正当竞争法》,其中第2条第1款、第2款规定:“经营者在生产经营活动中,应当遵循自愿、平等、公平、诚信的原则,遵守法律和商业道德。本法所称的不正当竞争行为,是指经营者在生产经营活动中,违反本法规定,扰乱市场竞争秩序,损害其他经营者或者消费者的合法权益的行为。”尽管该条款是原则性的条款,但为经营者的竞争树立了边界,同样也可以适用于商查领域。《反不正当竞争法》第11条规定:“经营者不得编造、传播虚假信息或者误导性信息,损害竞争对手的商业信誉、商品声誉。”蚂蚁微贷与蚂蚁金服诉企查查一案,法院正是基于《反不正当竞争法》第11条,认定朗动公司推送的信息有误导性内容,涉嫌诱导使用者产生对“蚂蚁”公司及其产品的误解,从而对企查查作出了罚款60万元的判决。

对商查平台泄露公共数据主体的个人信息以及售卖个人信息等侵犯隐私权的行为进行规制的法律主要为《网络安全法》。根据《网络安全法》第四章网络信息安全,第 40 条要求网络运营者应当对其收集的用户信息严格保密,第 42 条要求网络运营者不得泄露、篡改、毁损其收集的个人信息;未经被收集者同意,不得向他人提供个人信息。因此,企业主在确有证据表明因商查平台公开个人信息而受到骚扰的,可依据《民法典》第 1195 条第 2 款规定的“避风港原则”通知商查平台删除其个人信息。

此外还有兜底性条款,依据《民法典》第 1164 条、第 1165 条的规定,被侵权人有权请求侵权人承担侵权责任,其受侵犯的民事权益包括名誉权、隐私权。因此,因受到不实信息和信息渲染的企业,有权要求商查平台停止侵权。但结合三部法律,其中并未对公共数据的定义、公共数据的爬取、向社会提供查询服务等作出规定,导致实践纠纷中法律适用标准模糊,是否构成侵权与不正当竞争难以准确识别。

2. 法规规章规定较为笼统

由于立法本身的严谨性和滞后性,法规和规章在数据共享的规制上扮演了更加重要的角色。

2015 年,国务院发布《促进大数据发展行动纲要》,提出制定公共机构数据开放计划,落实数据开放和维护责任,推进公共机构数据资源统一汇聚并和集中向社会开放。[①] 2016 年 1 月,我国首部地方性数据促进立法《贵州省大数据发展应用促进条例》出台,其中第 25 条对数据共享和应用主体作出如下规定:“数据共享开放,应当维护国家安全和社会公共安全,保守国家秘密、商业秘密,保护个人隐私,保护数据权益人的合法权

---

① 《促进大数据发展行动纲要》指明,今后要加快政府数据开放共享,推动资源整合,提升治理能力;推动产业创新发展,培育新兴业态,助力经济转型;强化安全保障,提高管理水平,促进健康发展。但纲要未对数据开放、数据采集的法律责任加以解释,仍然属于原则性和倡导性的建议。

益。……”此外,《浙江省公共数据和电子政务管理办法》①、《天津市促进大数据发展应用条例》②等都对公共数据的共享作出了规定,但区域性法规和规章无法对整个商查领域进行有效规制。

数据共享在立法层面的问题,造成了应用数据层面行业发展的突飞猛进与权利保障不足之间的矛盾。第一,立法滞后直接导致个人信息与公共数据的界限模糊。商查平台为了获取收益,将能够爬取到的一切涉及商业的信息加以展示,侵犯了企业经营者个人的隐私权。第二,信息更新时效不明确。在商业领域,信息的时效性直接关系到原始数据主体的权益,目前法律法规尚未对商查平台信息更新的时效加以规定,有的商查平台甚至提供付费加急更改企事业单位公示信息服务,严重扰乱了商查行业秩序。第三,原始数据主体、商查平台、使用者三者间缺乏信息交换和沟通机制。商查平台提供的数据直接关系到企业的信誉和经营,而使用者通过商查平台规避求职和合作风险,原始数据主体则可以通过商查平台展现自身竞争力,同时在信息有误的情况下,及时通知商查平台补正。但在缺乏行业监管和法律规制的背景下,三者之间缺乏有效的互动机制,而这已经成为行业发展的又一瓶颈。

## 三、商业主体数据共享的边界探讨

### (一)商业主体数据的定义

针对基于公共数据的新型服务模式,在分析法律责任和侵权方式以及范围之前,首先要明确“商业主体数据”的定义和标准。

---

① 该办法第2条规定:“本省行政区域内公共数据和电子政务的规划与建设、管理与应用、安全与保障等活动,适用本办法。本办法所称公共数据是指各级行政机关以及具有公共管理和服务职能的事业单位(以下统称公共管理和服务机构),在依法履行职责过程中获得的各类数据资源。本办法所称电子政务是指各级行政机关运用信息技术与网络技术,优化内部管理,并向社会提供优质、高效、透明的公共管理和服务的活动。”第3条规定:“公共数据和电子政务管理遵循统筹规划、集约建设、汇聚整合、共享开放、有效应用、保障安全的原则。”

② 该条例第26条规定:“鼓励、支持公民、法人和其他组织利用政务数据创新产品和技术,发挥数据资源的经济价值和社会效益。”第29条规定:“依法获取的各类数据经处理无法识别特定数据提供者且不能复原的,可以交易、交换或者以其他方式开发利用。数据资源交易、交换应当遵守法律法规规定和社会公德,不得损害国家利益、社会公共利益和他人合法权益。”

2016年1月,贵州省出台《贵州省大数据发展应用促进条例》,其第六章第38条第1项对公共数据作出了界定:“公共数据,是指公共机构、公共服务企业为履行职责而收集、制作、使用的数据。”按照该定义,公共数据至少包括三部分:政府履职数据、国企集体企业及事业单位数据、社会商业主体的部分数据。其中需要界定的就是商业主体的部分数据。按照《公司法》,企业的登记设立实行登记制,需要依法提供名称、住所、经营范围、注册资本、法定代表人等信息,除法定的登记信息外,该部分数据还包括企业专利权的申请、受到行政许可和处罚情况、诉讼信息、企业公共信用评价结果等“公共性”信息。

由以上定义可知,商查平台的大数据通常采编于国家政府网站发布的工商、司法类信息。在蚂蚁金服与蚂蚁微贷诉企查查一案中,企查查虽然侵犯的是蚂蚁公司的数据,但由于这些数据系源于全国公示信息系统中的数据,也是需要向社会公开的相关信息,从归属角度看,这种“公共数据”属于全民所有。因此,任何经营主体都有权抓取并使用相关信息。但由于性质的特殊性,“公共数据”的获得是公开的,而“个人数据”和“商业数据”均需要获得相应授权,因此在“公共数据”的使用过程中,信息抓取和采编的平台应维护社会和公共利益,同时也不得损害原始数据主体和第三方的合法利益。[①]

(二)侵权形式和侵权范围的认定

我国《信息网络传播权保护条例》《民法典》都规定了网络服务提供者的“通知—删除义务”以规制数据侵权行为,但该机制却不能很好应对商查平台爬取数据损害原始数据主体权益的侵权问题,原因在于网络侵权形式随着互联网平台发展和用户需求的变化在不断地转变。

2011年,爱帮网与大众点评网的不正当竞争案曾引发关注,法院认定爱帮网所主张的垂直搜索和摘要等技术行为造成了对大众点评网的替代性竞争。[②] 可见,在司法实践中,尽管数据的产权归属还未明确,但爬

① 参见冯莉莉:《政府数据开放共享的现实困境及路径探索》,载《科技经济导刊》2020年第28期。

② 北京市海淀区人民法院民事判决书,(2010)海民初字第4253号。

取企业经营中获取的数据加以展示仍然构成侵权。对于公共数据,尽管已明确公共数据是社会“共有物”,但由于商业主体数据本身与原始数据主体挂钩,那么爬取公共数据但在展示中出现信息偏差并给企业带来损失也仍然要对原始数据主体承担侵权责任。

不过,鉴于商查平台还处于行业发展的初级阶段,相关的技术、行业规范均不完善,在确定归责原则时,应兼顾利益平衡,苛以过重的注意义务或者侵权标准不利于产业发展。因此应首先允许在商查平台信息提供误差较小的范围内,可通过事后反悔救济以补正。同时由于间接侵权的损害标准难以量化,数额难以确定,因此参照“企查查”案,当严重损害原始数据主体的权益时,采用过错推定原则,只有商查平台存在过错时,才需要承担责任。因为如果采用无过错归责原则,只要出现侵权行为就要求商查平台承担责任则会为公共数据的使用带来巨大负担。

总之,依《反不正当竞争法》和过错推定原则既可以对商查平台的不当行为定罪处罚,又可以保护原始数据主体的权益,也有助于引领商查行业的发展,可谓罚责相当。

(三)商查行业发展中的风险防控

对于商查平台而言,算法的精准和信息的翔实是核心优势。而商查平台积累和收集的数据规模越大,数据之间的细微差别在算法的处理下也会演变为巨大的差异,解决这一问题需要多措并举。

第一,政府提供的公共数据,应形成全国统一的、各部门统一的公共数据共享标准。2016年,国务院发布《国务院关于印发政务信息资源共享管理暂行办法的通知》,①此后辽宁、宁夏、广东、浙江、上海等省市都制定了《政务数据资源共享管理办法》或《政务数据共享安全管理规范》,②

① 该通知主要目的为推动政务信息系统互联和公共数据共享,并借此提高行政效率,提升服务水平,充分发挥政务信息资源共享在深化改革、转变职能、创新管理中的重要作用。

② 如2016年2月29日施行的《上海市政务数据资源共享管理办法》、2017年5月1日施行的《浙江省公共数据和电子政务管理办法》、2018年11月1日施行的《宁夏回族自治区政务数据资源共享管理办法》、2018年11月29日施行的《广东省政务数据资源共享管理办法(试行)》、2020年1月1日施行的《辽宁省政务数据资源共享管理办法》等。

研究制定确定的数据共享标准。通过数据提供的标准统一,减少数据汇总和处理时的误差。

第二,商查平台建立信息异议交流机制。当原始数据主体、企业经营者、平台使用者对商查平台提供信息的准确性和实效性提出质疑时,商查平台应建立数据的更新和修正机制,特别是在国家政策变化导致某一行业和领域内商业主体数据普遍更新时,应通过与国家信息公示网站的对比、核实等回应质疑。如在北京逸路信息技术有限公司诉苏州朗动公司一案中,北京海淀工商分局向国家企业信息公示系统中信息传输错误,将北京逸路信息技术有限公司股东王福臣的出资比例由实际的99.9%误登为0.1%,企查查在收到北京逸路信息技术公司的异议后,迅速将错误信息更正,法院也据此驳回北京逸路信息技术有限公司要求企查查承担侵害其名誉权的责任。①

第三,平台转型中坚持商查业务的被动性。商查行业发展至今,已有数十家平台参与其中,为了实现转型突围:一方面商查平台需要不断扩充共享数据的来源,增强更新的时效性;另一方面部分平台利用保有的数据开展分析、处理业务,主动向用户推送信息,并打上“预警”等标签,但这一部分的业务需要与征信公司或信用评级公司合作,以保证数据在经过分析后得出的结论客观真实。

第四,注意义务的扩展。商查平台除应当严格遵守《征信业管理条例》等法律法规、维护社会秩序、承担禁止权力滥用的义务外,还应当承担数据保存义务、审核义务、告知义务等。数据保存义务,指平台经营者对抓取提存和加工后的相关信息进行相应程度的保留;审核义务,是指基于对公共数据的合法性使用,为了不损害原始数据主体的权益,应对发布的信息承担审核和风险防控的义务;告知义务,是指公共数据使用主体在大量挖掘使用同一经营者的数据时,应当告知原始数据主体相应的使用情况。

---

① 北京市第一中级人民法院民事判决书,(2019)京01民终1696号。

## 四、法律规制的建议

### (一)《民法典》相关条文的回应

根据《民法典》第127条的规定,法律对数据、网络虚拟财产的保护有规定的,依照其规定。由此可知,对于公共数据的保护仍然要置于民法之下。对商查平台的责任,应主要围绕未履行个人信息保护义务,侵犯商业秘密、个人隐私等他人合法权益,利用公共数据获取非法收益等层面。在这些层面,目前也有诸多条款散见于《电子商务法》《网络安全法》《公司法》《征信业管理条例》等法律法规,在《民法典》中,也有相应条款予以回应,应对这些条文进行合理解释。

尽管《民法典》未对公共数据搬运作出相应规定,但根据《民法典》第1029条,民事主体可以依法查询自己的信用评价;发现信用评价不当的,有权提出异议并请求采取更正、删除等必要措施。信用评价人应当及时核查,经核查属实的,应当及时采取必要措施。尽管信用评价与“数据搬运”是不同的,但有着诸多相似之处。两者均是通过将信息展现给特定或不特定主体,以满足商业查询、评价的功能,信用评价错误往往同“数据搬运”的错误雷同,都是由于数据的误差或者滞后。因此,依据客观目的解释的方法,可以将商查平台视为信用评价的一种,进而保护民事主体的权益。

对于数据搬运的时效性,《民法典》的人格权编第1025条、第1026条有如下规定,“行为人实施新闻报道、舆论监督等行为,影响他人名誉的,不承担民事责任,但是有下列情形之一的除外:……(二)对他人提供的失实内容未尽到合理审查义务……”;“认定行为人是否尽到前条第二项规定的合理审查义务,应当考虑下列因素:……(三)内容的时效性……”由此可见,在对民事主体的名誉损害问题上,即便评价的内容真实,但由于时效的滞后,亦可造成名誉侵权。根据体系解释,新闻报道和舆论监督都是社会生活中面对不特定公众群体的公共行为,商查平台也是通过收集公共数据以规避商业风险,因此商查主体也可受此条调整。

（二）《反不正当竞争法》的规制

对于数据搬运，目前暂无出台专门立法的必要，但为应对商查领域纠纷频发的现象，可以对《反不正当竞争法》的部分条款作适当修改。依据《反不正当竞争法》第2条可知，经营者在生产经营活动中，应当遵循自愿、平等、公平、诚信的原则，遵守法律和商业道德。如商查平台实施信息渲染、发布不实信息、损害商事主体信誉等行为，则足以构成不正当竞争。可对《反不正当竞争法》第11条进行相应修改进行规制。

1. 可增设第1款为“经营者不得修改已公示信息”。由于公示信息是由政府部门收集发布的，有着权威性和公信力，因此公示信息是商查平台数据的原始来源，也是保证数据真实的核心。商查平台爬取数据，应当保证数据的来源是原封不动的“搬运”，而不是又将数据进行“添油加醋”的二次整理。

2. 对第2款可改为“经营者不得编造、传播虚假信息或者误导性信息，损害竞争对手或第三方的商业信誉、商品声誉”。第2款的改动主要将侵权的对象扩展到除直接竞争对手以外不特定的第三人。在商查领域，商查平台与原始数据主体之间并不存在直接竞争关系，双方之间的关系主要为商查平台基于其在商业查询领域形成的竞争优势对使用者推送相关商业主体信息，以影响使用者对商业主体的直接评价。因此，扩展该款的适用范围，将进一步规范商查平台的推送行为，激励商查平台在提供数据处理和分析服务时，提高准确度。

（三）《征信业管理条例》对商查主体责任的加重

对商业主体的公示信息进行爬取、分析、整理、推送，并向使用者推送相关内容本质上属于征信业务的一种，应当适用《征信业管理条例》。《征信业管理条例》为商查平台的设立规定了较为繁杂的登记程序，第10条规定商查平台在设立时，应说明业务范围、业务规则、业务系统的基本情况。如果商查平台违反登记时的业务范围和规则，即商查平台如果超出协议约定范围使用公共数据，出于获取国家秘密、商业秘密或个人隐私的目的挖掘公共数据，主动推送和发布不实信息，进行信息渲染，谋取商业利益，获取竞争优势的，可以加重征信主体的责任。征信业监督管理部门应当对上述不当行为提出整改意见，情节严重的，还可以强制暂时关闭数据获取权限，禁止其在一定时间内爬取公共数据，开展相应业务，并视整改情况重新开放全部或部分数据获取权限。

（四）《刑法》的兜底性保护

《刑法》第221条规定了损害商业信誉、商品声誉罪，捏造并散布虚伪事实，损害他人的商业信誉、商品声誉，给他人造成重大损失或者有其他严重情节的，处二年以下有期徒刑或者拘役，并处或者单处罚金。商业信誉、商品声誉分别指社会公众对经营者的经营状况、经营能力以及商品性能等的社会评价。如以该罪名对商查平台进行规制，按照构成要件，商查平台必须同时实行捏造和散布的行为，并且主观上意识到其行为会造成损害商业信誉和商品声誉的结果，尽管学者对该罪是否包括间接故意有所争执。但结合网络空间侵权行为的频发性，商查平台作为商业平台应比公开公共数据的政府平台有更高的注意义务。因此，作为兜底性保护的刑法，损害商业信誉、商品声誉罪应当包含间接故意，即平台对于其可能引发损害后果的信息应当主动审查，而非放任损害结果的发生。

## 五、结语

单个数据本身是没有价值的，但多种同类数据的组合和流动，将推动数字经济的长期持续发展。[①] 本案中，企查查构建了以企业大数据为基础的查询平台供他人查用，却忽视了数据共享的边界，这既造成了商业主体的信誉损失，也导致使用者质疑企查查数据的有效性。

目前，数据共享行业处于上升期，受到数据共享范围以及数据有效抓取技术的局限，信息的收集分析过程中：一方面呈现信息分析不足的缺点；另一方面却又展现出信息分析过度的风险。在司法实践中，不应对抓取和使用公共数据的企业赋予过重的注意义务。对于未产生重要影响或造成严重后果的信息偏差，可以通过事后信息的补救方式完成。该案作

① 参见齐爱民、盘佳：《数据权、数据主权的确立与大数据保护的基本原则》，载《苏州大学学报（哲学社会科学版）》2015年第1期。

为公共数据不正当竞争第一案,为合理使用公共数据创设了边界,也为大数据行业的发展,树立了相关的行业标准,防止因“公共数据”的滥用损害公共权益。但为了适应行业今后的发展,需要结合《民法典》《反不正当竞争法》等法律进行解释以进一步规范商查行业的发展。

# 全球竞争视野下的我国数据法律规则体系建构

丁晓东*

**摘　要**:数据的战略性特征加剧了世界各国在法律政策体系方面的竞争。美国贯彻自由市场与霸权主义相结合的数据战略,鼓励市场竞争,仅以单行法与州法实现有限保护,并通过贸易战和科技战应对他国挑战。欧盟则主张保障基本人权,积极塑造统一市场,形成欧盟内部自由流通,并通过充分性保护认定推动欧盟标准实现全球化。在全球数据竞争中,我国应积极鼓励企业出海,拓宽数据合法合理获取的管道;制定完善的个人信息保护制度;以"数据安全主权"与"人类数据命运共同体"为主旨构建国际数据规则体系,应对欧盟与美国的话语权竞争。

**关键词**:数据战略;自由市场;隐私人权;数据安全主权;人类数据命运共同体

以互联网、大数据、人工智能、物联网为代表的信息技术发展日新月异,带动了全球数字经济的快速发展。我国的数字经济起步较晚,但随着近年来的高速发展,我国已经从全球数字经济的落后者转变为全球数字经济的重要竞争者,已经成为第二大数字经济强国。2020 年我国数字经济规模达到 39.2 万亿元,占 GDP 比重为 38.6%,是同期 GDP 名义增速

* 丁晓东,男,中国人民大学法学院教授,中国人民大学未来法治研究院副院长。

的3.2倍多,成为稳定经济增长的关键动力。①

数据是数字经济的核心要素。数据的流通共享是数字经济发展的重要保障:离开了数据,互联网的网络优势与网络效应就无从谈起,大数据的效率与优势就无从发挥,人工智能与物联网技术的发展就成了无水之源。党的十九届四中全会首次将数据列为与“劳动、资本、土地、知识、技术、管理”并列的生产要素,凸显了数据的重要战略地位。② 中央关于要素市场化配置的第一份文件又进一步提出,要“加快培育数字要素市场,充分挖掘数据要素价值”。③

数据的战略性导致了各国对于数据的激烈竞争。从全球竞争的视角来看,当前各国正处于数据竞争的大航海时代:数据竞争类似五百年前大航海时代各国对于全球新大陆的竞争。五百年前,谁能发现和控制新大陆资源,谁就能获得大国竞争的先发优势。今天,谁能持续掌握数据,拥有获取数据与传播数据的通道,谁就可能在新一轮的全球话语竞争中占据主导地位。美、日、英各国相继出台国家数据战略,搭建国家层面的数据治理方案,我国亟须建构与新时代相适应的数据战略,应对全球数据竞争。

应对全球数据竞争,构建数据法律政策体系至关重要。当前,美国、欧洲等国家和地区已经建立了一套复杂的数据法律体系,以支持其数据战略。缺乏合理的数据法律政策体系,我国可能会面临两方面的危险:一方面,我国将无法为我国的数据战略体系保驾护航,无法合法合理地获取与使用数据;另一方面,我国可能会被贴上数据“非文明”甚至“野蛮”国家的标签,在全球数据治理与数据规则博弈中失去话语权。我国亟须深刻理解美欧等国和地区的数据战略与数据法律政策,在此基础上作出正

① 中国信息通信研究院:《我国数字经济发展白皮书》,载中国信通院网,http://www.caict.ac.cn/kxyj/qwfb/bps/202104/t20210423_374626.htm。

② 《中共中央关于坚持和完善我国特色社会主义制度,推进国家治理体系和治理能力现代化若干重大问题的决定》,2019年10月31日中国共产党第十九届中央委员会第四次全体会议通过。

③ 《中共中央、国务院关于构建更加完善的要素市场化配置体制机制的意见》,载中华人民共和国中央人民政府网,http://www.gov.cn/zhengce/2020-04/09/content_5500622.htm。

确抉择。

## 一、美国：自由市场＋霸权主义的数据战略与法律体系

### （一）自由市场的数据战略

美国的数据战略首先采取自由市场的立场，将数据作为战略资源开发。在美国的法律与文化背景中，数据一直被认为是一种公共产品，应当以流通与共享为原则，以隔离与独占为例外。同时，美国的法律体系强调数据的市场自治，排斥国家的过多干预。以个人数据保护为例，美国联邦层面至今没有统一的个人数据保护法。美国的个人数据保护责任更多由市场中的企业自行设定和承担，即企业自行设置自己的个人数据保护政策，个人数据保护的严格程度主要由市场竞争与市场评价决定。

美国白宫在 2019 年发布《联邦数据战略与 2020 年行动计划》，描绘美国联邦政府未来 10 年的数据愿景。在此之前，美国曾发布《大数据研发倡议》《联邦大数据研发战略计划》，明确大数据技术的发展需求，提出聚焦新型技术、数据质量、基础设施、共享价值、隐私安全等 7 大战略。相比此前版本，2019 年战略的突出特点在于，美国对数据的关注由技术转向资产，直接"将数据作为战略资源开发"作为此战略的核心目标。

### （二）有限分层的个人数据保护

美国的自由市场数据战略并不意味着美国完全不注重数据隐私保护与政府监管。在涉及某些敏感数据的领域与涉及国家安全的领域，美国联邦政府制定了一系列法律。如 1970 年的《公平信用报告法案》对个人征信数据进行专门保护，1974 年的《家庭教育权利与隐私法》对学生的个人数据进行专门保护，2006 年的《儿童网上隐私保护法》对儿童个人数据进行专门保护，1996 年的《健康保险便利和责任法案》对医疗信息的交易规则、医疗隐私、患者身份识别等问题作了详细规定，《反垃圾邮件法》和《电话消费者保护法》对电子邮箱地址和电话号码的收集和使用作出规定，《电子通信隐私法》和《计算机欺诈和滥用法》则对政府监听个人电话的限制措施扩展到电子数据传输，防止政府未经许可监控私人的电子通信。

在州层面,很多州也对个人数据进行保护,但整体而言,美国的数据监管较欧盟仍然较弱。例如,2018 年,加州通过《加州消费者隐私法》,后加州选民又通过公投方式在 2020 年通过《加州隐私权法》,对其进行修改和升级。在美国州层面,对个人数据进行最严格监管的是华盛顿州,该州由于特殊的商业背景和文化传统,采取了类似欧盟标准的个人数据保护。相对而言,其他州则更多采取消费者保护法的框架,对个人数据进行特殊保护。

联邦政府层面,是否制定统一的联邦数据保护立法一直处于不确定的状态。主张统一的隐私保护立法的声音其实在 21 世纪初就出现过,当时美国一些企业就曾提议制定统一的联邦隐私法,但最终都因国会并不主张对隐私加以全面监管而未能顺利推进。不过,近两年,随着数据泄露、隐私诉讼等案例频发,制定联邦层面专门的隐私保护法的呼声日益增多,不断有参众议员提出或重提建立统一的隐私法案。但针对联邦政府是否需要制定统一立法、应当赋予数据主体何种权利、如何设计救济机制比如是否赋予私人诉权等问题,两党难以达成共识,联邦立法进展艰难。

### (三)数据安全执法的现实主义

在数据安全执法问题上,美国采取了具有现实主义与霸权主义特征的数据战略。其中最为典型的代表是《云法案》或《明确数据在海外合法使用法》,根据这一法律,任何受到美国管辖的公司,无论其数据是否存储在美国或国外,美国联邦执法机构进行执法时,都必须提交数据。美国《云法案》的长臂管辖使很多国家的数据本地化法律面临失效的风险,使美国可以以执法的理由获取全球的大部分数据。

与长臂管辖原则相呼应的是,美国在数据本地化方面持积极反对的立场,且这一立场一以贯之。在 2019 年 WTO 数字贸易规则谈判上,美国提交的《电子商务倡议联合声明》草案明确提出"数据跨境流动不应设限"。奥巴马政府时期签订的《跨太平洋贸易与伙伴关系协定》也明确规定缔约方不得在领土内设置数据本地化壁垒,特朗普政府于 2018 年推出的《美国—墨西哥—加拿大协议》(USMCA)完全吸收了上述规定。

美国的数据战略和美国的数字经济与国家利益高度契合。美国拥有大量的高科技企业与数字经济企业,强调数据的自由流通,使美国企业能够获取海量的国内外数据。这些数据像滚雪球一样,在促进美国企业科技与商业发展的同时,又进一步帮助这些企业获取更多的数据与更大的竞争优势。同时,美国在执法与安全问题上采取霸权主义的立场,更增强了美国政府获取全球数据的能力。

美国的数据野心不单单是攫取全球数据,还包括建立数据护城河,管控特定数据或防止特定企业掌握美国数据。2018 年之后,美国两党达成共识,认为我国希望取代美国成为头号技术强国,于是开始运用贸易战和科技战两种手段应对我国发展对美的挑战,比如,高度重视“清洁网络”计划,通过外资审查制度管控数据,这些行动和制度在实施效果上相当于我国的《网络安全法》《数据安全法》。以《外国投资风险审查现代化法》为例,美国外国投资委员会可以依据该法审查涉及“敏感个人数据”的非控制性投资。所谓“敏感个人”主要是指涉及国家安全的敏感数据,如涉及国家安全部承包商等特殊职位的个人数据,或者是涉及至少 100 万美国公民这一特定数量标准的数据。

(四)国际批评

美国的数据战略与法律体系也受到很多批评。在美国国内,以民主党为代表的政治力量、社会民权组织以及很多专家学者批评,美国对个人数据保护不力。美国联邦贸易委员会首席隐私官马克·格罗曼就谈到,美国联邦隐私保护立法最大的挑战是如何把已经存在的林林总总的州法律融进新法案,同时还要协调几十个利益相关的商业公司和管理部门各自不同的观念和方法。

在国外,以欧盟为代表的国际组织认为美国对个人数据保护不足,因而主张欧盟的数据不能随意传输到美国。最突出的案例就是 2020 年 7 月欧盟法院作出的施雷姆斯Ⅱ案,这个案子被称为欧盟与美国数据保护关系的第二个里程碑式判决,对欧美及全球的数据跨境流通都造成了致命打击。近期,欧盟委员会更新的“标准合同条款”以及欧盟数据保护委员会发布的更新版“标准合同条款”建议,都对施雷姆斯Ⅱ案中提及的标准合同条款的效力进行了补充和回应。简言之,企业和其他组织今后依据标准合同条款跨境传输数据时,还得再采取补充措施,证明数据接收方的政府机构、情报机构等组织从企业获取数据不会降低个人数据的保护水平。与此同时,美国与欧盟积极接触和洽谈,在谷歌等科技企业的游说下,推进成立新的欧盟—美国贸易和技术委员会,重点推动网络安全信息共享,推进数据跨境新框架,以此对抗我国数字经济的快速发展。

不过,面对国内外的双重压力,美国强化个人数据保护的态势近来日趋明显,从 Facebook 被罚款 50 亿美元到《加利福利亚消费者隐私法》生效,都表明了这一点。联邦层面,美国还没有成立一个统一的执法机构,仍然遵循消费者保护思路,主要由美国联邦贸易委员会监督和执法。对此,美国电子隐私信息中心近期发布报告《在保护隐私上,FTC 可以做却没有做的那些事》,指责美国联邦贸易委员会未能充分发挥机构职能,对消费者的个人数据保护不足。此外,有参议员也在近期重提《数据保护法》法案,提议建立专门的联邦隐私监管机构,吸收美国联邦贸易委员会的隐私执法权,以加强对美国公民数据的隐私保护。

## 二、欧盟:隐私人权+统一市场的数据战略与法律体系

### (一)欧盟的数据人权立场

欧盟的数据战略首先采取隐私人权保护的立场。欧盟很早就对个人数据保护进行立法,以《一般数据保护条例》(以下简称 GDPR)为核心,欧盟委员会、欧洲议会和理事会相继出台数据保护细则和指南以建构欧洲数据保护法律框架。2018 年,以"史上最严格数据保护法"著称的《一般数据保护条例》对个人数据进行了全方位与高标准的保护。这部法律的最大特征是,个人对其数据享有控制权,如知情选择权、访问权、删除权、携带权,无论是企业还是公共机构所收集的个人数据,都必须将最终控制权交还给个人。[1] 2021 年年初,欧盟成员国还就最新修订的《电子隐私条例》草案达成一致,该条例旨在加强对电子通信服务中用户隐私的保护。

---

① 参见丁晓东:《什么是数据权利?——从欧洲〈一般数据保护条例〉看数据隐私的保护》,载《华东政法大学学报》2018 年第 4 期。

《一般数据保护条例》在保护个人数据权利的同时,实际上宣誓了欧盟的数据主权,也就是说将数据主权的理论基础建立在对个人权利的保护之上。数据控制者或处理者如果想要向第三国或国际组织传输数据,对数据的保护必须达到欧盟的标准或欧盟认可的标准,这使欧盟在与第三国、国际组织或企业进行数据保护谈判时,有重要的法律筹码,在本质上是欧盟数据主权的域外延伸。这种数据主权的理论基础建立在对个人权利的保护上,构成了欧盟特殊的数据人权制度体系。

(二)欧盟的统一市场数据战略

需要指出的是,欧盟的立法也包含了创造欧盟统一市场的数据战略。《一般数据保护条例》虽然提高了个人数据保护标准,但这一条例也明确将个人数据在欧盟范围内的"自由流通"视为目标,明确各国数据保护必须采取条例所规定的统一标准,不得自行提高或降低个人数据保护的标准。欧盟希望这一数据战略可以培育欧盟自己的数字经济市场,甚至未来产生以欧盟标准为主导的全球市场。

欧盟统一市场的数据战略,一是把成员方的数据释放到更大的欧盟区域范围内,二是把欧盟内的数据留在欧盟内。在欧盟成员国内,个人数据可以自由流动,但个人数据流出欧盟成员国的,流入国需要获得欧盟委员会通过的充分性保护认定,没有获得充分性认定的流入国组织需要适用标准合同条款、约束性公司规则等其他工具。基于此,欧盟可以把在欧盟境内产生的个人数据留在欧盟境内,形成统一市场。非个人数据,主要是指机器数据、环境数据、产品和材料数据、交通数据、基础设施数据以及聚合和匿名处理数据,欧盟《非个人数据自由流动条例》规定,禁止成员方制定非个人数据本地化规定。这样一来,成员方就不会将本国数据圈禁在本国范围内,而必须允许数据在更大的欧盟经济区内流动起来。

在欧盟经济区内部,欧盟监管者已经认识到目前企业缺乏数据分享意愿,欧盟层面借由新冠疫情数据共享这一契机开始启动"数据空间"研究计划,为有意愿分享数据的企业创造一个数据共享池。欧盟提出《数字治理法案》正是意识到,企业一般没有分享数据的义务,更糟的是缺乏分享的意愿,于是提出中介人模式,帮助想要分享和获取数据的企业以更加透明、互信的方式分享数据。欧盟鼓励数据利用的另一重要逻辑前提是,未来的数据治理和利用一定要区分个人数据、工业数据、非个人数据。对数据进行分类,加强对非个人数据、工业数据的利用,才能够平衡好个人尊严、权利和数字经济发展。

欧盟层面一直强调推进各成员国执法统一工作,通过出台指南和建议文件逐步形成成员国执法标准,服务于"单一市场"战略。在执法机制上,作为欧盟成员国监管一致性机制之一,"一站式机制"实质上被弱化,各成员国都有监管权,这可能又会导致执法一致性受到冲击。公司实体主要在爱尔兰的谷歌就曾因涉嫌缺乏数据处理透明度而受到法国国家信息自由委员会(CNIL)行政处罚,其随后要求上诉法院审查 CNIL 是否具有管辖权。最终法院认为,CNIL 不受限于"一站式机制",反而基于域外管辖效力享有对谷歌公司的行政处罚权。相似地,欧盟最高法院近期在一起涉及 Facebook 的案件中裁定,在一些特定情况下,任何欧盟成员方的数据监管机构都可以依据 GDPR 第 66 条的规定向违反 GDPR 规定的公司追究相应的责任,即使这些机构不是主要的监督机构。

(三)欧盟的数据国际战略

欧盟的数据战略与欧盟的数字经济与地区利益也很契合。从话语权与规则影响力来看,欧盟扛起了隐私保护与数据权利的大旗,影响了全球绝大部分国家与地区的数据法律政策。2020 年,欧盟委员会正式发布《保护数据作为增强公民权利以及实现欧盟数字化转型的基础——GDPR 生效实施两年》,认为现阶段尚无更新或再度审查 GDPR 的必要。在 2021 年,欧洲议会高票通过《欧盟委员会关于 GDPR 实施两年后执行情况的评价报告》,也认为 GDPR 总体上是成功的。

从产业政策来看,欧盟有一定可能创设一个更为统一、数据保护标准更高的数字经济市场,同时为其合法获取欧盟内外的数据奠定了基础。从地区数据的安全来看,欧盟通过隐私人权的理由,可以和美国、中国等国家地区进行博弈。针对犯罪数据跨境调取,欧盟委员会 2018 年《关于刑事犯罪电子证据调取令和保全令规定的提案》规定,满足下列情形的,欧盟成员国执法或司法当局可直接向为欧盟境内提供服务的服务提供商要求提交电子证据:(1)被要求提交的数据为刑事诉讼所需;(2)被要求提交的数据与服务提供商在欧盟境内提供的服务有关。

在数据国际战略方面,欧盟委员会数字事务执行副主席MargretheVestager在接受采访时曾强调,欧盟的当务之急是确保数据汇集、共享,让数量众多的中小型企业既可以使用自己的数据也可以使用汇集的数据。中小型企业应当能够获得更多数据,亚马逊等一些大型科技公司的数据使用方式并不符合竞争法规则,未来的数据法案和治理法案需要依靠积极的竞争法执法行动。2021年6月,欧盟对脸书正式启动反垄断调查,确认脸书收集、使用广告商数据并与广告商在其他市场如分类广告市场竞争的行为是否违反欧盟竞争法。对另一科技巨头谷歌,欧盟最近也提起了调查,此次调查涉及谷歌的广告中介业务,以及该公司向网站和移动应用上的广告客户分享用户数据行为,还涉及谷歌在Chrome浏览器和Android移动操作系统等旗下一些平台上阻止特定类型用户追踪技术的计划。

而且,欧盟在2020年12月发布的《数字市场法》,特别关注对大型跨国数字企业的监管,通过竞争法手段要求大型企业数据开放共享。例如,如果一家搜索引擎企业被认定为"守门人"企业,该企业就需要承担额外的平台开放义务,如允许平台内广告商获取其在搜索引擎上产生的活动数据,而且该搜索引擎企业不得利用广告商的数据与其开展竞争,否则可能会面临巨额罚款。这一立法举措的用意,在相当程度上,是在向欧盟内企业尤其是中小型企业引流国外尤其是美国大型科技企业的数据,试图借国外企业力量助力国内数字企业发展。

(四)作为"双刃剑"的欧盟数据战略

欧盟的数据战略也受到不少批评与质疑。有批评者指出,欧盟对企业的数据收集与利用施加了过于严苛的规定,不利于信息科技与数字经济的发展。有的批判者甚至提出,《一般数据保护条例》与数字经济发展趋势背道而驰,欧盟信息科技与数字经济滞后,与欧盟长期采取的严格监管策略有直接关系。欧盟历来在产业政策上采取标准较高和保护主义的立场,以此保护欧盟产业,打击美国。但在数据问题上,离开了数据流通与用户规模效应,数字经济的市场本身就很难形成。欧盟的法律虽然达到了打击美国和影响全球的目标,但同时也自缚了手脚。

另外,欧盟 GDPR 被质疑并没有如愿获得帮助中小企业、打击大型企业的监管效果。越来越多的经济文献和评论文章表明,GDPR 最终有利于大型在线平台发展,而损害较小的市场参与者。换句话说,旨在帮助规模较小的本土企业的欧盟监管政策在实施效果上却适得其反,反而有利于规模较大、根基稳固的美国企业。[①]《一般数据保护条例》规定的个人信息合规义务对于小企业而言难以承受,对大企业的成本影响有限。尽管欧盟对雇员较少、缺乏财力等企业或组织给予了特别豁免,但敏感数据和犯罪数据的处理行为不能得到豁免。由此可见,其表述的模糊性将使小企业面临不确定的执法,不仅逼退其他国家的中小型企业退出欧盟市场,还会削弱欧盟内的小微企业的竞争力甚至直接影响其存续。

## 三、我国的数据法律规则体系建构

在全球数据竞争中,我国仍然面临巨大压力。一方面,美国的科技企业仍然具有全球影响力,我国的科技企业难以在我国以外的地区合法合理地获取数据;另一方面,欧盟具有数据规则制定的全球影响力,我国的数据话语权仍处于弱势地位。为了改变这种现状,可以考虑从如下几方面构建我国的数据政策法律体系。

第一,鼓励我国企业出海,拓宽数据合法合理获取的渠道。大航海时代,西方通过东印度公司获取海外资源,今天美国又通过脸书、Google、Amazon 等企业获取数据资源,并且常常以“数字中立国”的名义拒绝主权国家的监管。在“一带一路”建设的背景下,我国应积极鼓励科技企业扎根海外,打破美国企业在海外的数据垄断地位,为“一带一路”提供更多的选项和服务,从而促进我国的发展。

第二,制定完善的个人信息保护的制度。个人信息保护是数据政策

---

① See Adam Thierer and Connor Haaland, *The Future of Innovation*: *Can European-Style Industrial Policies Create Tech Supremacy*? DISCOURSE (February 11, 2021), https://www.discoursemagazine.com/economics/2021/02/11/can-european-style-industrial-policies-create-technological-supremacy.

法律体系的基石,但个人信息保护历来具有两难:缺乏个人信息保护的相关法律,就可能被认定为数据保护的洼地,丧失全球数据博弈的话语权;但如果个人信息保护不合理,则无法实现数据的合理收集与利用。我国《个人信息保护法》的出台,为我国的个人信息保护制度奠定了良好的基础。未来,我国需要结合我国与国际的数据法律问题,进一步完善符合数据原理、我国国情与国际竞争现实的个人信息保护制度。

第三,以“数据安全主权”与“人类数据命运共同体”为主旨构建国际数据规则体系。当前,欧盟与俄罗斯等地区提出了“数据主权”的概念,但这一概念与数据高度流通等原理不符,也与我国的数据战略冲突。作为数据主权的替代,我国可以提出“数据安全主权”与“人类数据命运共同体”的理念,承认各国对于数据安全的合理关切,同时支持数据在各国之间的合理流通与合作。这一理念与我国外交传统契合,既可以应对美国的数据自由市场主义与霸权主义,又能在一定程度上应对欧盟的数据战略。

# 数据治理下的企业数据司法控制边界探析

高 翔 李 麟 蓝 燕*

**摘 要**:数字经济时代,大数据技术越发成熟和普及,为企业数据的价值挖掘提供了技术和制度基础,大量企业数据逐利行为开始出现。从大众点评网诉爱帮网到蚂蚁金服诉企查查,再到当前盛行的刷量、刷单行为,企业数据市场乱象频发凸显数据治理规则体系的缺失。从相关司法案例看,在司法层面对企业数据的控制边界进行限定是必要手段。具体而言,司法实践应当充分考量企业数据在不同环节呈现的价值和利益冲突,分类定级保护企业数据,厘清企业数据的司法控制边界,更好地通过数据治理实现服务数字经济的发展。

**关键词**:企业数据;数据产权;司法保护

21世纪,大数据技术的应用和普及成为全球趋势,数据价值的挖掘利用完善了与数据相关的产业链、价值链,新兴数字产业与实体产业数字化逐渐成为促进经济增长的主要动力。另外,社会中丰富的数据产品和服务进一步增加了社会公众福利,新的社会治理模式产生。数字经济越发成为我国乃至全世界的重要竞争力,而企业数据正是数字经济发展的重要基石。

大量企业产生了海量数据,在缺乏应对新技术的规则体系背景下,企

---

* 高翔,男,重庆市高级人民法院审判委员会委员、执行局副局长,三级高级法官;李麟,男,重庆市两江新区(自由贸易试验区)人民法院知识产权审判庭法官助理;蓝燕,女,重庆市两江新区(自由贸易试验区)人民法院涉外商事审判庭四级高级法官。

业数据司法控制边界模糊。与企业数据相关的司法案件愈加频发的背后,大型企业数据攫取、数据垄断等行为使中小企业面临发展障碍;企业之间数据盗取、非法交易频繁,市场秩序遭受挑战,企业数据流通规则的缺失进一步导致市场环境恶化。规制乱象亟须强有效的数据治理手段,而司法控制则是数据治理的重要方式之一。分析企业数据产生、利用环节,厘清企业数据价值链,将有助于把握企业数据的相关利益格局,进一步划清企业数据司法控制边界。

## 一、利益的产生:企业数据的产生与流通

从字面意义的角度出发,企业数据是指与企业相关的数据,而非企业拥有的数据。与对个人数据进行定义的方式类似,①企业数据在事实上与企业存在特定联系,这种联系包括能识别特定企业的数据(如企业的工商登记信息等)、企业生产经营过程中产生的数据(如销售数据、用户信息、招聘信息等)、企业收集处理上述数据后衍生的数据(如用户偏好的分析报告、行业报告等)等。

从企业数据的财产价值来看,企业数据是指企业所持有的具有稀缺性,并且能为企业带来经济性利益的以符号或代码形式表现出来的数据。②"企业的实质性投资"与"企业数据的经济价值"作为企业数据的构成要件。尽管如此,与个人数据强调人身依附性、绝对权利不同,上述企业数据体现出不同层次的价值。例如,企业的工商登记信息属于对公众开放的数据,但这些数据并未明显呈现价值,其他主体也可以利用;而销售数据和用户信息等数据则体现较高价值,现实中,企业间为争夺此类数据硝烟四起,如"菜鸟顺丰数据争夺",这部分数据通常构成企业生产经营的要素或者助推力量;相关的分析报告、决策等数据与企业的联系更加

① 无论是欧盟《一般数据保护条例》,还是美国联邦贸易委员会,抑或我国《个人信息保护法(专家建议稿)》,都以可识别性强调个人数据与个人之间的密切联系。正是因为这种密切联系,个人数据具备较强的人身属性,基于保障人权的需求,各国纷纷制定了相应的个人数据/信息保护制度。

② 参见李杨、李晓宇:《大数据时代企业数据权益的性质界定及其保护模式建构》,载《学海》2019年第4期。

密切,甚至可能以企业产品或者服务的形式出现,如“生意参谋”、比价软件等数据产品。

(一)成本与收益:企业数据产生与赋值

企业数据系人、物、组织的活动或运行数据被各种网络系统、传感器和智能设备以2进制形式的数据记录下来,再整合成能被他人感知的信息。企业数据伴随现代化技术的发展和应用而大量产生,企业数据的赋值可以分为原始数据生产(采集、记录)、数据集合形成、数据挖掘分析三个阶段。[①] 在整个过程中,企业的成本与收益曲线呈上升趋势。

在原始数据生产阶段,企业人力、物力投入的成本远高于基本为零的收益。从企业成立、注册登记、投入运营、吸收客户、开展业务、交易清算,企业的每一次行为都能够被电子终端记录并保存。所以每一个能够生成数据的事件所做的就是——生成数据。[②] 单个数据的价值体现难以发现、利用,但不同的单个数据集合达到一定程度时,其经济性价值将远超单个数据的价值。

在数据集合形成阶段,借助智能机器和系统,企业能够高效率、大量地收集、记录数据,经过筛选、组合形成数据集合,此时的数据集合已经具备一定的商业价值,企业收益开始出现。例如,某位消费者的某一次购物信息只是单个数据,但企业如果掌握同时间段、同地域或者同类客户的多次购买数据,就能够从这些购买数据中分析出消费者的购物偏好,进而有选择性地提供商品/服务,获取更多的利益。

数据经过挖掘分析能够发现规律或者趋势,进而为决策者提供参考,企业数据发展到这一阶段,意味着数据产品或服务的形成,企业得到的收益将超过成本。在数据时代,数据的(可交易)价值源于数据控制人对数据的聚合、挖掘、创新应用、商业经营。脱离了互联网大数据分析、数据控

---

① 参见高富平:《数据生产理论——数据资源权利配置的基础理论》,载《交大法学》2019年第4期。

② Ron Rock & Michael Moran, *A 21st Century Framework for Data Ownership* Microshare (January 21,2018), http://www.microshare.io/2018/06/06/21st Century/.

制人数据池的聚合，数据本身的价值基本可以忽略不计。①

（二）安全与效益：企业数据中的多元利益需求

数据产生和利用离不开流通，而企业数据丰富的内涵和外延产生了自然人、企业、社会公众不同方向的利益需求。企业数据的物理属性决定了其具有非物质损耗性、非独占性、数量庞大这三个重要特征，企业数据来源多样化、流通便利化导致管控困难。

第一，部分企业数据与个人密不可分，个人对企业数据产生安全层面的需求。企业收集这部分数据，然后作脱敏、去噪等处理，但处理后的数据是否能够再次精确识别到个人、企业在利用这部分数据的时候是否全部进行脱敏处理，均无法查明。这部分企业数据直接涉及自然人的隐私、名誉等人格利益，保障数据安全是自然人最直接的利益需求。尽管我国相关法律已经对个人数据/信息作了保护的规定，②但如何在将来司法实践中甄别个人数据与企业数据，如何确定企业对这部分数据的控制边界亟待解决。

第二，不特定的多数主体可以同时使用企业数据，数据流通能够充分挖掘企业数据的价值，利益最大化结果就是技术、产业、数字经济发展，进而增加社会公共效益。自党的十八大以来，中国经济转型加深，产业优化、企业淘汰进程加快，互联网、大数据、人工智能同实体经济深度融合、数据要素的快速流通将大幅提升社会公共服务、产品以及社会治理水平。

第三，企业要求数据保护以保障或扩大其竞争优势，同时也需要数据流通以获取更多的基础资源。一方面，非独占性容易导致大量损害企业利益的行为出现，如未经同意的抓取数据、盗取、夺取企业数据等行为。恶意竞争行为直接导致企业不同程度的损失，同时还损害了市场良好的竞争秩序，为产业发展埋下了安全隐患。另一方面，在政策上，《中华人民共和国国民经济和社会发展第十三个五年规划纲要》《促进大数据发展

---

① 参见胡凌：《商业模式视角下的“信息/数据”产权》，载《上海大学学报（社会科学版）》2017 年第 6 期。

② 《网络安全法》第 41 条、《民法典》第四编第六章，都明确了其他主体利用个人信息时的行为规范。

行动纲要》《大数据产业发展规划(2016—2020年)》《关于2019年国民经济和社会发展计划执行情况与2020年国民经济和社会发展计划草案的报告》等文件在实体经济数字化融合、数字产业发展、数据要素流通等方面给企业数据的利用和发展营造了良好的环境。在数据量增大、数据技术趋成熟、政策环境优厚的条件下,从数据流通中获取更多价值成为企业的重要需求之一。企业数据在某种程度上作为一种私有产品和公共产品,更应当保证其安全有序地流通。

## 二、利益的冲突:企业数据的控制边界模糊

企业数据在生产和流通过程中给企业带来经济效益,同时,企业数据在利用过程中,也会产生安全隐患,以及不同利益之间的冲突。目前,已有相关司法案件、社会事件表明,企业对其数据进行控制的边界不清晰,在企业间形成争夺数据的战壕,主要包括以下几类。

### (一)企业数据收集的合理边界模糊

在抖音诉刷宝案中,法院认为抖音平台的短视频内容、用户评论等数据均是通过正当合法的商业经营所获得,其合法权益应受反不正当竞争法的保护;行为人直接采用技术手段或人工方式获取视频资源、评论内容等,争夺流量和用户有违诚实信用原则。① 在新浪诉脉脉案中,法院认定新浪微博有权就第三方应用使用其用户数据的不正当行为主张权益,行为人获取新浪微博信息等数据的行为存在主观过错,违背了在Open API开发合作模式中第三方通过Open API获取用户信息时应坚持“用户授权+平台授权+用户授权”的三重授权原则,违反了诚实信用原则和互联网中的商业道德,不具有正当性。② 在HiQ诉LinkedIn案中,HiQ抓取LinkedIn上已经公开的可抓取的信息,LinkedIn通过技术手段阻止HiQ获取相关个人简历数据。最终美国第九巡回上诉法院作出上诉判决,认定HiQLabs公司(“HiQ”)从LinkedIn上抓取公开的个人信息数据的行

① 北京市海淀区人民法院民事判决书,(2019)京0108民初35902号。

② 北京知识产权法院民事判决书,(2016)京73民终588号。

为并未违反《计算机欺诈和滥用法案》（“CFAA”），维持此前作出的对HiQ公司有利的判决。[①]

由此可见，企业在生产经营中产生的数据，部分系用户制作、上传发布或者用户的信息，也有企业经过加工、处理、研发得到的类似产品类的数据。对此类数据，法院认定其是否受法律保护、受法律保护的依据均有所差异。在抖音诉刷宝案、腾讯诉杭州快忆案中，法院认定保护的依据分别为企业对数据享有合法权益、企业基于平台正常运营产生的合法权益。在论述其他主体向企业收集此类数据时，何种情形下，应当受企业的约束和控制，法院则通常基于诚实信用原则、企业间协议、行业规则等标准进行考量。

（二）企业数据利用的合理边界模糊

企业之外的主体收集企业数据之后必然会进行数据处理、加工等利用行为，与数据收集类争议不同的是，数据利用类的争议双方通常在数据收集阶段没有太大争议，因为这部分企业数据通常是可以通过公开的网站收集，抑或已经经过了企业授权。但是在数据利用环节，有选择性地过滤部分企业数据、违反有关数据使用协议、制造假数据、添加数据等争议的出现意味着纠纷当事人对企业数据控制边界认定存在偏差。

在蚂蚁金服诉朗动案中，法院认为，朗动公司向公众推送从公开平台上抓取的部分信息，经媒体断章取义报道后，使相关公众产生了错误认识，降低了企业商业信誉和商品声誉，损害了企业的正当商业利益，构成不正当竞争的可能性较高。[②] 在腾讯诉抖音、多闪案中，抖音未经授权在其产品中使用腾讯用户数据拓展用户关系链，并擅自提供授权登录服务和用户数据给多闪。法院认为，腾讯有权通过接入审核机制、开发者协议及平台管理规范等选择、限制数据开放的范围，以及第三方应用获取数据的使用方式、使用范围等。抖音获取用户信息时应坚持“用户授权+平台授权+用户授权”的三重授权原则。[③] 抑或在腾讯诉数推案中，法院认

① 参见 hiQ Labs, Inc. v. LinkedIn Corp.，273F. Supp. 3d 1099（N. D. Cal. 2017）。

② 杭州铁路运输法院民事判决书，（2019）浙8601民初1594号。

③ 天津市滨海新区人民法院民事裁定书，（2019）津0116民初2091号。

为,数推通过在腾讯视频、腾讯微视等产品中大量制造虚假数据,即“刷量行为”,破坏了腾讯相关产品数据的真实性,既容易误导公众,也对腾讯经营相关产品带来不利影响。[①] 除此之外,司法实践中,聚合类平台抓取大量企业数据后向公众提供引发的争议越发频繁。例如,乙公司未经甲公司允许,擅自将甲公司的加盟信息发布在自己网站,在未改变甲公司加盟信息的基础上进行发布,在发布的信息均属实的情况下,乙公司同时提供自己公司的联系方式,这一行为是否合法,目前尚无法律予以规制。

(三)数据产品/服务使用的合理边界模糊

如上所述,通过数据挖掘分析得到的报告、结果、辅助工具等能够成为企业数据产品或者服务,这部分数据产品或服务是否应当受到保护,数据产品的利用方式是否应当受到控制,成为纠纷当事人争议的焦点。

在淘宝诉美景案中,淘宝公司开发和运营“生意参谋”产品,该产品通过挖掘分析用户数据可以提供统计、预测型衍生数据,为商家提供参考意见。美景公司通过提供远程登录服务的方式,招揽、组织、帮助他人获取“生意参谋”数据产品中的数据内容,并从中获益。法院认为,网络数据产品耗费了原告的人力、物力、财力,经过长期经营积累形成,数据收集、整理、使用具有合法性,经过深度开发与系统整合,信息可供消费者参考、使用,淘宝公司对“生意参谋”大数据产品应享有独立的财产性权益。美景公司未付出劳动创造,即将“生意参谋”数据产品直接作为获取商业利益的工具,这种不劳而获的“搭便车”行为有悖于商业道德,构成不正当竞争。[②] 在淘宝诉聪明狗案中,聪明狗研发了一款比价软件,可以收集淘宝网站上商品匹配和推荐数据、商品价格走势数据、促销活动和优惠券数据等,为消费者提供购物参考。法院认为,聪明狗通过插件的方式运行比价软件不构成不正当竞争;但其经营行为无法保证比价工具向消费者展示的结果信息真实、公允,在此层面构成不正当竞争。[③] 与该案类似,

---

① 重庆市第五中级人民法院民事判决书,(2019)渝05民初3618号。

② 杭州铁路运输法院民事判决书,(2017)浙8601民初4034号;浙江省杭州市中级人民法院民事判决书,(2018)浙01民终7312号。

③ 北京知识产权法院民事判决书,(2019)京73民终1489号。

在淘宝诉载和、载信案中，法院对比价软件类数据产品的使用边界作了详细论述，即尊重用户知情权益、标识信息来源、不干扰所在平台经营、不深入交易流程。①

## 三、利益的边界：劳动理论和利益平衡理论划分企业数据控制边界

### （一）实质性投入系企业数据的价值基础

与劳动理论相似，企业数据产生价值的基础就是企业劳动的投入，企业因此对企业数据享有相应的财产性权益。劳动理论认为，人的身体当然属于人所有，因此由人的身体做出的劳动成果也具备人身属性，属于人所有。该理论通常用于解释物的所有权之正当性来源，在企业数据未表现出与物完全相同的特征的情形下，也不能完全运用劳动财产理论阐释企业数据权益保护的正当性。但是，劳动财产理论背后的浪漫主义创作者观的理念，有助于理解企业数据权益保护的合理性。②

如前所述，在原始数据生产、数据集合形成以及数据挖掘分析阶段，企业数据的成本和价值曲线呈现不同的变化趋势。原始数据生产过程中，类似工商登记信息或者少量的经营信息所产生的价值几乎为零，如果过度保护这部分企业数据，将导致社会治理成本上升和社会公共利益削减，但其在某种程度上又能够与企业产生特定联系，如果放任不正当地利用这部分数据，又可能对企业产生不利影响。在数据集合形成阶段，经过筛选的数据集合体现出一定的规律性和特性，此时企业数据体现出企业更多的实质性投入，其蕴含的价值也更高，企业对这部分数据的控制边界也就更广。相应地，经过数据挖掘分析得到的结果高度体现了企业的实质性投入，实质上已经以类似产品或者服务的形式呈现，其利用价值更加凸显，企业对这部分数据结果的控制边界也更广。

### （二）根据利益平衡原则合理限制控制边界

企业数据收集、处理、利用等环节涉及诸多利益诉求，表现为企业

---

① 上海知识产权法院民事判决书，(2017)沪73民终198号。

② 参见李杨、李晓宇：《大数据时代企业数据权益的性质界定及其保护模式建构》，载《学海》2019年第4期。

对数据控制的诉求,其他主体对数据利用的诉求,社会公众对数据共享的诉求,社会对稳定数据市场秩序的诉求等。与现有的财产客体相比,企业数据与知识产权均具有无形性、非独占性、非物质损耗性等特征。因此,知识产权法中的利益平衡思想未尝不可以用于分析企业数据的控制边界。

平衡精神是知识产权法律价值二元取向的内在要求,即私权利益和公共利益的平衡。利益平衡一直是其追求的价值目标,知识产权法中的诸多原则和具体规则背后,都反映了协调和解决知识产权所有人与社会公众之间利益冲突的思想。① 企业的实质性投入是企业数据的价值要素,企业数据必然产生私权性,并且这种私权性会随着企业数据量的增加、企业生产规模的扩大等因素进行扩张;同时,企业数据的特征决定其在社会层面上体现出公共产品的特性,在目前世界各国纷纷加强发展数字经济的趋势下,企业数据的保护不仅是保护企业利益的工具,同时还是一种实现国家公共政策和公共利益的工具。

保护企业数据权益应当以促进数据共享为目标,企业数据的合理保护应当有利于促进数据共享。② 梳理近年来相关数据争议可以发现,无论数据收集还是数据利用,一旦企业在企业数据生成过程中投入大量成本,进而产生了利用价值,审判实践对这部分企业数据的保护力度就更大,反之,运用法律保护的条件限制就更严格。实质上,这是对企业之间利益、社会公众利益的一个动态平衡。例如,在淘宝诉美景案中,法院肯定淘宝公司投入的实质性劳动,认定淘宝公司对“生意参谋”大数据产品应享有独立的财产性权益;又如新浪诉脉脉案,法院认定被告抓取新浪的用户数据,违反了三重授权原则、诚实信用原则和互联网中的商业道德,其运用法律保护的条件较淘宝诉美景案更严格;再如蚂蚁金服诉朗动案中公众开放的数据,法院并未认定被告抓取公共数据的

---

① 参见吴汉东:《知识产权法的平衡精神与平衡理论——冯晓青教授〈知识产权法利益平衡理论〉评析》,载《法商研究》2007 年第 5 期。

② 参见丁晓东:《论企业数据权益的法律保护——基于数据法律性质的分析》,载《法律科学(西北政法大学学报)》2020 年第 2 期。

行为违法,但被告的利用行为却给企业造成不利影响,因此构成不正当竞争。

## 四、利益的保护:企业数据的分类定级保护

结合目前的企业数据发展现状和法律规则体系,对企业数据进行平等保护不具备现实可能性。从保护方式上看,传统的财产权观念强调人对物的绝对支配,即便没有物理形态的物,也要想象出一个抽象物。反不正当竞争法通常只限制竞争者具体的竞争行为,而不是像权利法模式那样将排他权表述为对客体(大数据集合)的全面支配。[①] 然而数据类型、利益主体多元化是目前财产权保护方式的主要障碍;另外,一味适用反不正当竞争法保护也可能导致保护方式的滥用以及保护范围的不当扩大。因此,应当结合数据生产过程、数据价值产生、利益平衡原则对企业数据进行分类,进而采取不同程度的控制方式。

### (一)既定法律框架中的权利控制

由于企业数据的多样性,无法对某一类数据进行精确定性,目前各国的法律制度也未对企业数据赋权。尽管如此,既定法律框架中的权利结构合理、权利内容完整、权利边界清晰。同时,法律制度应当保持一定的稳定性,在穷尽已有解决方式之前,任何新设的制度都应该保持一定的谦抑性。因此,在企业数据满足特定条件下,可以适用既定法律框架中的权利来控制企业数据。结合企业数据的法律性质,既定法律框架中可以适用的主要有合同权利保护、专利权保护、著作权保护、商业秘密保护,但应当谨慎处理与个人数据/信息相关的企业数据。

合同权利保护原则上适用于所有类型的企业数据,只要不违反国家法律和公共利益,企业可以和任何收集、处理、利用企业数据的主体签订合同,明确双方的权利义务,通过意思自治的方式实现对企业数据的控制。目前几乎所有的经营平台(如腾讯 QQ、微信,阿里巴巴淘宝、天猫等)都制定了用户协议,在使用企业的产品或者服务之前,通常都需要同

---

① 参见崔国斌:《大数据有限排他权的基础理论》,载《法学研究》2019 年第 5 期。

意协议内容,遵守数据收集、处理、利用等相关义务。专利权保护、著作权保护和商业秘密保护相对于合同权利保护具备更强的对世性,但也要求企业数据满足法定条件。例如,经过特定筛选的数据集合,满足独创性的要求,就可以受到著作权保护;又如,企业非公开的数据(交易信息、客户信息等),具备秘密性、价值性、保密性的特征,就可以适用商业秘密保护,此时任何未经授权的收集、处理和利用企业数据的行为都应当受到企业控制。

我国《民法典》第四编第六章专门对隐私权和个人信息进行了保护,在部分企业数据尚能够精确识别自然人甚至可能侵害自然人隐私时,应当严格限制这部分企业数据的处理、利用以及流通。《民法典》采取定义加列举的方式,将直接识别和间接识别均包含在可识别范围内,这意味着企业对个人信息负有更高的注意义务。因此,在司法实践中应当审查这部分企业数据的合法性,可以采取否定权属、限制数据流通活动等方式达到保护自然人合法权益的目的。

(二)反不正当竞争法中的谦抑性控制

已有实践表明,大多数企业数据争议集中于半公开的数据,即需要一定准入手续才可以接入的数据,例如,知乎、微信等需要登录后才能接触到更多的数据。此类数据经原始数据的产生并累积,形成数据集合,此时这部分数据已经具备一定的利用价值,企业对此类企业数据享有一定的利益。但这部分企业数据并不符合财产权客体的特征,因此司法实践中几乎没有论及对这部分企业数据采用绝对权保护,更多是用《反不正当竞争法》第2条的一般条款,对企业合法数据利益进行保护。

在司法实践中,法院应严格遵循利益平衡原则,秉持竞争法的谦抑性,实现企业数据的司法控制。换言之,在企业数据利益不能被既有权利保护、企业对这部分数据具备利益正当性以及企业数据利益保护具备必要性时,反不正当竞争法才可能适用。

根据数据生产理论,企业数据在每个阶段呈现不同的价值。因此,在判断企业是否对企业数据享有权益时,应当充分考虑企业是否进行了实质性投入、企业数据呈现的价值是否充分,①这关系到请求权基础是否成立的问题。当然,在判定是否构成不正当竞争时,仍应当遵循基本步骤,即竞争关系—不正当竞争行为—实际损害。在判断不正当竞争行为时,应当注意《反不正当竞争法》规范的是市场层面的行为而非单纯的侵权行为,并非一个企业损害另一个企业的竞争优势就构成不正当竞争,只有在企业通过不正当的手段收集、处理、利用企业数据(如破坏技术保护措施、未经授权利用等)时,才可能受《反不正当竞争法》规制。这就要求在司法实践中还应当考虑市场规则、鼓励商业模式创新、技术创新等因素。例如,OpenAPI 获取用户信息时应坚持"用户授权 + 平台授权 + 用户授权"的三重授权原则,或者 robots 协议,抑或新兴的商业模式(聚合平台、比价软件等)。在判定实际损害时,应当考虑数据技术的发展以及市场正常竞争的因素,例如,在 HiQ 诉 LinkedIn 案中,HiQ 在抓取个人简历数据后,再次加工处理,形成区别于 LinkedIn 的数据产品,带来更多的正外部性,因此法院认定其不违反法律规定。

(三)公共数据的合理使用

公共数据即不需要准入程序就可以获取到的企业数据。从物理状态上看,公共数据已进入公共领域,例如企业工商登记信息,企业官方网站上的信息等,如若对这部分数据采取严格的保护手段,将堵塞数据流通,导致信息不对称,阻碍企业、产业、社会发展;但也有司法实践表明,放任这部分数据的处理、利用,可能会对企业产生不利影响。

对公共数据应当秉持鼓励数据流通的原则,将公共数据的控制边界限定在可能损害企业利益的情形之内。基于利益平衡的考量,可以部分借鉴著作权法中的合理使用制度。即此类公共数据的收集、处理、利用可以不经过企业的授权许可,也不需要向企业支付费用,但数据的处理、利用行为不得对企业造成损害。与著作权法中合理使用制度不同的是,不区分公共数据的处理、利用行为是否属于商业性目的,甚至应当鼓励更多

① 假设行为人仅获取了少量数据信息,例如几十条、一百条,而企业的完整的数据池拥有成百上千倍的数据量,那么这几十条、一百条数据的价值就不充分了。

的新兴商业模式,以增加市场活力。

## 五、结语

企业数据具备财产性价值毋庸置疑,在数据生产过程中,区分不同阶段的数据价值和利益平衡机制,以此来划分企业数据的司法控制边界,是数据治理的必要手段。通过在司法实践中运用上述规则对个案进行审理,有助于形成统一的审判规则,进一步为相关法律制度的构建打下坚实基础,服务国家数字经济发展战略。

# 第四编

# 数据市场与平台治理

# 互联网平台企业向政府报送数据的制度建构

冯　洋　李微微*

**摘　要**：互联网平台企业向政府报送数据有必要从行政机关获取监管相关信息的行为中独立出来，将其纳入具体行政行为的行政法制框架。目前实践中存在诸如企业数据报送义务有不断扩大的趋势、企业选择性履行数据报送义务、企业数据报送过程中的安全风险未得到有效控制、数据报送可能给企业发展带来消极影响等问题。本文基于保障政府治理、企业经济发展和公民权益三者的平衡，提出完善数据报送的法律规则、发挥地方立法的先行示范作用、加大数据报送机制的落实力度、强化数据报送的安全保障等建议。

**关键词**：数据报送；安全保障；平台企业；具体行政行为

收集和处理社会信息是政府得以高效运转和履行职责的前提。宋代的政府就已开始编制鱼鳞图册，试图详细记录土地地权的分配情况，将其作为征收赋税的依据。这一制度延续至清末，为巩固古代政府统治的经济基础发挥了较大作用。近代工业革命以来，行政国家的力量日益壮大，其掌握海量社会信息的能力和需求亦与日俱增。随着互联网和人工智能技术的广泛应用，当代西方主要国家的政府采集和处理数据的规模之大

* 冯洋，男，浙江大学光华法学院副教授；李微微，女，浙江大学光华法学院硕士研究生。

与精度之深达到了前所未有的程度。① 近年来,随着国民经济信息化的快速推进,我国政府也开始强调提升自身获取第三方信息的能力。②2015 年国务院办公厅颁布的《关于运用大数据加强对市场主体服务和监管的若干意见》要求政府高效采集、有效整合、充分运用社会数据,加强对市场主体的全生命周期监管。2021 年年初浙江省在全国范围内率先部署数字化改革,目标在于通过数字化手段打造"整体智治"的现代政府。③企业作为市场的基本主体,其向政府报送数据的行为是实现政企数据流动的重要方式。在此基础上,考虑如何构建科学、合理的政府与企业间的数据流动机制便成为政府数字化改革的题中之意。当前在我国各类经济领域中,互联网平台经济是数据报送力度最强、对企业和社会影响最大的领域。从整体趋势来看,我国政府监管部门获取平台经营者数据的需求日益增长,同时通过立法规制此项报送活动的趋势也越发明显。因此,如何科学、合理地认识平台企业的数据报送,构建相应的机制,已成为一道亟待解决的重要命题。本文将在大范围调研和规范分析的基础上,总结平台企业报送数据的实践类型,并深入分析数据报送的性质,从而剖析现有数据报送制度存在的问题,并提出完善制度的建议。

## 一、平台企业报送数据的实践类型

### (一)平台企业报送数据的类型

首先,从立法类型来看,涉及平台企业数据报送的规范类型包括国家法律、规章和规范性文件,具有多样性。如 2016 年颁布的《网络安全法》第 52 条便要求关键信息基础设施运营者按照规定报送网络安全监测预警信息。该条款是较早的从安全角度要求包括平台企业在内的市场主体

---

① See Christopher Slobogin, *Transaction Surveillance by the Government*, 75 Mississippi Law Journal 139(2005).

② 已有学者从刑诉法角度关注政府获取第三方信息的问题,参见程雷:《大数据侦查的法律控制》,载《中国社会科学》2018 年第 11 期。

③ 参见袁家军:《持之以恒推进政府数字化转型走深走实》,载浙江在线网,https://zjnews.zjol.com.cn/gaoceng_developments/yjj/202007/t20200730_12182657.shtml,最后访问日期:2020 年 7 月 30 日。

开展数据报送的规定。随着平台经济的快速发展,专门性法律、部委规章和地方政府规章开始规范不同领域平台经营者的数据报送行为。《电子商务法》要求电子商务平台的经营者应当按照规定分别向市场监管部门和税务部门报送相关信息。未履行此项数据报送要求的,最高可处责令停业整顿,并处10万元以上50万元以下的罚款。2016年交通运输部颁布《网络预约出租汽车经营服务管理暂行办法》,该办法要求建立政府监管平台,通过与网约车信息共享的方式,加强对网约车市场的监管。值得注意的是,国家市场监管总局于2021年公布的《网络交易监督管理办法》,在网络交易领域进一步细化了《电子商务法》中关于数据报送的要求。其相关数据报送的规定反映了主管部门通过数据报送强化监管的立法新思路。此外,深圳、广州、杭州、上海等地亦通过地方政府规章或规范性文件的方式要求互联网租赁自行车经营者将车辆运营信息上传至行业监管服务平台。

其次,从范围和领域来看,目前立法所规范的数据报送主要集中于电子商务(尤其是网上购物)、网约出租车、互联网租赁自行车等领域。同时,数据报送的适用领域又有向网络直播、网络游戏、金融等领域逐步扩展的趋势。

最后,从报送的方式来看,现有的报送方式主要存在三种类型。第一种是应监管部门的要求报送数据。此类报送方式适用范围最广,在平台经济兴起的早期最为常见,也是笔者在调研过程中频繁观察到的数据报送方式。平台企业依监管部门要求报送数据被视为一种附随于传统执法检查方式的行为。从形式上看,企业报送数据活动的启动具有被动性,遵循"一事一议"的原则,而且只有在收到具体要求后企业才提供相关数据。所谓"一议"指企业同政府部门事前签订的"数据报送协议",它是报送数据的基本依据。该类协议内容通常较简短,一般规定了数据的报送主体、接收主体、类型与目的等。从性质上看,数据报送协议并不是政府部门同平台经营者就具体事项的数据提供达成的合意,而是针对不特定事项达成的"协助"合意。故数据报送协议并非传统意义上双方权利义务关系对等的协议,更多地具有备忘录的性质。签订数据报送协议说明双方有实现规范化数据报送的意愿,也体现了双方提高数据报送可预期性和稳定性的共识。此外,笔者在调研过程中发现,就报送数据的具体内容来看,一般而言,平台企业应监管部门要求报送的数据虽多样化但往往已经过处理,更多地反映监管对象的运行规律与趋势。

第二种报送方式是平台企业依照法律的规定主动、常态化报送数据。《电子商务法》第28条关于电子商务平台经营者报送平台商户的身份信息、纳税相关信息的规定就蕴含主动和常态化报送的内在要求。2019年国家市场监管总局则通过起草《网络交易监督管理办法》试图将网络交易平台经营者的常态化数据报送明确下来。

第三种是通过监管平台和企业对接的方式实现数据的实时报送。此类数据报送主要适用于网约出租车和互联网租赁自行车行业。根据交通运输部于2018年颁布的《网络预约出租汽车监管信息交互平台运行管理办法》的规定,政府监管平台应实现同网约车平台的信息共享。共享信息应当包括车辆和驾驶员的基本信息、服务质量以及乘客评价信息等。根据该办法附件的要求,网约车基本信息等静态数据的传输延迟不得超过24小时,订单信息等动态数据的传输延迟不得超过300秒,定位信息的传输延迟不得超过60秒。由此可见接口形式的实时数据报送是目前强度最大、要求最高的报送方式。

### (二)平台企业报送数据的实践特点①

第一,从立法结构来看,数据报送相关立法呈现出国家法律牵头,部门规章积极推进的态势;中央立法在该领域占主导地位,地方立法占比较低。具体而言,《网络安全法》《电子商务法》等相关国家法律的原则性规定只起支撑作用,近期涌现的政府部门规章才是政府数据报送的主要法律依据。这些数量可观的部门规章在各自领域内对数据报送进行了细化规定,构成数据报送法律体系的主体部分。无疑,国家法律牵头、部门规章积极推进的立法进路谨慎可行,有助于保障法律规范的实施效果。然

① 本部分的讨论基于笔者及课题团队成员在2020年下半年和2021年年初对浙江省相关行政机关和有代表性企业的调研,行政机关包括公安、交通、卫健、应急、房管等。

而这套法律体系内部存在许多问题,其中最重要的便是行政法规在数据报送法律规范领域的缺位。此外,国家法律过于原则化与抽象化、规章的规制范围过细过窄、部门规章的法律位阶偏低,这些问题均不利于指导数据报送实践的顺利发展。

第二,与数据报送相关的立法主要集中在网络安全、电子商务、网络信息服务、交通出行等领域。同时,针对不同领域的规制强度之间存在较大差异。事实上,上述领域是我国信息化发展程度较高、对人民生活影响较大的领域,也是大数据的价值体现较为显著的领域。故相关立法的及时制定表明尽管目前数据立法尚处于起步阶段,但数据报送相关的规范实现了及时跟进,其覆盖面已具有相当的代表性。尽管如此,现有立法仍然遵循从部门法推进的传统路径,这使其他互联网新兴领域的数据提供缺乏明确的法律规范的指引。此外,如前所述,国务院各部门制定规章的规制强度存在较大差异。例如,网约车和与网络交易相关的规章对网络平台经营者施加的数据报送义务较强。同网约车和网络交易相比,网络信息服务领域的数据报送的规制强度就要小很多:根据《工业和信息化领域数据安全管理办法(试行)》的要求,网络经营者收集重要数据或个人敏感数据应向所在地网信部门备案,备案内容包括收集、使用的目的、规模、范围信息等,但不包括数据内容本身。

第三,总体来说,当前立法承认平台经营者占有、使用数据的权利,但否认此项权利的绝对性。从根本上看,数据报送问题涉及数据权属问题,如果能够从法律上厘清数据权属问题,那么数据提供问题将迎刃而解。但问题在于数据权属问题目前尚处于不清晰的状态,立法上也并未给出明确的答案。[①] 尽管如此,可以从二级权利,即占有、使用权入手认识关于数据提供立法的基本立场。《电子商务法》规定,国家保护电子商务用户信息,鼓励电子商务数据开发应用,保障电子商务数据依法有序自由流动。《工业和信息化领域数据安全管理办法(试行)》也要求网络经营者

---

① 关于信息的财产权保护问题,我国学者和西方学者都有一定的讨论,但是在法学界并未形成一致的意见,参见刘德良:《个人信息的财产权保护》,载《法学研究》2007 年第 3 期;Paul M. Schwartz, *Property, Privacy, and Personal Data*, 11 Harvard Law Review 2056 (2003)。

备案的内容是其收集重要数据或个人敏感数据的规则,不包括数据内容本身。还有部分规章规定平台经营者仅限于向执法部门提供必要的协助。从立法的趋势来看,基于执法目的所提供的数据类型趋向于明确化。这些立法动向都表明国家尊重平台经营者占有、使用数据的权利。此外,我国《网络安全法》等国家法律规定基于刑事侦查的需要,公安机关可以要求平台经营者提供任何相关的数据。这说明平台经营者的占有、使用数据的权利并不是绝对的。

## 二、行政机关要求平台企业报送数据的性质分析

平台企业并非自愿向政府监管部门报送相关数据,而是基于政府监管部门的要求。笔者认为,从性质上看,政府监管部门要求平台企业报送数据应认定为一项具体行政行为。对作为具体行政行为的数据报送可从主体、职权、法律效果三个方面进行认识。①

首先,行政机关以自己的名义要求平台企业报送数据,体现了行政机关主动的意思表示。因此接收数据的行政机关具备了行政主体的资格。至于行政机关是自行直接接收数据还是委托其他组织接收数据并不影响数据报送实践中行政机关的主体资格。其次,要求平台企业报送数据是行政机关依法行使行政职权的行为。各领域的行政主管部门根据法律法规的授权开展市场监管和公共服务工作,要求平台企业报送数据正是为了相关部门有效地履行其职权。目前,在网络交易、网约车、网络租赁自行车等领域,我国已有相应的立法授权主管部门获取平台企业的经营数据。尽管立法的形式存在法律、规章和地方性立法等多种类型,但显然在上述领域中,政府要求平台企业报送数据已有基本的法律依据。最后,要求平台企业报送数据的行为是能够产生法律效果的行为。这表明数据报送的质量将影响行政机关和平台的行政法律关系,将会产生合法或违法等法律评价,并产生相应的法律责任。例如,《广州市互联网租赁自行车

① 关于行政行为的基本界定和构成要素,参见石东坡:《行政行为及其特征的再探讨》,载《法学论坛》2000 年第 1 期。

管理办法》要求互联网租赁自行车平台经营者将经营数据实时、完整、准确上传至监管服务平台,未能履行此项要求的,将由交通运输主管部门责令限期改正,逾期未改正的,处以1万元以上5万元以下罚款。

将行政机关要求平台企业提供数据的行为定性为具体行政行为具有必要性和必然性。

第一,在加强大数据监管和建设数字政府的政策驱动下,将企业报送数据这一行为作为新兴监管手段的重要性日益凸显。由于平台经济的复杂性、多层级和网络化,传统的线下监管方式无法对平台开展有效的监管,而数据报送正好能够填补这一监管的空白,成为调整监管机构和平台的重要工具。随着平台企业数据报送的范围、类型和频率的增长,数据报送对行政机关和平台的影响也越来越强,因而有必要将这一行为与行政机关传统的信息收集行为区别开来。

第二,数据报送行为在实践中和法律上具有越来越显著的独立性和完整性。数据报送不仅在实践中得到越来越广泛的运用,而且该项规制工具能够独立产生法律效果。① 传统的行政机关基于检查、调查获取信息的行为往往只是实施行政处罚等具体行政行为的部分内容,具有预备性、中间性和阶段性,并未对相对人产生实际影响。由此可见数据报送行为区别于传统的政府信息收集行为。②

第三,行政机关获取平台企业数据本身即构成数据处理(data processing)行为。数据处理是个人信息保护法的核心概念,一般包括4组处理形式,分别是获取(access)、读取(retrieval)、保存(storage)和传输(transfer)。③ 个人信息保护立法为数据处理设置了一系列的保护规则。在平台企业数据保护这一场景下,如果接收的数据包括个人信息,那么行

---

① 能够产生行政法律后果是行政行为的重要特征,参见卢明:《行政行为特征分析》,载《中国行政管理》2000年第2期。

② 当然不可否认的是,其他行业的部分数据报送活动的独立效果尚不明显,可能被其他行政行为吸收,或者归入准行政行为的范畴。关于准行政行为的内涵,参见皮宗泰、王彦:《准行政行为研究》,载《行政法学研究》2004年第1期。

③ Arye Schreiber, *Mere Access to Personal Data: Is It Processing?*, 10 International Data Privacy Law 269(2020).

政机关即数据处理者,应承担相应的个人信息保护的公法义务。基于数据报送产生的纠纷就应在数据处理规则的框架下进行解决,这也再次验证了数据报送行为独立的法律地位。

将行政机关要求平台企业报送数据定性为具体行政行为既是经济社会发展的需要,也是法治建设的需要。平台企业数据报送的范围、类型和规模逐渐扩展,对行政机关和平台企业都产生了越来越大的影响。因此有必要将数据报送行为从行政机关获取监管相关信息的行为中独立出来,将要求平台企业提供数据的行为纳入具体行政行为的行政法制框架,不但有助于规范此项要求,还可以将数据报送要求的合法性和合理性纳入司法审查的范围中,以平衡行政机关依法履行职权和平台企业保护合法权益的关系。

## 三、平台企业数据报送的制度与实践困境

无论在规范层面还是在实践层面,当前的数据报送机制都显露出若干问题。现将主要问题详述如下。

第一,数据报送的法律规则不完整,企业数据报送义务有不断扩大的趋势。《电子商务法》第 25 条和第 28 条的内容较简略,数据报送的主体、客体、报送应遵循的基本原则以及报送的范围等基本规则处于模糊或缺失的状态。同时,由于缺乏上位法的引导和限制,近年来国务院相关部门出台的规章普遍扩大了监管部门获取企业数据的权限,而此类规章赋权的合法性和合理性存在疑问。例如,一些部门规章将交通运输部制定的部门规章作为要求网约车平台企业报送数据的法律依据,但根据《电子商务法》,设定数据报送的法律规范仅限于法律和行政法规。此外,《网络交易监督管理办法》等规范关于经营者身份信息报送的规定存在重复报送的问题,这可能给平台经营者带来不必要的负担。

法律规则的不完整还体现在数据报送缺乏行之有效的纠纷解决机制。数据报送实践中,政府、企业和公民三类主体的利益诉求相互交织,相互间的紧张关系常导致一些纠纷。以政企关系为例,由于互联网企业对政府要求的数据报送的范围和内容存在顾虑,故在这一问题的探讨过

程中,企业和政府部门间互相博弈,因责任和利益的不同产生紧张关系。但是这类纠纷极少进入公众的视野,企业和政府往往通过沟通和协商解决,尽量避免进入正式的行政复议和司法程序。由此可见,数据报送纠纷的非正式化处理不但不利于形成行之有效的解决规则,相反,它严重影响了数据报送机制的进一步发展。

第二,企业履行数据报送义务时,存在差别对待数据报送要求的现象;同时,数据报送机制尚未普遍落实。差别对待和未普遍落实均表明在企业履行政府数据报送要求的实践中存在选择性实施的问题。从课题组调研反馈的信息来看,尽管受访企业存在担忧,他们对本地政府部门的数据报送要求仍较为配合。然而,对外地政府部门的数据报送要求,企业的态度则有所不同。尤其是对企业业务较少地区的政府部门提出的数据报送要求,企业拒绝的情况较多。受访企业对数据报送要求的差别对待明显违反了法治的平等原则,这会造成全国范围内执法和守法力度上的差异。

同时,选择性实施还体现在数据报送机制存在普遍未落实的现象。课题组调研的对象都是在全国具有影响力的大型互联网企业,这些企业的实践并不能反映数据报送机制在互联网经济中运行的整体状况。实际上,数据报送在总体上并未普遍开展。以税收数据报送为例,课题组对杭州地区相关政府部门的访谈显示,互联网企业履行数据报送义务的程度偏低。税务部门的负责同志表示,只有税务部门主动发起税务稽查行动时,才会要求平台经营者报送数据。税务部门一般不会对平台商户开展常规性的税务稽查,平台经营者也并未向税务部门主动提供商户的相关信息。由此可见,实践中尚未全面落实《电子商务法》及相关实施性法规关于平台经营者主动向税务部门报送商户信息的规定。不仅如此,课题组还发现数据报送机制虚置的现象同样存在于市场监管、网监、金融监管等领域。

第三,企业数据报送过程中的安全风险未能得到有效控制。在商业大数据日益增强的大趋势下,互联网企业将数据利用与安全保障视为其核心竞争力。企业普遍认为向政府部门报送相关数据将增加数据的安全风险,从而对企业的发展带来不利的影响。我国立法者已经注意到数据报送的安全风险防控问题。《电子商务法》第25条规定:"有关主管部门……应当采取必要措施保护电子商务经营者提供的数据信息的安全……"尽管立法提出了明确要求,但在实践中安全保障问题仍然是短板,在政府部门一方体现得尤为明显。相较于大型互联网企业而言,政府部门数据安全保障能力偏弱。此外,除网约车行业外,一般不存在企业向政府报送数据的固定安全渠道,通常也未设置常态的接口,报送方式往往是企业同执法单位的具体职能部门和具体负责的工作人员对接。依数据"储存即所有"的特性,数据在政府部门服务器,以及在不同政府机构中多次流转,这无疑大大增加了数据泄露与滥用的风险。

同时,政府部门对报送的企业数据的存储与处理也存在很大的安全隐患。政府部门的数据库通常由互联网企业搭建和维护,甚至存在一些政府部门同企业共用数据库的现象。此外,政府部门对于数据结构化程度的要求越来越高,因此在努力提高自身数据分析和处理能力的同时,政府部门开始委托数据分析企业对相关数据展开深度分析。故企业报送数据给政府部门后,基于政府的委托行为,通常会导致第三方介入数据的存储与处理中,这无疑会增加数据泄露与滥用的风险,也加深了企业对数据报送问题的担忧。

第四,数据报送可能给企业发展带来消极影响。数据报送对企业的消极影响可以总结为两个方面。一方面,频繁的数据报送增加了企业的负担。前文已经说明为了提供政府部门所需的数据,企业需要对数据进行提取、结构化处理、清洗、存储等操作,这将增加企业的运营成本。另一方面,不同政府部门获取商业数据后在政府机关内部并不共享,存在"多头报送"的情况,即企业需要反复将相同的数据提供给不同的政府机关,这也增加了企业的运营成本。还需注意的是,在数据报送过程中因数据的泄露与滥用也将损害企业的利益,增加企业维护的成本。同时,数据报送越频繁,数据泄露的风险就越高。除此之外,由于企业对于数据泄露的规模、时长等因素很难在第一时间获知,故无法准确预估损失,这一问题严重影响企业的生存和发展。最后,频繁的数据报送不利于中国企业扩展海外市场。最典型的例子便是在中美贸易摩擦期间,西方政府和媒体以中国政府可以通过华为公司的信息设备获取西方客户的数据为由,抵制华为公司的产品。同理,缺乏有效的法律控制和司法救济的数据报送,可能使外国政府和消费者误以为中国企业无法拒绝中国政府获取其数据(包括从境外获取的数据),从而对在海外市场开拓的中国企业保持警惕,甚至排斥的态度。对于那些在美国上市的中国大型互联网企业而言,向中国政府频繁报送数据,不仅同上市公司的合规信息报送和披露义务存在潜在的冲突,也会引起外国政府和投资者的担忧,这些因素都将影响中国企业在海外市场的开拓。

## 四、完善平台企业数据报送制度的建议

按照"增量改革"的思路,未来企业报送数据的制度建设在按照既定目标加快推进的同时,还应重点考虑克服当前存在的问题。为此,相关对策建议如下。

第一,完善数据报送的法律规则,明确报送的范围和力度。基本规则的构建是确保数据报送行为在有法可依、于法有据的轨道上运行的前提。具体而言,应按照行政行为合法性要件的要求,构建完善数据报送的基本法律规则。[①] 同时坚持企业数据报送以必要性为原则,维护企业经营活力和公共数据供给的平衡。此外,为了提高企业对于数据报送的可预期性,降低监管部门提出数据报送要求的恣意性,未来立法应重点明确企业报送数据的原则、范围与程序,根据监管需求与规制场景的差异,作出定制化、个性化的制度设计,使监管需求和数据供给达到精确匹配,避免给企业徒增负担。这一制度设计的基本要求在于:一方面,企业报送数据的类型、数量与频次应以实现监管目标所必需为限;另一方面,能够通过其他方式获取所需的数据,不应要求企业再次提供此类数据。

第二,发挥地方立法的先行示范作用,提供企业数据报送的浙江经

① 关于行政行为合法性要件的讨论,参见何海波:《行政行为的合法性要件——兼议行政行为司法审查根据的重构》,载《中国法学》2009 年第 4 期。

验。改革开放时期的立法经验表明,国家法律法规的制定往往吸收先前地方立法经验。创新性事项往往先由地方立法进行规定,待时机成熟时,先进的地方立法经验被不断推广,最终上升为国家法律。① 在当前数字经济发展与公共数据开放的关键期,各省应通过地方立法,结合本地实际,积极探索企业数据报送的相关规定。具体而言,应通过地方性法规或地方政府规章的形式,进一步完善和细化《电子商务法》关于数据报送的原则性规定。为了提高企业对于数据报送的可预期性,降低监管部门提出数据报送要求的恣意性,未来立法应重点明确企业报送数据的原则与范围。数据报送的范围的确定应追求维护企业经营活力和政府数据需求的平衡。在原则方面,可供选择的规制方案包括必要性原则与最小化原则。考虑到该项实践尚处于初步阶段,目前选择必要性原则较为适宜。该原则有两项内容:一是政府主管部门要求企业报送数据的类型、数量与频次应以实现监管目标所必需为限。二是政府主管部门如果已掌握同类数据,或者能够通过其他方式获取所需数据的,不得要求企业再次提供此类数据。

第三,加大数据报送机制的落实力度,提高执法的效力与守法的效果。在强调公共数据开放与大数据监管的大背景下,主动、常规化数据报送已成为企业守法的新义务。应激活《电子商务法》和相关部门规章的规定,积极探索数据报送的实践,提高执法的效力与守法效果。具体而言,为了适应大数据监管的趋势,政府主管部门应从外部执法与内部管理两个方面强化落实现行数据报送机制。一方面,政府主管部门应加强执法,确保企业切实履行数据报送义务,保障数据的完整性、规范性、及时性和真实性。对于未依法履行数据报送义务的企业,政府主管部门应及时责令其限期改正并实施相应处罚。另一方面,政府主管部门应建立健全内部工作机制,明确同企业对接的责任人、业务人员与技术人员,并指定专人负责本部门数据库的运转、利用与维护。

---

① 关于地方立法的功能和范围,参见冯洋:《论地方立法权的范围——地方分权理论与比较分析的双重视角》,载《行政法学研究》2017 年第 2 期。

第四,强化数据报送的安全保障,解除政府和企业数据流动的后顾之忧。政府部门与企业作为数据共享机制的双方都应顺应立法的大趋势,按照《网络安全法》《个人信息保护法》《数据安全法》的要求,强化数据的安全保障,确保对数据资源采集、传输、存储、利用和开放过程的规范管理。[①] 保障个人数据隐私是重中之重,政府和企业在数据共享过程中,应切实保障数据处理过程中的合法性,明确相关主体的责任和义务,加强对滥用个人数据、侵犯个人隐私行为的防范和惩戒。

## 五、结语

本文基于大范围调研和立法梳理,结合行政行为理论,提出了规范平台企业数据报送的建议。应指出的是,本文的观察、论述和建议具有阶段性的特点。综观当前的立法趋势,无论是国家层面还是地方层面,与数据流动相关的立法形势发展很快。平台企业数据报送这一领域变化发展的立法形势必然会产生新的现象和问题,需要从制度上予以回应。然而需要明确的是,无论形势如何变化,努力保障政府治理、企业经济发展和公民权益三者的平衡是立法实践应秉持的基本原则。

---

① 关于政府和平台企业的安全保障义务,参见王思源:《论网络运营者的安全保障义务》,载《当代法学》2017 年第 1 期。

# 民法典视域下六大类电子商务平台法律关系梳理及问题提要

顾　全　刘金妫　蔡一博*

**摘　要**：涉互联网民事法律行为最突出的特点，在于其创新往往涉及对资本、数据、劳动力、各类产权等市场要素的处分或利用。在这个过程中，不仅需要识别和处理好传统的财产和人身关系，还需要适应涉及数据各类权益的冲突。例如，数据权与数据上所负担的(知识产权、隐私权等)其他权利之间的关系等，这些法益都会影响对数据及其他要素资源处分与利用行为的效力评价。我们既要对数据的财产属性进行市场化配置利用，又要保护其中可能存在的人格属性部分，还要考虑涉及公共利益和交易安全利益时的各方利益平衡，这样就必须对其权利内容及产生的法律关系进行区别和细分。

**关键词**：互联网；民事法律行为；数据权益

## 一、网络交易平台法律关系梳理及问题研究

网络交易平台打破了传统交易的时空限制，聚集了多方主体和海量信息，是数字经济的重要组成部分。目前，网络交易平台的经营活动主要依据《电子商务法》《消费者权益保护法》等法律法规加以规范。为使各个交易环节得以顺利进行，网络交易平台、商家以及消费者之间通常会介

---

* 顾全，男，上海市嘉定区人民法院党组书记、院长，二级高级法官，博士生导师；刘金妫，女，上海市高级人民法院研究室科长；蔡一博，男，上海市人民政府办公厅一级主任科员。

入物流服务商、第三方支付机构等多方主体以履行合同，形成了较为多元、复杂的法律关系结构，也衍生了诸多典型的互联网司法纠纷和新型法律问题。以某典型网络交易平台运营主体为当事人，不完全统计该平台近3年的民事案件发现，该平台以判决形式结案的民事案件共3226件，其中以知识产权与不正当竞争纠纷占比最高，达51%；其次是合同纠纷，占比33%；侵权责任纠纷占比14%。合同纠纷中以网络购物合同纠纷占比最高，达58%；网络服务合同次之，达40%。

通过对上述3226件案件进行梳理可以看出，目前网络交易平台涉及的主要法律关系（见图1）及法律问题如下。

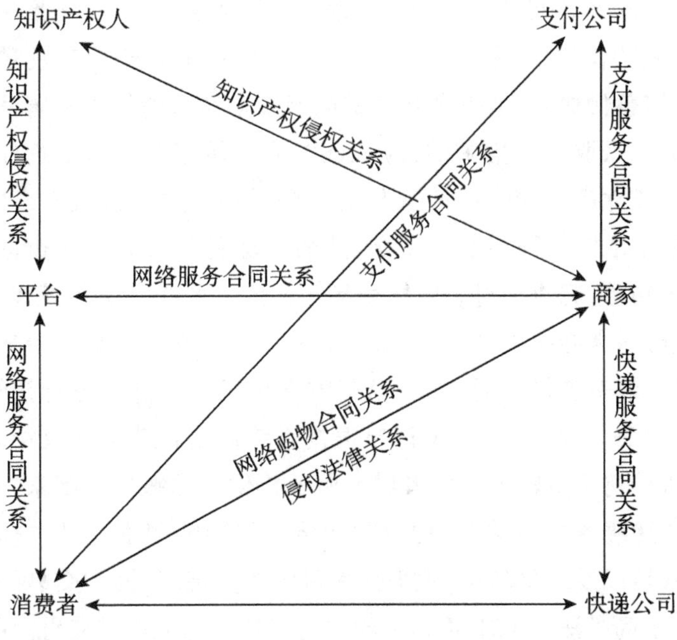


**图1　网络交易平台主要法律关系**

（一）网络交易平台主要法律关系

网络交易平台涉及的主体主要包括平台、商家、消费者、快递公司等。如图1所示，平台与商家、消费者之间构成网络服务合同关系：商家入驻平台，与平台签署在线服务协议，向平台支付技术服务费，并需遵守平台协议和各项平台规则的约定，维护平台管理秩序；平台为交易双方或者多方提供网络经营场所、交易撮合、信息发布等技术服务,并根据法律或者平台规则之约定,对违规商家进行处理。商家与消费者之间存在网络购物合同关系:消费者通过网络交易平台购买商品或服务,形成交易订单,与平台内第三方商家或平台自营商家建立起网络购物合同关系。关于网络购物合同成立的时间,《电子商务法》第 49 条第 1 款作了明确的界定,《民法典》第 491 条第 2 款亦吸收了《电子商务法》的规定,确立了“订单提交成功时合同成立”规则。若商家销售质量不合格产品,给消费者造成人身或财产损害的,还有可能与消费者之间构成侵害人身权或财产权法律关系。由于平台负有审查入驻商家资质、管理商家经营行为的义务,根据《电子商务法》《消费者权益保护法》等相关法律规定,平台如无法披露商家主体信息及有效联系方式的,需承担替代责任;若平台知道或应当知道商家的行为侵害消费者合法权益而未采取必要措施的,应依法与商家承担连带赔偿责任。网络购物合同成立后,消费者、商家与支付公司均建立支付服务合同关系:传统交易采取“一手交钱,一手交货”的交易模式,商品和价金的所有权当场发生转移,完成交付。网络交易平台因采取线上交易模式,为保障交易安全,通常会接入第三方支付机构。目前,网络交易平台典型的结算方式为,消费者付款后,先由第三方支付机构对价金进行托管,在消费者点击“确认收货”或相关订单根据系统规则自动确认收货后,第三方支付机构将价金转入销售者或者服务提供者的账户。商家与快递公司存在快递服务合同关系:物流配送将直接影响网络交易中标的物所有权的移转以及风险负担,关乎交易目的的实现,是网购交易的核心环节。《电子商务法》第 51 条第 1 款规定以快递物流形式交付商品的,以收货人实际签收时间为交付时间;《民法典》第 512 条对上述原则进行了全面吸收。在商家与快递公司之间的快递服务合同关系中,商品配送对应的快递公司多由商家指定,快递公司为商家提供配送服务,商家承担快递服务费用。除此之外,由于网络交易平台存在海量商家,部分商家为提升店铺销量获取不正当利益,从事侵害他人知识产权或其他合法权益的行为,如销售假冒注册商标的商品、滥用商标关键词、销售侵害他人专利权的商品等，故知识产权人与平台、商家之间可能会存在知识产权侵权及不正当竞争关系。

(二)网络交易平台相关法律问题

1.平台自治规则的效力

(1)商家违反平台规则。关于平台自治规则效力的争议，多发生在商家与平台之间的网络服务合同纠纷中，且多为违规商家不服平台对其违规行为采取的处理措施而提起诉讼。对于此类纠纷，司法实践对平台自治规则的效力一般予以肯定，以更好地发挥平台的自治作用。如在福州某贸易有限公司诉上海某信息技术有限公司网络服务合同纠纷案①中，商家因销售假货被平台按约扣款赔付给消费者，商家不服提起诉讼，法院经审理后，认可平台各项协议及规则的效力，肯定平台采取的自治打假措施，认为网络自治是社会自治不可或缺的环节。由于涉诉时平台往往可以提供对应的处理依据及相关证据，此类案件多以违规商家败诉而告终。

(2)消费者滥用“七天无理由退货”规则。网络交易存在买卖双方信息不对称的问题，且买方一般处于弱势地位，因此《消费者权益保护法》《电子商务法》等现行法律规定及平台规则多侧重保护消费者权益，“七天无理由退货”规则就是保护消费者权益的重要制度之一。但在上述制度执行过程中，部分消费者表现出诚信缺失的现象，近年来由此衍生的司法纠纷也日益增多。从裁判情况看，法院对于平台针对恶意用户的管理措施一般予以支持，且认为此类行为损害平台运营秩序，支持平台向恶意退款用户发起维权。如在浙江某网络有限公司诉周某网络侵权责任纠纷案②中，被告频繁买入价格相对低廉的商品后，立即以“七天无理由退货”或其他理由向卖家发起仅退款申请。法院认为，行为人反复在电商平台向不特定商家大量购买低价商品后，又短时间内以各种理由发起大量仅退款申请，利用商家“小事化了”心态或对“七天无理由退货”时

① 参见上海市长宁区人民法院民事判决书，(2017)沪0105民初20204号。

② 2020年杭州互联网法院发布服务保障数字经济发展十大典型案例之九，载微信公众号“杭州互联网法院”2020年4月6日，https://mp. weixin. qq. com/s/_VhGY8un6LqGxuJjQsr5gQ。

效的疏忽,达到仅退款不退货的目的,不属于正当的消费行为,不仅损害了商家的利益,还损害了平台的运营秩序,依法应向平台承担民事赔偿责任。

2. 职业打假人案件裁判标准不一

对于职业打假人是否属于应依法保护的消费者,能否适用“惩罚性赔偿”问题,司法裁判观点不一。在刘某诉秦某、浙江某网络有限公司产品责任纠纷案①中,法院认为,为获取高额赔偿而进行的恶意购买,其购买性质应定性为营利,本案原告以营利为目的作出的经营性质的购买行为,不应适用《食品安全法》规定的惩罚性赔偿规则。而在“韩某诉冯某网络购物合同纠纷案”②中,法院认为,销售者应对涉案产品进行审核,确保销售的食品符合安全标准。若因食品、药品质量问题发生纠纷,购买者向销售者主张权利,销售者以购买者明知食品、药品存在质量问题而仍然购买为由进行抗辩的,一般不予支持。

## 二、网络旅游平台法律关系梳理及问题研究

近年来,我国旅游产业快速发展,已经成为世界第一大出境旅游消费国。随着在线旅游市场的发展,与网络旅游平台相关的法律纠纷日益增多。以某典型网络旅游平台的运营主体为当事人,不完全统计该平台近3 年的民事案件发现,该平台以判决形式结案的民事案件合计 66 件,其中合同纠纷占比最高,达 48%;其次是知识产权与不正当竞争纠纷,占比27%;侵权责任纠纷占比 14%。基于网络旅游平台的服务属性,合同纠纷中又以服务合同纠纷居多,占比 78%。

通过对上述 66 件案件进行梳理可以看出,目前网络旅游平台涉及的主要法律关系(见图 2)及法律问题如下。

① 参见杭州互联网法院民事判决书,(2017)浙 8601 民初 815 号。

② 参见上海市第一中级人民法院民事判决书,(2019)沪 01 民终 2602 号。

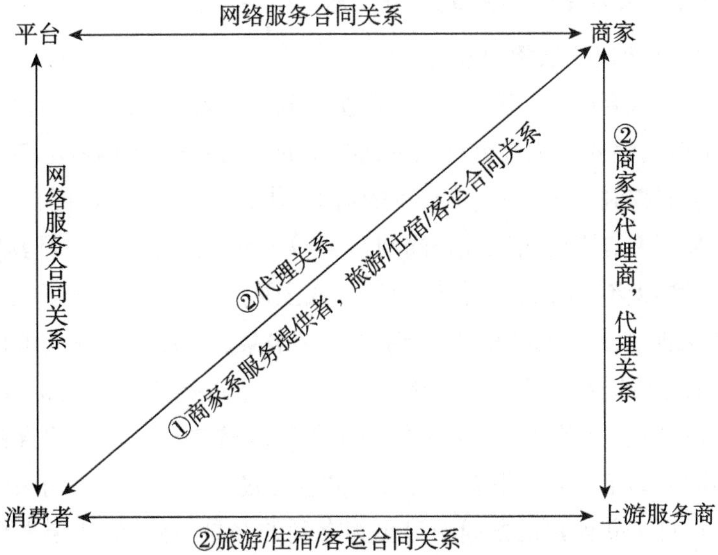


**图2　网络旅游平台主要法律关系**

(一)网络旅游平台主要法律关系

网络旅游平台涉及的主体主要包括平台、商家、消费者、上游服务提供商(如景区、酒店、旅行社、航空公司等)。如图2所示,平台与商家、消费者之间均构成网络服务合同关系:商家入驻平台,在线签署协议,平台为商家提供技术服务展示其商品信息;消费者通过平台订购产品或服务,平台通过审查入驻商家资质、管理商家经营行为、创设消费者保护规则等方式保护消费者的合法权益。但商家与消费者之间可能因商家法律地位的不同,存在两种情形:一是如入驻商家系旅游相关服务的提供者,则商家与消费者形成旅游合同、住宿合同、客运合同等关系;二是如入驻商家系旅游相关服务的代理商,具体服务系由上游服务提供商另行提供的,则上游服务提供商与消费者之间形成旅游合同、住宿合同、客运合同等关系,商家、上游服务提供者及消费者三方之间形成代理关系。在旅游服务合同关系中,旅游服务提供者为消费者提供旅游或旅游周边产品相关服务,需遵守《消费者权益保护法》《电子商务法》《旅游法》等相关法律法规,按约提供服务,并承担安全保障义务。

### (二)网络旅游平台相关法律问题

1."不可取消"条款的效力认定

关于格式合同中"不可取消"条款的效力认定,从现有案例看,法院多以"平台对格式条款是否已经尽到必要的提示义务,且内容不存在排除消费者主要权利等不公平、不合理的情形"作为裁量的核心因素。在蔡某诉上海某商务有限公司服务合同纠纷案[①]中,法院认为,被告对其"取消政策"条款以多次出现、显著标识等方式强调,足以引起一般人注意,不予支持原告主张其无效的诉讼请求。在朱某、姚某与上海某旅行社有限公司服务合同纠纷案[②]中,法院认为,平台通过格式条款就机票价款、使用条件、退改规则等关键事项作出了与相应航空运输企业的直销机票明显不同的约定。若消费者事先并不知晓通过以上两种渠道购买的机票存在差异且未获得其他方面明显更为有利的交易条件,应认定平台格式条款未尽到合理的告知义务,侵犯了消费者的知情权及公平交易权,不合理地加重了消费者责任,依法归于无效。《民法典》第496、497条也结合互联网司法的实践经验,对于格式条款的效力认定作了进一步优化,在原《合同法》第40条的基础上增加"不合理"作为对免除或减轻责任、加重对方责任、限制对方主要权利等格式条款进行无效认定的条件,而是否"合理"则由法官结合个案进行自由裁量,使格式条款效力判断的标准更具正当性。

2.旅游服务提供者"欺诈"的认定

在消费者与旅游服务提供者产生的合同纠纷中,通常以消费者主张旅游服务提供者存在欺诈行为而引发。司法实践对于欺诈的认定多持谨慎态度,审查重点为"经营者是否具有故意告知对方虚假情况,或者故意隐瞒真实情况,导致旅游消费者作出错误意思表示的行为"。如在许某诉上海某旅行社有限公司旅游合同纠纷案[③]中,法院认为,通过衡量双方履

① 参见最高人民法院中国应用法学研究所编:《人民法院案例选2018年》(第7辑),人民法院出版社2018年版,第133~142页。

② 上海市长宁区人民法院民事判决书,(2016)沪0105民初842号。

③ 参见上海市第二中级人民法院民事判决书,(2016)沪02民终8110号。

行合同的整个过程，相关景区活动真实存在，而活动的取消，系由于天气原因，并非被上诉人的主观故意行为，不构成欺诈。

3. 疫情等不可抗力导致的合同解除问题

新冠疫情给旅游行业带来了冲击，旅游合同的解除及相关法律后果成为疫情期间的热点法律问题。《民法典》第 563 条第 1 款规定，因不可抗力致使不能实现合同目的，当事人可以解除合同。关于新冠疫情是否属于不可抗力，全国人大常委会法工委相关负责人表示“因疫情防控不能履行合同属不可抗力”；最高人民法院与各高级人民法院均出台相应审判指导意见：《最高人民法院关于依法妥善审理涉新冠疫情民事案件若干问题的指导意见（一）》明确疫情或者疫情防控措施直接导致合同不能履行的，依法适用不可抗力的规定；上海市高级人民法院《关于涉新冠肺炎疫情案件适用系列问题的系列问答（二）》中，亦支持认定新冠疫情属于不可抗力，若当事人根据疫情防控需要确实无法出行，并以此为由请求解除旅游合同的，一般应予支持。在王某诉宁夏某旅行社有限公司旅游合同纠纷案①中，法院支持原告以不可抗力为由解除合同的主张，判令被告返还旅游费用。在鲁某诉昆明某旅行社有限公司旅游合同纠纷案②中，昆明铁路运输法院亦作出类似判决。

## 三、网络外卖平台法律关系梳理及问题研究

网络外卖平台是线上线下经济融合的重要载体之一，为日常生活提供了极大的便利，也衍生了区别于传统餐饮服务的诸多新型司法纠纷和法律问题。以某典型网络外卖平台为当事人，不完全统计该平台近 3 年的民事案件发现，该平台以判决形式结案的民事案件合计 328 件，其中侵权责任纠纷占比最高，达 44%；其次是人格权纠纷，占 37%；劳动争议占 7%。侵权责任纠纷多为外卖骑手相关的机动车交通事故责任纠

---

① 参见宁夏回族自治区银川市兴庆区人民法院民事判决书，(2020) 宁 0104 民初 4208 号。

② 参见云南省昆明铁路运输法院民事判决书，(2020) 云 7101 民初 161 号。

纷,占93%。

通过对上述328件案件进行梳理可以看出,目前网络外卖平台涉及的主要法律关系(见图3)及法律问题如下。

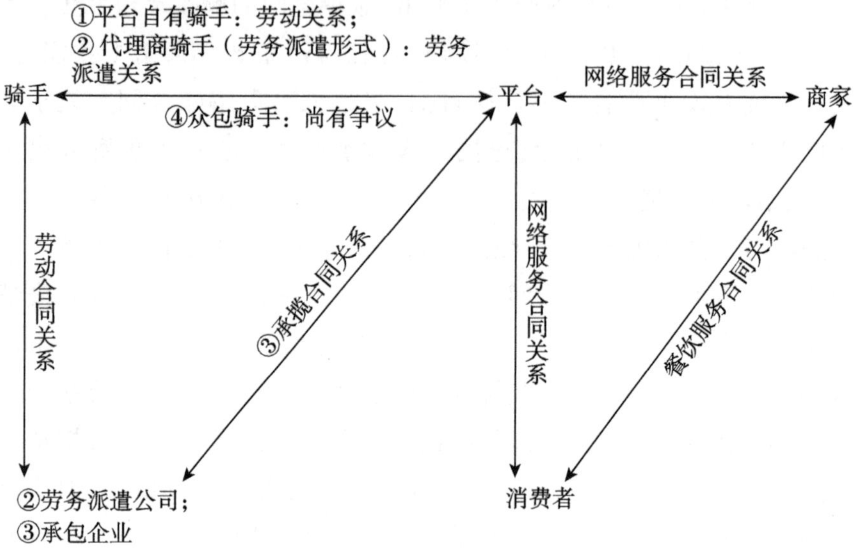


**图3　网络外卖平台主要法律关系**

(一)网络外卖平台主要法律关系

网络外卖平台所涉及的主体主要有平台、商家、消费者与外卖骑手。如图3所示,平台与商家、消费者之间分别形成网络服务合同关系:商家提交经营资质入驻平台,在线签署平台服务协议,向平台支付技术服务费,并需遵守平台协议和各项平台规则的约定,维护平台管理秩序;消费者在网络外卖平台注册,接受平台协议和规则,网络外卖平台为交易双方或者多方提供交易撮合、信息发布等技术服务。根据《消费者权益保护法》①、《食品安

① 《消费者权益保护法》第49条规定:"经营者提供商品或者服务,造成消费者或者其他受害人人身伤害的,应当赔偿医疗费、护理费、交通费等为治疗和康复支出的合理费用,以及因误工减少的收入。造成残疾的,还应当赔偿残疾生活辅助具费和残疾赔偿金。造成死亡的,还应当赔偿丧葬费和死亡赔偿金。"

全法》[①]等相关法律法规的规定，若外卖平台未能充分履行对商家的审核义务（对入网食品经营者进行实名登记、审查许可证，履行报告、停止提供网络交易平台服务等），将受到相应的行政处罚，并对消费者因此受到的损害与生产者、销售者承担连带赔偿责任。消费者订购外卖食品受到损害的，可以向生产者、销售者主张损害赔偿，外卖平台有义务提供经营者的相关信息，否则外卖平台应承担替代赔偿责任。商家与消费者之间存在餐饮服务合同关系：消费者通过平台向商户订餐，商户向消费者提供餐饮服务，商家应当遵循《消费者权益保护法》《食品安全法》等相关法律法规及食品安全标准的规定，保障消费者的身体健康和生命安全。骑手与平台之间的法律关系因不同的情形而异：（1）平台自有骑手直接与平台签订劳动合同，则骑手与平台之间存在劳动关系；（2）若代理商骑手属于劳务派遣形式，则骑手与劳务派遣公司形成劳动关系，与平台之间形成劳务派遣关系；（3）若代理商骑手属于业务发包形式，骑手与承包企业之间形成劳动关系，承包企业与平台之间形成承揽合同关系；（4）App 众包骑手的报酬主要源于有订单需求的消费者的服务提成，没有专门且固定的办公地点和工作时间，骑手、商家与众包平台之间的法律关系与协议条款及实际履行情况息息相关，目前在司法实践和理论界尚有争议。

（二）网络外卖平台相关法律问题

1. 共享用工问题

2020 年 3 月 17 日召开的国务院常务会议上明确提出“支持发展共

---

① 《食品安全法》第 131 条规定：“违反本法规定，网络食品交易第三方平台提供者未对入网食品经营者进行实名登记、审查许可证，或者未履行报告、停止提供网络交易平台服务等义务的，由县级以上人民政府食品药品监督管理部门责令改正，没收违法所得，并处五万元以上二十万元以下罚款；造成严重后果的，责令停业，直至由原发证部门吊销许可证；使消费者的合法权益受到损害的，应当与食品经营者承担连带责任。消费者通过网络食品交易第三方平台购买食品，其合法权益受到损害的，可以向入网食品经营者或者食品生产者要求赔偿。网络食品交易第三方平台提供者不能提供入网食品经营者的真实名称、地址和有效联系方式的，由网络食品交易第三方平台提供者赔偿。网络食品交易第三方平台提供者赔偿后，有权向入网食品经营者或者食品生产者追偿。网络食品交易第三方平台提供者作出更有利于消费者承诺的，应当履行其承诺。”

享用工、就业保障平台”,让疫情期间涌现的共享用工模式进一步进入公众视野。共享用工模式可谓实现跨行业互助自救,但对传统用工模式的突破也带来新型法律挑战。上海市高级人民法院、上海市人力资源和社会保障局在《关于疫情影响下劳动争议案件处理相关指导的意见》[①]中就共享用工法律问题提供指导了意见,建议法院在处理相关纠纷时,注意共享用工、劳务派遣、劳务外包等形式之间的区别。对于借出单位(与劳动者存在劳动关系的用人单位)非以营利为目的,与借入单位、劳动者三方在疫情期间签订员工借调协议,约定劳动者在疫情期间为借入单位提供劳动,疫情结束后回到借出单位工作的,不应认定借出单位、借入单位、劳动者三者之间形成双重劳动关系。借调期间劳动者与借出单位仍为单一劳动关系,双方劳动权利义务不变。

2. 外卖骑手侵权责任承担问题

在与外卖骑手交通事故侵权相关的司法实践中,争议较大的是众包模式下,由于骑手和平台之间的关系不明,平台是否需就骑手的侵权行为承担替代责任的问题,对此各地裁判观点不一:在孙某等诉上海某信息科技有限公司生命权、健康权、身体权纠纷案[②]中,法院认为众包骑手的送餐服务相当程度上受平台管理制度的约束,若事发时处于配送平台订单的过程中,应系履行外卖平台职务的行为,其在工作期间造成他人伤害,应由外卖平台承担赔偿责任;但在王某诉邹某等健康权纠纷案[③]中,法院认为涉案平台提供的是居间服务,向其注册用户报送信息,对其注册用户并无人身上的管理,对注册用户是否提供配送服务并无任何限制,因此,无法认定众包骑手与外卖平台存在劳动或劳务关系,外卖平台不对其侵权行为承担替代责任。

① 《关于疫情影响下劳动争议案件处理相关指导的意见》(沪高法〔2020〕203 号)2020 年 4 月 13 日发布。

② 参见上海市第一中级人民法院民事判决书,(2020)沪 01 民终 3772 号。

③ 参见江苏省南京市鼓楼区人民法院民事判决书,(2017)苏 0106 民初 1322 号。

## 四、网络出行平台法律关系梳理及问题研究

### (一)网约车平台

网约车在改变传统出行方式,便利生活的同时,也衍生了新型的法律关系和法律问题。以某典型网约车的运营主体为当事人,不完全统计该平台近3年的民事案件发现,该平台以判决形式结案的民事案件合计160件,其中侵权责任纠纷占比最高,达63%,其次是合同纠纷,占28%;人格权纠纷占5%。侵权责任纠纷多为网约车司机相关的机动车交通事故责任纠纷,占92%。

通过对上述160件案件进行梳理可以看出,目前网约平台涉及的主要法律关系(见图4)及法律问题如下。

1. 网约车平台主要法律关系

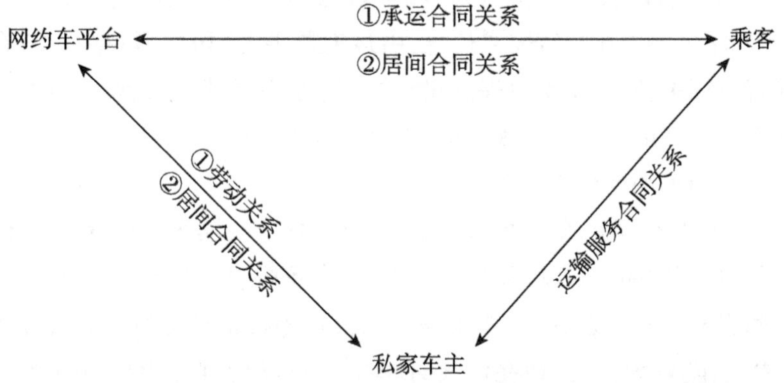


**图4 “网约车平台+私家车+私家车主”模式的主要法律关系**

网约车平台涉及主体主要包括平台、司机和乘客三方,网约车平台的运营模式包括以下三种:一是“网约车平台+平台自购车辆+平台驾驶员”模式。二是“网约车平台+租赁公司车辆+劳务公司派遣的驾驶员”模式。三是“网约车平台+私家车+私家车主”模式。[①] 第一种模式即为

① 参见贾文卿:《网约车平台与驾驶员之间的法律关系》,载《人民法院报》2018年5月9日,第7版。

普通的劳动关系或者劳务关系:驾驶员受平台管理,按平台的指示开展工作并遵守平台的规章制度;平台从司机提供的劳务中获利,其利润与司机的工作量直接相关,司机则依赖于平台获得合法报酬。第二种模式中汽车租赁公司拥有网约车的所有权,劳务派遣公司对驾驶员拥有管理权,平台控制力最弱,故现实中鲜少应用。① 实践中应用最广、争议最多的为第三种"网约车平台+私家车+私家车主"模式,滴滴、优步(Uber)等大多数平台采用该种模式。第三种模式下,网约车平台与乘客法律关系的界定成为核心问题,当前理论界和实务界存在"承运合同说"与"居间合同说"的分歧。

(1)承运合同说:《网络预约出租汽车经营服务管理暂行办法》第16条明确规定:"网约车平台公司承担承运人责任,应当保证运营安全,保障乘客合法权益。"平台与乘客直接达成承运合同,司机履约存在问题的,由平台承担赔偿责任。

(2)居间合同说:平台与乘客、司机之间分别形成居间服务合同关系,网约车平台发布乘客需求信息,由运输提供者(司机)承接订单,在订单履行过程中,网约车平台提供实时的信息服务并代收价款。在诉讼中,网约车平台多以此为由主张抗辩,以避免承担责任。

2. 网约车平台相关法律问题

(1)网约车司机交通事故责任承担。对于机动车交通事故责任纠纷,司法裁判倾向于:在顺风车模式下,平台系居间服务提供方,与司机构成居间服务合同关系。② 在李某等诉某公司等机动车交通事故责任纠纷案③中,法院认为,某公司在涉案订单生成及履行过程中提供的系居间服务,其与乘客及顺风车车主形成居间合同关系,某公司并非承运人,其对交通事故的发生不存在过错。但在快车模式下,平台是否应承担赔偿责任仍存在观点分歧。如在方某诉某出行科技有限公司、赵某等

① 参见侯登华:《"四方协议"下网约车的运营模式及其监管路径》,载《法学杂志》2016年第12期。

② 根据原《合同法》关于居间合同的规定,仅在报告不真实、与第三人恶意串通,故意隐瞒事实或提供虚假情况,给委托人造成损害的情况下,居间人才承担损害赔偿责任。

③ 北京市西城区人民法院民事判决书,(2019)京0102民初20148号。

机动车交通事故责任纠纷案①中,法院认为,被告作为App运营商提供居间信息服务,刘某与网约车平台运营者之间并不存在劳动或雇佣关系,司机在接单过程中具有自主选择权,接单出车并不构成职务行为,网约车平台运营者不应承担侵权赔偿责任。在苟某诉某财产保险股份有限公司北京市分公司等机动车交通事故责任纠纷案②中,法院认为,网约车平台组织建立网络预约出租汽车这一商业模式,并对驾驶员进行实际管理,以此获利。由于网约车平台在网络预约出租汽车经营活动中既进行运行支配,同时获取运行利益,因此网约车平台应承担赔偿责任。

(2)网约车平台的安全保障义务。2018年8月24日,浙江温州乐清20岁女孩赵某乘坐顺风车时失联。次日,警方通报称,嫌疑人钟某已被抓获,其交代了对赵某实施强奸并将其杀害的犯罪事实。此事件让三个月前的空姐遇害案也再次回到公众视野,某平台责任、对乘客的安全保障义务成为热点议题。《民法典》第1198、1254条对"安全保障义务"作了相关规定,但并未突破原《侵权责任法》第37条的范畴,暂未将网络平台明确纳入需承担安全保障义务的经营者中。互联网色彩更为明显的《电子商务法》则通过第38条第2款对平台的安全保障义务进行了回应,明确规定:"对关系消费者生命健康的商品或者服务,电子商务平台经营者对平台内经营者的资质资格未尽到审核义务,或者对消费者未尽到安全保障义务,造成消费者损害的,依法承担相应的责任。"但本条所涉的"相应责任"该如何理解,尚未有定论,有待理论界和司法实践的进一步研究和探索。

### (二)共享单车平台

共享单车作为"互联网+"模式下的共享经济形式之一,解决了公共交通的"最后一公里"问题,满足了短程通勤的需求,为节能减排、疏解城市公共交通压力等发挥了积极作用。以某典型共享单车的运营主体为当事人,不完全统计该平台近3年的民事案件发现,该平台以判决形式结案

① 北京市顺义区人民法院民事判决书,(2017)京0113民初9825号。

② 参见北京市朝阳区人民法院民事判决书,(2018)京0105民初2324号。

的民事案件合计40件,其中侵权责任纠纷占比最高,达33%;其次是人格权纠纷,占30%。

通过对上述40件案件进行梳理可以看出,目前共享单车平台涉及的主要法律关系(见图5)及法律问题如下。

用车服务合同关系

用户 ←——→ 平台

**图5　共享单车主要法律关系**

1. 共享单车主要法律关系

共享单车平台涉及的主体相对简单,包括用户与平台,两者之间构成用车服务合同关系,用户享有在用车期间使用共享单车的权利,负有支付相应费用、及时锁车的义务;平台享有获取单车使用费用的权利,负有对其投放市场的车辆进行检查、维护、维修义务,以确保车辆安全性能良好,无安全隐患。

2. 共享单车相关法律问题

(1)共享单车押金性质及使用限制。2018年年底ofo退押金事件愈演愈烈,公开数据显示,截至2018年12月19日,排队等待退押金的ofo共享单车用户数已经激增到接近1115万人,若按押金99元或199元来估算,ofo欠款将达到11亿~22亿元。[①] 传统租赁关系中,押金是在租赁合同成立之后缴纳,而共享单车的押金是在申请注册为共享单车公司的用户之时缴纳,公众缴纳共享单车押金的直接目的是获得共享单车公司的用户资格。此外,押金收取模式由传统的一物一押变成一车多押,一辆共享单车上可能存在多个金钱质押金。因此,一辆单车上的押金远远超过了单车自身的价值,突破了传统押金的担保属性,使共享单车具有了一种资金聚集的功能。根据《关于鼓励和规范互联网租赁自行车发展的指导意见》第12条规定,企业对用户收取押金、预付资金的,应严格区分企业自有资金和用户押金、预付资金,在企业注册地开立用户押金、预付资

① 参见李龙龙:《你排队了么? 从ofo千万人排队退押金的困局,看押金的法律性质》,载广东仲裁律师网2019年2月27日,http://www.gzhongcailv.com/corpus/730249.html。

金专用账户,实施专款专用,接受交通、金融等主管部门监管,防控用户资金风险。由此可知,单车平台负有妥善保管用户押金的义务,在非经用户允许的情况下,单车平台不得自行使用押金(包括使用押金购买单车、雇用人员或者进行其他投资等行为)。

(2)共享单车用户的事故责任。共享单车用户的事故责任可以分为两种情形,即用户发生单方事故和非单方事故的责任承担。在用户发生单方事故时:如因操作不当,造成自身意外伤害,由用户自己承担责任,但平台普遍已为每位用户购买了相应的意外险,一般情况下可以在投保范围内得到保险补偿。如因用户未满12周岁而造成自身意外伤害,法律规定驾驶自行车在道路上行驶的驾驶人必须年满12周岁,若用户违反该规定导致意外伤害,用户的监护人没有尽到看护义务,应当对意外事故承担责任。平台若没有要求用户在注册时登记年龄等信息,则也可能会因没有尽到合理的管理义务而承担相应的赔偿责任。如朱某诉北京某科技有限公司、吕某等机动车交通事故责任纠纷案。[①] 如因单车存在质量问题或有严重缺陷导致用户意外伤害,由于用户与平台之间形成租赁合同关系,平台作为出租方,应当保证租赁物品质量合格,达到正常的使用标准,否则平台应承担责任。如肖某诉上海某网络科技有限公司生命权、健康权、身体权纠纷案。[②] 如第三人故意破坏单车,导致用户意外受伤,则破坏单车的人和平台商都需承担赔偿责任,但平台赔偿后,可以向故意破坏单车的人追偿。在非单方事故中,由公安机关交通管理部门根据事故情况制作交通事故责任认定书,确定各方当事人的责任。平台已为用户购买意外险或属于单车本身质量问题的,可以要求保险公司、平台承担相应责任,否则难以证明平台存在过错并要求平台担责。如在林某、龙某诉上海某网络科技有限公司机动车交通事故责任纠纷案[③]中,法院认为"某网络科技有限公司虽为案涉自行车所有人,但现有证据未发现其提供的车辆存在安全隐患或存在其他过错,故该网络科技有限公司不承担赔偿责任"。

---

① 上海市长宁区人民法院民事判决书,(2017)沪0105民初26913号。
② 辽宁省沈阳市大东区人民法院民事判决书,(2019)辽0104民初14822号。
③ 四川省成都市中级人民法院民事判决书,(2019)川01民终8406号。

## 五、网络直播平台法律关系梳理及问题研究

网络直播成为新常态下网络经济发展的新风向,据商务部发布的《中国电子商务报告(2022)》显示,截至2022年12月,我国直播电商用户规模为5.15亿户,较2021年12月增长5105万户,已占网民整体数量的48.2%。[①] 2022年,电商平台累计直播场次超过1.2亿场,累计观看人次达1.1万亿人次,直播间商品超9500万个,活跃主播数近110万人。[②] 以某典型网络直播平台的运营主体为当事人,不完全统计该平台近3年的民事案件发现,该平台以判决形式结案的民事案件合计114件,其中知识产权与竞争纠纷占比最高,达75%;其次是人格权纠纷,占比达21%。在知识产权与竞争纠纷中,又以著作权权属、侵权纠纷占比最高,达90%。

通过对上述114件案件进行梳理可以看出,目前网络直播平台涉及的主要法律关系(见图6)及法律问题如下。

### (一)网络直播平台主要法律关系

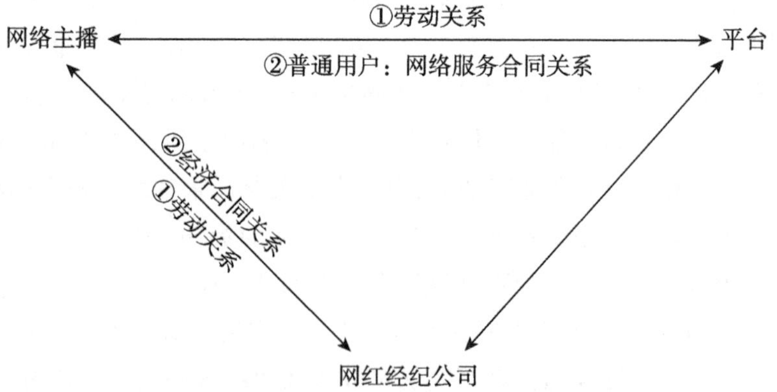


**图6 网络直播平台主要法律关系**

① 参见《中国电子商务报告(2022)》,载中华人民共和国商务部网2023年6月9日,http://dzsws.mofcom.gov.cn/article/ztxx/ndbg/202306/20230603415404.shtml。

② 参见《中国电子商务报告(2022)》,载中华人民共和国商务部网2023年6月9日,http://dzsws.mofcom.gov.cn/article/ztxx/ndbg/202306/20230603415404.shtml。

网络主播与直播平台公司、网红经纪公司之间成立何种法律关系较为模糊，不能一概而论。(1)若网络主播与直播平台公司或网红经纪公司订立劳动合同，网络主播从事直播平台公司或网红经纪公司安排的工作内容，服从公司管理并由公司发放报酬，或者虽未签劳动合同但符合上述特征，则网络主播与直播平台公司或网红经纪公司之间形成劳动关系，直播平台公司或网红经纪公司作为用人单位需承担相应的用工风险。(2)若网络主播为平台普通用户，在直播平台进行直播并收取"礼物"，按照平台直播规则进行分成，则两者构成通常的网络服务合同关系，依约定享受权利并承担义务，合同主体未依约履行义务需承担违约责任。(3)若网络主播与网红经纪公司签订"经纪合同"，由经纪公司提供直播场所、开展技能培训、联系直播业务，网络主播获取收入后与经纪公司进行分成，则上述"经纪合同"在性质上属于综合性合同，发生纠纷时需综合认定。可见，网络直播行业主体间法律关系纷繁复杂，各主体权利义务不易分辨明确，发生法律纠纷后维权难度较大。

### (二)网络直播平台相关法律问题

#### 1. 直播平台与主播间的合同性质

直播平台和主播之间的合同性质，在实践和理论中存在争议。持劳动合同关系的观点认为，主播为平台进行直播活动，双方约定支付劳动报酬，实际工作中主播需要按照平台的要求进行直播活动，最终由平台支付劳动报酬，可见主播的工作受平台管理，双方确立劳动关系。持服务合同关系的观点认为，主播在平台上提供直播服务，平台向其支付报酬，平台未就直播内容下达指令，主播系自行安排直播的时间、频率及直播内容，具有商事交易的性质，本质上属于服务合同范畴，不同于劳动合同。如在唐某诉广州某多网络科技有限公司等申请确认仲裁协议效力再审案①中，法院认为："从某多公司提交的《直播独家合作协议》约定的内容分析，协议相对方唐某在某多公司的直播平台上提供直播服务，某多公司向其支付劳务报酬。个人提供劳动服务给用人单位，用人单位

① 广东省高级人民法院民事裁定书，(2017)粤民再403号。

支付报酬的协议,具有商事交易的性质,本质上属于服务合同范畴,不同于劳动合同。某多公司与唐某之间成立劳动服务合同关系,而非劳动合同关系。”

2. 打赏行为的性质界定

用户对直播发布者的“打赏”,有观点主张将直播打赏定性为服务合同,以落实平台主体责任、合理定价,引导、规范直播行业的健康发展。[①]当前司法实践中一般认定“打赏行为”成立赠与合同关系,除非有证据证明直播发布者接受“打赏”前后须履行具体、明确的合同义务。如在俞某诉广州某多网络科技有限公司、王某、哈尔滨某传媒有限公司、刘某网络服务合同纠纷案[②]中,法院认为,关于用户俞某与主播刘某之间的法律关系,根据原《合同法》第185条[③]与第190条[④]的规定,任何浏览该直播平台的人均可观看该频道号为24064的直播间的全部直播内容,刘某的直播表演不需要支付对价。俞某基于观看直播后对刘某表演的满意、赞赏,向刘某以“打赏”的方式赠与金钱,在“打赏”的同时没有向刘某设定义务,是无偿、单务的合同,由此形成的是赠与法律关系。

近年来,未成年人打赏行为的法律效力问题尤其引发社会关注。出台的《最高人民法院关于依法妥善审理涉新冠肺炎疫情民事案件若干问题的指导意见(二)》明确规定:“限制民事行为能力人(8周岁以上的未成年人)未经其监护人同意,参与网络付费游戏或者网络直播平台‘打赏’等方式支出与其年龄、智力不相适应的款项,监护人请求网络服务提供者返还该款项的,人民法院应予支持。”由于未成年人在该等活动中支出与其年龄、智力不相适应的款项,此类付款行为属于效力待定的行为,需要经法定代理人同意或追认后生效,若法定代理人不同意或不予追认,则该行为无效。此外,在数额方面,需要法院根据未成年人参与的打赏或

① 参见罗敏、苏敏:《论网络直播打赏的法律性质》,载《人民司法》2020年第19期。

② 参见广州互联网法院民事判决书,(2018)粤0192民初3号。

③ 《民法典》第657条规定:“赠与合同是赠与人将自己的财产无偿给予受赠人,受赠人表示接受赠与的合同。”

④ 《民法典》第661条规定:“赠与可以附义务。赠与附义务的,受赠人应当按照约定履行义务。”

游戏类型、成长环境、家庭经济状况等因素综合判定"与年龄、智力不相适应的部分"。

3. 信息网络传播权侵权问题

网络直播内容多种多样，主播侵权的可能性也大大增加，此时厘清平台责任边界成为该类法律纠纷的核心问题。司法实践多要求网络直播平台承担合理的注意义务，并具备对热门主播的信息管理能力，采取相应的预防侵权措施。在某童公司诉某直播平台案①中，虽被告通过平台指引的方式公示了预防侵权的措施和侵权投诉的渠道，但对于瞬时发生的直播侵权行为，事后侵权投诉难以发挥制止侵权的作用。被告在应当意识到涉案直播行为存在构成侵权较大可能性的情况下，未采取与其获益相匹配的预防侵权措施，对涉案侵权行为主观上属于应知，构成侵权，应承担相应的民事责任。

## 六、网络信息服务平台法律关系梳理及问题研究

网络信息服务平台是指通过互联网向上网用户提供具有公开性、共享性信息服务的平台。我们以某典型网络信息服务平台的运营主体为当事人，对该平台以判决形式结案的民事案件进行了统计分析，其中知识产权与竞争纠纷占比最高，达90%；其次是人格权纠纷，占比达7%。知识产权与不正当竞争纠纷中，又以著作权权属、侵权纠纷占比最高，达96%。

经过统计分析可以看出，目前网络信息服务平台涉及的主要法律关系（见图7）及法律问题如下。

① 参见《e案e审丨主播未经授权在斗鱼直播间演唱他人歌曲，法院一审认定：直播平台构成侵权》，载微信公众号"北京互联网法院"2020年6月30日，https://mp.weixin.qq.com/s/87q7Ez-yrUbazPDQdShC2w。

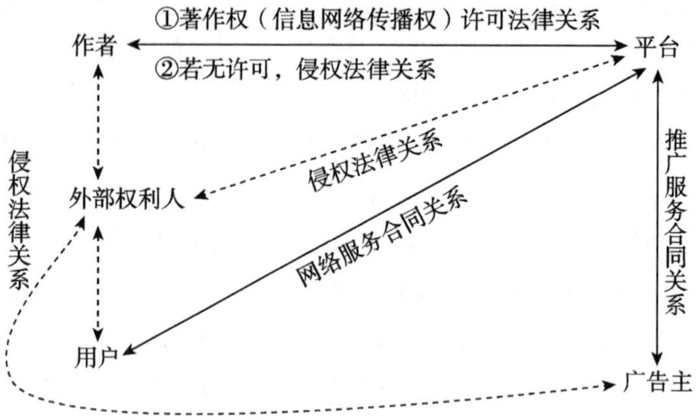


**图7 网络信息服务平台主要法律关系**

(一)网络信息服务平台的主要法律关系

网络信息服务平台主要涉及的主体包括平台、用户、作者、广告主及外部权利人,各方之间的法律关系如图7所示。用户与平台之间存在网络服务合同关系:用户签署协议注册为平台用户,平台为用户提供信息发布、信息推送等服务。作者与平台之间存在著作权(信息网络传播权)许可使用法律关系:作者线上向平台出具《作者授权确认书》,授予平台信息网络传播权(通常为排他性授权),明确除平台自行发布外,任何第三方不得通过信息网络发布、传播原创作品,同时明确平台可以以自身名义提起诉讼进行维权。广告主与平台之间存在推广服务合同关系:广告主委托平台进行广告推广服务并支付推广费用,平台负责推广广告主的产品或服务,网络信息服务平台在履行推广服务的过程中,需履行《广告法》等法律法规规定的广告发布者责任,确保广告真实、合法,以健康的表现形式表达广告内容。在权利人与平台之间,平台系网络服务的提供者,需履行“通知—删除”义务,用户发布的信息侵害第三方的知识产权或其他合法权益的,平台接到通知后,应当及时采取删除、屏蔽链接等必要措施;如平台知道或应当知道用户发布的信息侵害第三方的知识产权和其他合法权益而未采取必要处置措施的,构成侵权,需与用户共同承担侵权责任。值得说明的是,《民法典》第1194~1197条结合互联网司法实践经验,围绕网络服务提供者侵权责任认定的"避风港"及"红旗"规则,就通知的构成要件、错误通知的责任、必要措施的范围、知道的范围等均作了完善,进一步平衡了网络服务提供者、权利人及网络用户的权益,建构了较为完善的网络侵权处理机制。

(二)网络信息服务平台相关法律问题

1. 自媒体作者平台账号分割

流量经济时代,经过妥善运营,粉丝众多的网络信息服务平台自媒体账号可通过广告、"打赏"、导流等方式获取收入,已经具有很强的财产属性,由此也衍生了针对此类账号的分割问题。在全国首例微信公众号分割案——赵某、尹某、袁某等合伙协议纠纷案[①]中,双方的争议焦点在于微信公众号能否作为网络虚拟财产进行分割。法院认为,被上诉人与上诉人在涉案微信公众号运营中投入了大量的时间、精力,有一定的劳动价值;通过发布引人关注的内容,吸引一定数量的粉丝关注而具有传播力、影响力,进而为广告商带来购买力和宣传力,有广告投放价值。微信公众号功能不断拓展,逐步发展成为一种新型的电子商务模式,有商业盈利价值。因此,微信公众号是具有独立性、支配性、价值性的网络虚拟财产。这也契合了《民法典》第127条的立法精神。

2. 违法广告责任承担

网络信息服务平台作为推广服务的提供者,需遵循《广告法》的规定,严格履行广告审查义务,否则需依法承担责任。京工商海处字〔2018〕第358号行政处罚决定书显示,"平台明知或者应知未经审查,广告主擅自发布医疗、药品、医疗器械、农药、兽药和保健食品广告,以及法律、行政法规规定应当进行审查的其他广告,仍设计、制作、代理、发布",因而被采取"没收广告费、处广告费用3倍罚款"的处罚措施。

① 参见上海市第二中级人民法院民事判决书,(2019)沪02民终7631号。

# 消费者数据市场失灵及法治化治理

王云霞*

**摘　要**：数字经济时代，数据从最初的互联网的副产品，发展成为数字经济活动中的主要资源，并围绕消费者数据的收集、分析和利用等链条形成了新型的消费者数据市场。该市场是一种“零价格”市场，但因为消费者数据市场出现数据资源配置的不均衡，自我监管失衡问题，如数据负外部性、信息不对称、“数据公地”悲剧和“告知—同意”模式的失灵等，导致消费者数据权利受损，加之立法上缺乏对数据权利的明确界定，需要政府干预的介入。加之消费者数据市场问题，不仅涉及消费者权益保护，也涉及正常市场竞争秩序的维护问题，故应从顶层设计上厘清监管与自治的边界，明确私人规制与政府干预的进入场景，建立不同的响应机制。

**关键词**：消费者数据市场；市场失灵；治理

数字经济时代，数据从最初互联网的副产品，发展成为数字经济活动中的主要资源，不仅是电子商务企业、社交媒体、广告公司等的重要收入来源，亦成为政府提供公共服务的基础。借助大数据、数据挖掘、物联网和人工智能等新技术，数字经济已发展成为一个数据生态系统。以数据驱动为核心的经济模式，使得对个人数据的生产、收集、处理、分析、利用、转让和传播的全过程都成为社会关注的焦点。与此同时，消费者对互联网企业监视个人隐私以及过度收集个人数据深感忧虑。

当消费者的个人数据成为蕴含巨大经济价值却缺乏明确法律权利的

* 王云霞，女，浙江工商大学法学院副教授。

商品时，占据优势地位的企业就会通过提供商品或服务的便利条件充分利用这些数据。在数据市场中，随着数据越来越多地汇集到商品端，数据保护问题也就相应成为消费者权益保护问题。由于规范的缺失，消费者的权利在数据市场中被侵犯的现象时有发生。基于此，本文旨在探讨如何实现数据利用与保护相平衡的法律机制，厘清私人规制与政府干预各自作用的场景，促进良性数据治理生态系统的生成，进而推进数字经济的健康发展。

## 一、问题：消费者数据市场的失灵

消费者数据市场失灵，主要是指在消费者数据市场中，因为市场不能实现数据资源的最优配置，导致消费者数据权利受损，市场公平和自由竞争秩序被破坏的情形。消费者市场失灵的主要原因有：数据负外部性、信息不对称、“数据公地”悲剧和“告知—同意”模式的失灵等。这些现象不仅在中国出现，也是世界性的普遍问题，国外文献中对此讨论得比较多，如学者 Mark MacCarthy 和 A. Michael Froomkin 等都有所提及。遗憾的是国内对该问题探讨得较少，因此笔者试着结合我国的实践总结如下。

### （一）数据负外部性

当经济主体的行为对其他代理人产生负面影响而没有补偿时，市场失灵会通过市场机制产生负外部性。网络经营者在经营活动中收集、分析、处理用户的个人数据，跟踪其网上行为痕迹，甚至在经营场景外的公共场所收集消费者个人数据，这些都会形成数据主体数据利益的外部成本。若这些数据的商业化利用不当，可能会导致欺诈、骚扰、垃圾邮件、黑客攻击以及身份盗用等现象的发生，从而产生负外部性。

数据负外部性具有双重原因。第一种是直接的个人数据泄露，导致负外部性。这种负外部性问题可以通过给予消费者数据权利，以排除非法干预。第二种则是间接泄露个人数据，即使数据主体没有透露自己的信息，或泄露他人信息，也可能因为数据被第三方间接泄露而遭受不利影响。消费者个人数据泄露影响的不仅是数据主体的利益，而且也会影响交易对方或其他人的利益。在个人层面，一个人的数据披露选择会影响到他人；在社会层面，大多数公民的数据披露选择可能会对其他公民产生不利影响。[①] 如果有足够多的他人同意信息收集和使用方案,即使单个用户具有拒绝企业数据收集要求的权力,只要其继续使用企业提供的商品或服务,同样会造成利益损失。个人层面对数据收集和利用模式的选择将对没有参与选择的其他人带来巨大的成本。随着数据聚合的加剧,数据挖掘分析会变得更加有效,对人的预测推论也将变得更加准确。人们将无法通过单纯的隐瞒来保护其数据的私密性。互联网公司在商业活动中通过收集的用户数据受益,但往往不会主动支付消费者的数据费用,私法并未对这些负外部性提供足够的应对措施。

(二)信息不对称

自由市场理论往往会预先假设消费者在决定与谁分享信息时会作出明智的选择,这也是"信息自决"的思维发端,但是现实却不尽然。虽然消费者口头上担心自己的隐私被侵犯,但是他们实际上还是愿意出售或交易隐私,这就是著名的"隐私悖论"理论。[②] 消费者在实践中往往会表达对个人数据的深切关注,反对数据监控、在线跟踪和定向广告。但当面对电子商务等网站、移动应用程序或社交软件时,还是缺乏克制地进行注册使用、填写表格、提供反馈,为网络经营者提供源源不断的数据。

现实生活中消费者往往很少阅读隐私政策条款,即使阅读,也会因缺乏专业知识或必要的信息而难以完全理解,加之隐私版本经常发生变化,消费者往往无法及时了解最新版本。在一个经济主体比另一个主体拥有更多信息时,这种"知识差距"的存在,就会构成信息不对称,它可能导致相关市场崩溃。由于缺乏隐私保护意识和相关知识,在对网络经营者提供的相关条款进行成本收益分析时,消费者往往无法在数据保护方面作出最为合理的反应,这阻碍了私人市场对个人数据的规范使用,最终使数据处理者受益。[③] 不道德的网络经营者往往会采用不良的数据保护策略,

---

① Mark MacCarthy, *New Directions in Privacy: Disclosure, Unfairness and Externalities*, 6 A Journal of Law And Policy For The Information Society 425(2011).

② H. Brian Holland, *Privacy Paradox 2.0*, Widener Law Journal 893(2010).

③ See Robert Cooter & Thomas Ulen, *Law and Economics*, $2^{nd}$ edition, Addison-Wesley Publisher, 1997, p.41.

减少消费者的数据市场参与。若作为数据收集者的企业没有经过完全竞争,只是利用消费者的无知来保持其自身商业活动的利益,就很难为消费者提供更好的隐私条款。在市场活动中占据优势地位的大企业就有可能凭借其庞大的数字基础设施,大量收集和使用数据,导致技术巨头和小公司之间"数字鸿沟"的出现,引发信息寡头垄断,限制自由竞争的市场环境。

信息不对称的另一后果是会引发消费者的逆向选择,使得他们在更好的隐私政策和更低的价格之间总是选择较低的价格,也导致网站没有动力在加强隐私保护的基础上展开竞争,市场也只会产生不良的隐私政策,造成所谓的"柠檬均衡"现象。① 现代微观隐私经济理论表明,当消费者不完全理性或短视时,市场均衡将不会为个人提供隐私保护,因此需要进行隐私监管以改善消费者的总体福利。②

(三)"数据公地"悲剧

美国布兰迪斯大学G.杰弗森教授(G. Jefferson)认为自然资源并非是唯一具有"公地"特点的资源。因为是否具有"公地"的特点,是由该资源的产权结构决定的。如果某种资源的产权结构安排了许多人在不同的程度上可以使用这种资源,那么这种资源就具备了"公地"的特点。③ 消费者的个人数据最初是由自己控制,但一旦显示给他人,就可以被他人获取和复制,并由数据控制者在任何时间使用。故而,消费者数据在被多人同时占有、共享后,会成为一种类似"共同使用权"的特定财产,相对于个人数据的私地,成为"数据公地"。施瓦茨教授认为,在新经济中,私人领域具有公共利益的属性。对于公共利益属性的界定,国内如高富平教授

---

① "柠檬"问题是由2001年诺贝尔经济学奖获奖者之一美国经济学家Akerlof提出的,它主要是研究产品质量信息的不对称性对市场效率的负面影响。Akerlof通过他所构造的"柠檬市场"模型(逆向选择模型),证明了信息不对称的后果:逆向选择行为降低了市场交易的效率。由于该理论是以"柠檬"问题作为研究的出发点,因此它也被称为"柠檬市场"理论。参见潘勇:《网络"柠檬"环境下消费者行为与抵消机制——基于信息经济学的视角》,载《管理评论》2009年第10期。

② Alessandro Acquisti, *The Economics of Personal Data and the Economics of Privacy: 30 Years after the OECD Privacy Guidelines*, Working Party for Information Security and Privacy (WPISP) & Working Party on the Information Economy (WPIE), Background Paper No. 3 (2010).

③ 参见李晓峰:《从"公地悲剧"到"反公地悲剧"》,载《经济经纬》2004年第3期。

认为个人信息具有公共属性,关涉他人和社会利益,个人信息的使用不应当由个人决定。① 朱新力教授、周许阳认为,赋予个人数据一定的公共资源性质是最大限度挖掘其价值的前提。② 张新宝教授强调在设计个人数据保护制度时应当注重各方主体利益之衡量。③ 但与此相伴随的是,多个权利人直接控制单一权利,必然会引发权利碰撞或者设置障碍,导致资源的闲置和浪费。企业通过"同意"条款获得在"数据公地"收集信息的权利,一旦无人管束或管束不力,就会引发"公地悲剧"现象。若信息隐私的泄露或侵害是由第三方数据收集者强加的,数据主体则可能无从知晓,甚至丧失讨价还价的能力与机会。④

这也会打击消费者进行网络活动的信心,导致网络交易或其他活动的减少,甚至使消费者用脚投票,损害数字经济的健康发展。为避免"数据公地"悲剧的蔓延,需要对数据治理进行统筹安排和协调。

(四)"告知—同意"模式的失灵

有学说认为,数据生态系统完全取决于互联网用户的意愿。如果不是他们自主同意,则他们的个人数据不能被合法地收集。这种学说基于这样一种假设,即消费者有充分的信息、数字技巧和自主能力。显然,自主性和信息自我决定仍然是构成当今数据保护和隐私监管方法的关键因素。⑤ 但是前述提及的消费者认知限制弱化了"知情—同意"原则的实效。消费者可能不会去阅读"知情—同意"协议,并且即使选择不同意,按照绝大多数企业的设置,就不能使用企业的核心业务。消费者没有其他选择,也没有真正的替代方案,往往只能选择同意,其自愿性也是常常

---

① 参见高富平:《个人信息保护:从个人控制到社会控制》,载《法学研究》2018 年第 3 期。

② 参见朱新力、周许阳:《大数据时代个人数据利用与保护的均衡——"资源准入模式"之提出》,载《浙江大学学报(人文社会科学版)》2018 年第 1 期。

③ 参见张新宝:《从隐私到个人信息:利益再衡量的理论与制度安排》,载《中国法学》2015 年第 3 期。

④ See A. Michael Froomkin, *Regulating Mass Surveillance as Privacy Pollution: Learning from Environmental Impact Statements*, University of Illinois Law Review 1731(2015).

⑤ See Proposal for a Regulation of the European Parliament and of the Council on the Protection of Individuals with Regard to the Processing of Personal Data and on the Free Movement of Such Data (General Data Protection Regulation), COM (2012) 11 final (January 25, 2012).

值得怀疑的。因此,网络空间数据处理的同意很可能会变成一种空洞的形式。虽然业界会争辩说用户总是有自由和选择不使用他们的服务,但实际上"不使用"在很大程度上不是一种选择,而是一种不得使用核心业务的"胁迫",破坏了"知情—同意"模式的规范性诉求。

## 二、借镜:比较法上的消费者数据市场治理模式

如何验证消费者数据保护的实效,在很大程度上取决于对市场失灵的纠偏和消费者地位的改善。鉴于这一领域的发展现状和本土国情,欧盟和美国采取了截然不同的做法。

### (一)欧盟:保护主义和家长式

在欧盟的学术视野中,个人数据是上升到宪法高度的基本人权和基本权利,并且直接与自由和尊严相关,理应受到严格保护。这种观念源于20世纪40年代,在第二次世界大战期间,纳粹利用欧洲人口普查记录,加快了对集中营的驱逐,并加强了德国对欧洲的控制。这种经历在某种程度上促使欧盟在隐私保护方面采取了更强硬的立场。①

欧洲的数据治理模式将数字消费者视为脆弱的个体,可能会受到来自占据优势地位的政府或企业的侵害,所以是保护主义和家长式的,为个人提供依职权的照顾和保护。② 目前作为个人数据保护基础的法规是《一般数据保护条例》(以下简称GDPR),通过规制数据保护领域的所有规范,形成政府和企业需遵守的依据。GDPR在关注数字消费者的数据管理能力的基础上,积极赋予其更多的数据控制权。通过数据可携带权和对数据访问等方面的限制,企业将不能再像以往一样,利用消费者的弱势地位,通过数据产生的竞争优势来保护其市场地位。为维护正常的竞争秩序,平衡市场主体利益,需要通过政府干预来实现。为此,GDPR设定了独立的个人数

---

① See McKay Cunningham, *Complying with International Data Protection Law*, 84 University of Cincinnati Law Review 421(2016).

② See Bartosz M. Marcinkowski, *Privacy Paradox(es): In Search of a Transatlantic Data Protection Standard, Symposium: The Second Wave of Global Privacy Protection*, 74 Ohio State Law Journal 1167(2013).

据保护机构,该机构具有监督和行政执法的能力。在存在违法情形时,这些机构可以依职权提起诉讼,并可以开具高额的罚单。GDPR 的出台一方面大大加强了欧盟个人数据保护的力度;另一方面也可能因为未考虑技术的未来发展,而缺乏灵活性,容易对经济创新产生反作用力。

(二)美国:实用主义和亲市场式

在美国,信息隐私问题与自由价值观有关,不仅被理解为免于他人干扰,而且还被理解为个体自由的行动。虽然美国也承认个人数据的权利,但更倾向于将其作为可交易财产促进其经济价值的实现,并且形成了数据经纪人等专业职业群体。公司可以通过合同自由地对消费者个人数据进行收集、处理。

美国的数据保护不是一种基于"风险"预防式的监管,虽然亦对数字消费者赋权,但是更侧重给予最低限度的干预,强调行业和企业的自我监管,以维持自由市场经济的发展。在消费者个人数据保护方面,美国主要采取依立法、行政监管和自律相结合的方式,以维持一个有限监管的自由市场经济。1974 年制定的《隐私法》虽然作为美国联邦一级隐私保护领域的基本法律,但是对公共领域隐私的规范仍存在局限性,对于数字经济发展中的个人数据保护应对不足。虽然各州已有一些自己的规定,比如 2018 年加州通过的《消费者隐私法案》被认为最全面,但这些规定不具有联邦级别的统一性和体系性,容易产生联邦与各州之间的立法空隙和矛盾。在该市场机制中,私法措施以及司法监督为个人数据提供了比较充分的保护,但行政监管发挥作用有限。美国隐私法通常是对特定事件的回应,并针对特定行业和数据类型量身定制,类似于消防员灭火。[①]

联邦贸易委员会(FTC)是全国首席数据保护和隐私执法机构,随着网络的普及,也成了美国的主要消费者数据保护机构,根据联邦贸易委员会法案第 5 节,该机构负责保护消费者免受商业中不公平和欺骗性的行为和做法的影响。[②] 联邦贸易委员会(FTC)更多是根据"知情—同意"制

① Griffin Drake, Navigating, *The Atlantic*: *Understanding Eu Data Privacy Compliance Amidst a Sea of Uncertainty*, 91 Southern California Law Review 176(2017).

② United States Code, 15 U. S. C. § 45(2018).

度对私人数据市场进行监管，确保消费者根据交易条款做出明智的决定，虽然制定了问责标准，但却没有规定具体的数据保护任务和罚款权限，强制性欠佳。美国信息隐私保护法规的特点是实用主义和亲市场方法。① 虽然这种将自由留给市场的方法颇具灵活性，有利于经济创新发展。但是也存在明显的缺点：行业监管不足，企业自我监管多集中于对自身最有利的措施。与企业相比，消费者的自治能力有限。个人数据的泄露，在网络聚合效应下，会造成更大损失。

欧盟和美国的两种数据治理模式难言孰优孰劣。2018 年 Facebook 与 Cambridge 公司的数据泄露事件引发了国际社会对消费者数据商业滥用的讨论，2019 年 1 月，法国国家数据保护委员会对 Google 处以 5000 万欧元的罚款，因其在运用中缺乏透明度，信息不足以及缺乏对个性化广告的有效同意。在美国的 Facebook 和 Google 两大公司深陷数据保护的困境，甚至美国联邦贸易委员会和司法部对亚马逊、谷歌等科技公司展开反垄断调查时，制定联邦一级的数据隐私保护法在美国理论和实务界呼声正高。而一向在数据保护上以严苛著称的欧盟在经过大力整顿后，却在大力发展数据共享产业。当前，欧洲数据隐私法和 GDPR 已成为美国在数据隐私讨论和实践中越来越重要的参考点。② 我国数据保护的法律控制机制，应在参考学习世界典型国家或地区经验的基础上，抛却简单的规范对比，结合本土实践，走出一条适合我国国情的道路。

## 三、建议：消费者数据市场失灵的治理机制

从消费者数据市场秩序维护以及消费者数据权利保护的角度出发，在私人规制与政府干预的进出场景上，考虑到消费者数据的私人和公共属性，以及“法无禁止即可为，法无授权即禁止”的原则，本文试图以“数

---

① See BartoszM. Marcinkowski, *Privacy Paradox (Es): In Search of a Transatlantic Data Protection Standard*, *Symposium: The Second Wave of Global Privacy Protection*, 74 Ohio State Law Journal 1167 (2013).

② See Mark Scott & Laurens Cerulus, *Europe's New Data Protection Rules Export Privacy Standards Worldwide*, https://www.politico.eu/article/europe-data-protection-privacy-standards-gdpr-general-protection-data-regulation/.

据行为”为切入点,对于有害的数据行为予以严格监管,对基于公共利益使用数据的行为予以明晰,对介乎两者之间的普通数据行为给予充分的尊重,并以此建立不同的响应机制。

## (一)有害的数据行为——政府干预进入

消费者数据的负外部性会给社会带来巨大伤害,所以应对个人“同意”进行一定的限制,仅仅获得消费者的知情同意,并不必然导致消费者数据商业化利用的合法化。实践中有害的数据收集与使用,往往会造成对消费者权利的危害,如非法向他人提供、非法出售强制、过度收集、信息泄露、丢失未采取补救措施以及恶意歧视、价格歧视①等行为,即使消费者同意,也不应被允许。目前《消费者权益保护法》《网络安全法》《民法典》《电子商务法》等虽然对此都有所涉及,但因通过的时间不同,不具有系统性、统一性。另外,收集、使用消费者数据侵权行为的问责制度还是建立在传统的“同意”基础上,事后只能通过“格式条款”效力进行补救。如“ZAO 换脸 App”过度索取肖像权事件,大量用户注册使用该 App,使其一度占据苹果商店免费 App 下载榜的第二位。后舆论爆出其信息泄露隐患以及用户注册协议中的不公平条款,引发公众热议。② 在舆论压力下,该公司更改了相关不公平条款。为避免此类事件的发生,立法应予以事前的直接规定。另外,应对有害行为进行统一细化界定,并且不以损害后果为必要条件。毕竟有些违法的数据侵权行为,如对人格尊严的侮

① 价格歧视是企业数据收集对消费者产生负面影响的另一个因素。如定向广告行为所积累的数据不仅可以将特定产品的广告定位到特定消费者,还可以通过差别化价格歧视,向一些消费者提供折扣和特惠,而不向其他消费者提供。事实上,通过价格歧视增加利润的潜力可能远大于通过有针对性的广告本身。

② “ZAO 换脸 App”协议中规定:(1)在您上传及/或发布用户内容之前,您同意或者确保实际权利人同意授予“ZAO”及其关联公司以及“ZAO”用户全球范围内完全免费、不可撤销、永久、可转授权和可再许可的权利,包括但不限于可以对用户内容进行全部或部分的修改与编辑(如将短视频中的人脸或声音换成另一个人的人脸或声音等)以及对修改前后的用户内容进行信息网络传播以及《著作权法》规定的由著作权人享有的全部著作财产权利及邻接权利;(2)如果您把用户内容中的人脸换成您或其他人的脸,您同意或确保肖像权利人同意授予“ZAO”及其关联公司全球范围内完全免费、不可撤销、永久、可转授权和可再许可的权利,包括但不限于:人脸照片、图片、视频资料等肖像资料中所含的您或肖像权利人的肖像权,以及利用技术对您或肖像权利人的肖像进行形式改动。

辱等不可量化。《个人信息保护法》等相关法律立法时需对以上问题进行回应。政府可以利用多元工具合力形成消费者数据保护的规则,如约谈、分级监管、联合惩戒等,对特定市场主体进行监管执法资源上的有效倾斜与重点锚定,通过提升执法检查的频次数量,激励被规制市场主体的合规意愿,并依序有效提升执法工具的威慑性与回应性。[①] 另外,消费者协会也可以通过接受消费者投诉予以调查和调解、转交行政机关、媒体曝光、提起诉讼等方式维护消费者的合法权益。

(二)普通数据行为——企业私人监管进入

普通数据实践,仍适用"告知—同意"机制,经营者需对隐私政策条款进行披露和通知,消费者可以选择加入或选择退出。从政府的层面而言,更多应起到政策指引和激励作用,加强个人信息隐私保护的顶层制度设计,出台规范性隐私政策条款指引。目前经济合作与发展组织、欧盟、美国等均在立法中要求信息管理者通过设计保护隐私的义务,在信息生命周期的最开始就思考个人信息和隐私保护的问题,而不是在事件发生之后。数据的生命周期,包括数据的收集、汇编和合并,数据挖掘和分析以及数据使用。此种机制的主要做法是将个人信息保护嵌入技术、商业准则和物理存在的基础设施的设计标准中并加以保护。[②] 对可识别性个人数据从严保护,切实履行监管职责,激励与处罚并重,发挥企业私人治理的自主性。对脱离了可识别的消费者信息隐私,通过技术分析加工生成的数据,应充分尊重企业自治,鼓励企业创新和商业利益最大化。

为减消信息不对称,企业应加强自身透明度建设。在企业收集消费者数据时,除在其网站显眼位置发布隐私政策条款外,该条款不仅必须包括企业收集信息的具体情形,还应指明接收企业共享信息的第三方类别。未成年人的个人数据应设定专门条款予以保护,符合《儿童个人信息网络保护规定》。对于是否采用"cookies"等跟踪技术以提供个性化服务,应给消费者选择的自由,在消费者要求不再进行相关推送时,还应设置明显

① 参见卢超:《社会性规制中约谈工具的双重角色》,载《法制与社会发展》2019年第1期。

② 参见高秦伟:《个人信息保护中的企业隐私政策及政府规制》,载《法商研究》2019年第2期。

的退出标识。在数据二次使用时,数据收集者应在二次使用之前返回数据主体以获得同意。另一个与消费者数据密切相关的竞争则在于隐私技术解决方案的不断创新。研发、运用更先进技术,预防隐私侵权和泄露问题,既能够维护商业利益又能够实现与消费者数据的平衡,是企业获得市场竞争优势的重要方面。用户体验是企业提供商品或服务的黏性所在,只有好的隐私保护环境,才能更好地留住消费者。① 当然技术在不断进步,隐私保护的技术路线也有多样化的选择,这样就可以同时有效解决数据的利用和保护的问题。

(三)公共利益数据行为——政府干预进入

数据的公共利益使用非常重要,如用于社会治理和对人类福祉有益的方面,即使没有数据主体同意也应允许使用。另外,如何实现公共利益使用下政府(或公益使用人)、企业与消费者保护之间的平衡通常是一个争议问题。企业获取消费者个人数据是有成本的,并且会成为企业获取竞争优势的核心商业利益,而政府数据开放共享可能对数据驱动型市场带来寒蝉效应,故而消费者、企业数据共享亦有边界。王利明教授认为,数据共享中的个人信息仍然属于信息权利人的权利,与个人信息的收集、利用行为一样,数据共享也应当获得信息权利人的授权。应当在区分不同个人信息类型的基础上,设计信息主体的授权规则。② 在社会公共利益需要的情况下,个人、企业应在必要限度内向公权力机关提供有关公共服务的数据信息。政府应保证获取到的个人、企业核心数据的保密和安全。当然"公共利益"是一个宽泛的概念,应予以明确规定,防止被滥用,侵犯公民的个人数据权利。应规定政府机构收集消费者数据的类型和数量,并且只能收集"实现其目的所必需的信息"。并且直接从消费者个人那里

① 例如,在医学数据领域,谷歌在 2017 年发表了一篇关于机器学习新方法的文章,提出不再需要集中数据,而是可以通过联合学习,即从多个数据源中学习,并且可以在数据不离开数据控制者的情形下完成整体模型训练,可以广泛用于医疗和通信领域。这种隐私优先的方法将会是解决人工智能在医疗健康领域的一针强心剂。参见 Stats 熊:《一个鲜为人知却可以保护隐私的训练方法:联合学习》,载微信公众号"大数据文摘",https://mp.weixin.qq.com/s/GdoRAy-bY9tNE2bfWB7oUA,最后访问日期:2020 年 3 月 27 日。

② 参见王利明:《数据共享与个人信息保护》,载《现代法学》2019 年第 1 期。

收集信息,而不是从第三方收集信息,并给予信息错误时修正的权利。

## 四、结语

综上,就我国实践而言,数字经济尽管刚刚开始,却在重新定义世界和中国市场的格局,深刻影响着政府与市场关系的定位与架构。当下,控制个人数据已然成为获得竞争优势的新型武器,①消费者数据市场连接着消费者、企业、政府三方主体的利益与平衡问题,牵涉网络安全、消费者保护、竞争法等多重领域的问题。一方面,应尊重企业自我规制,给予企业数据自律的机会;另一方面,政府不应只做简单的规则制定者和制裁者,而是更多应为企业实施自我监管计划提供激励机制。在市场失灵的地方,坚守监管底线,确保规则明晰、问责明确,避免"一放就乱,一管就死"的循环怪圈。在国际范围内放弃多边协定,增加国家干预的趋势下,如何保护消费者的合法权益,培养并维持数据市场有序的竞争环境,遏制互联网企业不当提取数字垄断租金的能力,促进数据生态系统的健康运行,是一个长期命题,任重道远。

① See Nathan Newman, *Search, Antitrust, and the Economics of the Control of User Data*, 31 Yale Journal on Regulation 401(2014).

# 第五编

# 互联网法治的制度构建<br>与理论探析

# 法经济学视角下数据产权的保护路径

章银佳*

**摘　要**:随着数据价值的不断凸显,数据产权构建的必要性不断上升,但也面临重重困境,客体层面数据的独特经济属性与建立私人产权的矛盾、主体层面个人与企业的二元对立、内容层面人格要素与财产要素交织等增加了数据产权建立的难度。数据产权保护路径的出路在于:其一,基于个人利益与企业利益的非零和博弈利益格局,对数据产权进行权能分割;其二,运用"卡-梅框架"中正向赋权与反向防御规则构建差序保护格局;其三,将静态保护和动态保护机制并行,明确企业在动态数据经济的重心驱动位置,进行三阶段的权利构建,分阶段释放数据活力。由此打破部门法的桎梏,构建具有包容性的数据产权制度,促进数字经济的繁荣。

**关键词**:数据产权;经济利益;卡-梅框架;权能分割

## 一、引言

党的十九届四中全会将数据与土地、劳动力等并列为生产要素,数据已成为有价值的公司资产、重要的经济投入和新兴商业模式的基石,[①]日益成为社会发展的关键性资源,成为信息时代的"石油"。

---

* 章银佳,女,浙江大学光华法学院法律硕士。

① 参见[英]维克托·迈尔-舍恩伯格、[英]肯尼思·库克耶:《大数据时代——生活、工作与思维的大变革》,盛杨燕、周涛译,浙江人民出版社2013年版,第20页。

随着数据价值的日益凸显,围绕数据的纷争层出不穷,[①]本质原因在于立法一直未对数据权属作出正面回应,《民法典》第 127 条对数据的保护语焉未详。司法实践中以竞争法替代,使用《反不正当竞争法》第 2 条的一般条款中的“合法权益”,以不正当竞争行为之名义,对于非法侵入、使用企业数据等行为予以救济。然而,反不正当竞争法指向市场竞争秩序而非数据权益保护,对竞争利益中的私权关注不足,因此不足以回应企业数据保护的难题。

美国学者 Lessig 教授最早提出数据财产权的概念,[②]国内学者龙卫球、程啸等亦提出数据产权的保护路径,也不乏有学者质疑,如王镭从信息与数据划分为视角“拷问”数据财产权[③];梅夏英则主张对数据进行公共化利用。[④] 对于数据产权保护路径的探索方兴未艾,本文以法经济学的视角重新审视数据产权保护的正当性与必要性、困境及出路。

## 二、数据产权保护之正当性与必要性

### (一)产权的法律内涵

对于建立数据产权的质疑在某种程度上源自对产权概念的误读,因此有必要对法律语境下产权的概念进行厘清。

《大辞海》将“产权”定义为法律上确认的经济主体对自身所拥有的财产的权利,在交易活动中使自己或他人在经济利益上受益或受损的权利。[⑤] 由此,数据产权的内核是经济性利益,本质是收益归属与剩余索取权分配的问题。同时,产权是一个集合性的权利束,数据产权的法律概念

---

① 参见浙江省杭州市中级人民法院民事判决书,(2018)浙 01 民终 7312 号;北京知识产权法院民事判决书,(2019)京 73 民经 2799 号;浙江省杭州市中级人民法院民事判决书,(2020)浙 01 民终 4847 号。

② 参见[美]劳伦斯·雷席格:《网络自由与法律》,刘静怡译,商周出版社 2002 年版,第 396 页。

③ 参见王镭:《“拷问”数据财产权——以信息与数据的层面划分为视角》,载《华中科技大学学报(社会科学版)》2019 年第 4 期。

④ 参见梅夏英:《在分享和控制之间——数据保护的私法局限和公共秩序构建》,载《中外法学》2019 年第 4 期。

⑤ 参见夏征农:《大辞海》,上海辞书出版社 2009 年版,第 187 页。

也是多维的，只有在广义的产权概念上，才能突破部门法的局限，获得更大的制度包容性。

（二）产权缺失的乱象

产权的缺失或产权配置不合理是市场没有有效配置资源的重要原因。美国经济学家 Harold Demsetz 在其《论产权理论》一文中指出：因产权不清所造成的外部性内部化的收益高于其成本时，产权将会产生。

一方面，数据产权制度的缺位会减少数据开放或交易行为的收益，将导致数据掌握者对进行数据交易和共享倾向于谨慎，①采用技术措施保护其所控制的数据资源成为商业常态，②阻碍数据的有序流动，形成“数据孤岛”；另一方面，数据“地下利用”与“黑色产业”猖獗难抑，滋生数据交易乱象。产权界定的缺失，直接限制了数据的正常交易和合理使用，不仅对数据企业带来了损害和挫伤，甚至对数据市场和社会秩序造成了动荡。

（三）产权制度的利好

随着共同财产资源价值的增长，人们越来越可能确定对它的权利。③随着数据资产化的经济利益越来越巨大，建立产权的必要性不断上升。

根据波斯纳定理，存在交易成本时权利应赋予对权利净值评价最高并且最珍视它们的人。企业具有更强的数据收集、分析与转化能力，由企业享有数据的产权是有效率的安排，也符合洛克的劳动赋权理论，即付出劳动者应享有劳动产品的财产权。④

产权的不同安排会产生不同的激励效果。根据科斯第二定理，⑤当存在交易费用时，法律对资源配置不再是中性的。有效的产权以两种方

---

① Jeremy de Beer, Ownership of Open Data: Governance Options for Agriculture and Nutrition, 2016, http://www. godan. info/documents/ownership-open-data-governance-options-agriculture-and-nutrition-0.

② 参见丁晓东：《论企业数据权益的法律保护——基于数据法律性质的分析》，载《法律科学（西北政法大学学报）》2020 年第 2 期。

③ 参见［美］Y. 巴泽尔：《产权的经济分析》，费方域、段毅才译，上海人民出版社 1997 年版，第 89 页。

④ 参见［英］洛克：《政府论（下篇）》，叶启芳、瞿菊农译，商务印书馆 1964 年版，第 86 页。

⑤ See R. H. Coase, *The Problem of Social Cost*, 3 The Journal of Law and Economics 1 (1960).

式创造激励作用以使社会财富最大化:第一,产权是自愿交易的法律基础,它通过把商品从对它们估值较低的人手中转移到估值较高的人手中来实现配置效率。① 第二,产权具有激励效应,在企业被赋予数据产权后,将激发其对数据的流通利用和挖掘,释放数据潜在的巨大价值,对解放和发展数据生产力、培育数据要素市场具有重要意义,并反哺用户与消费者。

## 三、数据产权保护之困境

数据产权保护难题既来自数据与信息的难以分割,也来自个人与企业利益保护的两难境地,还在于数据产权在内容上人格权与财产权属性交织,加剧了数据产权建立的复杂性。学界对于数据产权设立的担忧主要来自客体、主体、内容三个方面。

### (一)客体层面:数据独特的经济属性与建立私人产权的矛盾

数据具有独特的经济属性与法律属性,数据产权保护面临的首要困境在于,从经济维度上看,数据能否成为私人物品;从法学维度上看,数据能否成为民事权利的客体。

#### 1. 数据能否成为私人物品:基于数据的非竞争性与非排他性

经济学上的排他性是指一种物品具有的可以阻止一个人使用该物品的特性,竞争性是指一个人使用一种物品将减少其他人对该物品使用的特性。② 数据具有可以同时被多个主体使用而不影响其他人使用的特性,且数据的排他性维护成本较高,具有类似公共产品的特征。

第一,排他性不仅可以通过物理上的方式创造,同时也存在规范上的排他性,即通过法律创造的排他性(如知识产权)。③ 财产权利的安排与资源的自然属性有关,但不意味着财产权利的安排完全由其决定。产权

① 参见[美]罗伯特·考特、[美]托马斯·尤伦:《法和经济学》(第6版),史晋川、董雪兵等译,格致出版社、上海人民出版社2012年版,第98页。

② 参见[美]曼昆:《经济学原理:微观经济学分册》(第7版),梁小民、梁砾译,北京大学出版社2015年版,第234页。

③ 参见纪海龙:《数据的私法定位与保护》,载《法学研究》2018年第6期。

的界定不仅与资源的自然属性有关,还依赖于界定和维护产权的技术手段和所选择的产权界定规则,数据产权可以在新的技术时点和新的概念体系下构建。

第二,对于数据非竞争性的定性并非绝对,数据不是一个静态恒定总量的整体,从动态角度来看,数据和数据产品被不断挖掘和制造,原始数据将被企业在不同场景中加工利用。此时同行业的企业,谁能够掌握最充分最前沿的数据,谁就可以占据竞争的制高点,在这个意义上数据的开发具有竞争性。因此数据呈现的公共产品特征并不能成为建立数据产权的障碍。

2. 数据能否成为民事客体:基于数据的无形性与依附性

数据具有无形性与依附性的特征:其一,无形性,即无论处于内容层面的信息还是处于载体层面的符号,在物理空间均无法被捕捉;其二,依附性,即数据必须依附于载体而存在,且数据的财产性由信息内容来定义,故数据本身不具有独立的经济价值。由此,有学者认为数据并非民事权利的客体,难以被权利化,只能服从于代码规则,数据的保护问题应当交由技术手段而非法律手段解决。①

对此,作为民事客体的"物"的范畴不断扩张,电力、水力、智力成果等无形物也被纳入。关于数据的依附性,数据产权建立的逻辑起点在于数据内容与形式的不可分割性,学者所秉持的观点实则建立在数据载体与内容二分对待基础之上。因此,笔者认为数据可以成为民事客体。

(二)主体层面:数据产生者与数据生产者的二元对立

数据产权的主体主要涉及数据产生者(个人)与数据生产者(企业),争议在于数据产权的归属问题。二者似乎处于一种零和博弈的状态,任何一方对于数据独占性的排他权利都将减损另一方的利益。

如果将数据产权赋予个人:一方面,将产权赋予数据产生者可以增强对个人的隐私保护;另一方面,将造成极大的经济不效率。第一,对企业而言,对于数据的利用将大大受限,导致数据流通受阻,企业的商业利益

---

① 参见梅夏英:《信息和数据概念区分的法律意义》,载《比较法研究》2020年第6期。

难以实现,企业也缺乏动力进行数据开发与利用。第二,对个人而言,大数据的规模性使得个人面临巨大的协商成本,同时无法获得企业提供的数据与数据产品。第三,对社会而言,孤立的个人数据难以发挥经济价值,创造社会福祉,数据只有在共享之中才能获得最大的收益。

如果将数据产权归属于企业,可以增加数据的开发和流通,但是存在隐私泄露的负外部性。由于企业关注自身从数据中获取的商业利益,资本的逐利性将加剧个人隐私的曝光,需要将负外部性的成本内部化。

因此,无论将产权单一赋予给何者,均不构成经济学意义上的“卡尔多－希克斯改进”,更无法形成“帕累托最优”。鉴于上述两种路径行不通,下文将提供一种所有权分割的新思路。

### (三)内容层面:人格要素与财产属性交织

法律框架下对调整对象法律性质的界定具有实际意义,人格权或财产权意味着不同的资源稀缺性程度、不同的市场竞争条件、不同的制度成本。数据是内容与形式的统一体,在某种程度上,产权是一种复合权利,具有人格权和财产权的双重属性。然而,产权的初衷在于解决经济上的外部性难题,建立激励相容的机制。如果将个人信息保护、隐私保护直接纳入产权概念的范畴,则会使产权的构建因过于宽泛而失去意义。在现有数据立法聚焦于个人信息保护与隐私权问题的保护格局下,对于数据产权的构建应当给予商业利益更多的关注。因此,笔者认为坚持财产属性才是数据产权的本质。

当然在对财产权利类型化进行构建时将不可避免地涉及人格利益,需要分阶段、分类型、分场景考虑,人格属性虽然不是数据产权本身的内容,却是数据产权构建中不可忽视的介入要素,主要集中于对数据权利的限制。

## 四、数据产权保护路径之出路与重构

### (一)个人数据产权与企业数据产权二分

#### 1. 个人利益与企业利益的非零和博弈

对数据产权建立这一困境的基本立场不能掉入二元对立的泥淖,个人利益和企业利益并非零和博弈，二者本质上属于利益共同体。

对于数据问题，私法上主要站在用户焦虑的角度，对财产数据未给予充分考量。如欧盟的《通用数据保护条例》采用了类似于所有权的强保护理念，确立个人信息自决权，为数据流动设置了极高的制度门槛。[①] 然而，片面强调个人信息决定权与隐私权的单边保护，不利于数据企业服务的提供和经营，用户也将失去便利的数据服务，甚至导致企业难以为继，是博弈论中“囚徒困境”的非最优解。

因此，在享受互联网科技带来的高品质数据服务上，个人和企业的利益其实是捆绑的。个人所做的让渡本质上是为了获得数据和数据产品带来的利好，理论上说个人将原始数据提供给企业并不是毫无对价的“买卖”。同时，单个人孤立的数据是没有价值的，大样本数据集合加上技术分析，才能使数据增值。因此对作为原始数据提供者的保护应集中于对人格利益的防御以及隐形经济利益的反馈，为数据创造经济价值的企业才应当获取直接的商业利益。

不可否认，个人利益和企业利益存在冲突，应当平衡个人的数据隐私期待与企业对于数据合理利用的期待，即产权的范围是有约束和限制的。

2. 个人与企业数据产权分割

个人与企业并非零和博弈之关系，但仍然需要解决二者利益分配的问题。这里的基本立场是产权不是绝对的，经济学家过去没有利用产权概念构建数据权利，也许是因为他们倾向于认为产权是绝对的，忽略了产权部分界定的中间状态的可能性。

数据产权可以看作多种权能的总和。产权分割的前提是必须对有价值的各种特性有充分认识，然后赋予不同主体不同的权能，将主体的单一归属问题转化为权能在不同主体间配置的问题。将企业享有完整的产权的部分权能分配给个人，也即对企业的数据产权施加限制。这看似是稀释企业的产权，其实恰恰加强了权利，因为数据产权在多个主体之间的共

① 参见高艳东：《数据确权，需要中国法律方案》，载《环球时报》2020 年 12 月 10 日，第 15 版。

存可以让数据要素的流通更为便捷。

企业和个人在宏观上属于利益共同体,微观上也有各自的产权权能。个人对原始数据享有基础产权,以"自决"为权能中心,包括知情同意权、修改权、遗忘权、收益权、可携权、拒绝权、删除权等,个人数据产权体现出人格化和财产化的双重价值实现面向;企业对于衍生数据享有添附产权,以"经营"为权能中心,包括经营活动自主权、控制权、使用权、收益权、限制处分权等。同时,由于原始数据是衍生数据的原材料,二者是联动的关系,基础产权对添附产权具有限制与约束作用。

(二)正向赋权与反向防御结合

产权具有多重功能的聚合性,完整的产权不仅包含正向赋权,也包括反向防御。法经济学理论认为,在正向赋权的财产规制外,还存在为责任定价的责任规制、禁止交易的禁易规则,即"卡 - 梅框架"提出的三个规则——财产规则、责任规则和不可转让规则。① 财产规则是对数据产权保护的赋权,责任规则和不可转让规则便是对数据产权保护的限权。应将三种规则融入数据产权,从而构建有序的差异保护格局,描绘出以财产规则为主体,责任规则和不可转让规则为辅的数据产权保护路径的轮廓。

财产规则是指除初始权利需要法律界定外,权利的价值可以由当事人自己确定。责任规则用于一项权利在受到侵犯以后,侵权人要向权利持有人支付赔偿金时。不可转让规则即禁止权利的转让和侵权的发生。财产规则是一种事前机制,强调主观价值,责任规则是一种事后机制,强调客观价值,不可转让规则是由于转让所带来的负外部性过高。

1. 财产规则

财产规则为一种正向赋权,是数据产权的核心规则。对于原始数据应侧重个人的产权保护,对于衍生数据应侧重企业的产权保护,同时应对是否包含敏感信息的数据进行区分。

---

① See Calabresi G. Calabresi & A. Melamed, *Property Rules, Liability Rules, and Inalienability: One View of the Cathedral*, 85 Harvard Law Review 1089(1972).

第一，包含敏感信息的个人数据，遵循财产规则。由于人们对隐私保护的态度不一，[①]敏感性本质上是主观的，个人对于敏感信息的边界判断有差异。因此对数据财产化可以满足不同人的隐私需要，个人可以基于意愿将自己包含敏感信息的数据进行交易与差别化定价。由于隐私一旦泄露具有不可逆转性，因此事前协商的财产规则将更好地保护其对个人数据的自主决定利益。个人信息的收集、使用、处理与转让应取得被收集者的同意，是个人信息保护的出发点与基本原则。

第二，包含非敏感信息和经匿名化的衍生数据，遵循财产规则。衍生数据是基于企业对数据的收集、加工和基于应用场景的再造，基于劳动赋权理论系属于企业的财产，因此企业可以受到财产规则的保护。对于包含敏感信息的衍生数据则有特殊的限制，将于下文论述，而对于采用数据清洗技术的匿名化数据，由于打破了信息与主体的对应关系，本质上与包含非敏感信息的衍生数据没有区别。

2. 责任规则

责任规则为权利的反向防御，即权利人并不具有主动协商的机会，只能在权利受到侵犯时，以客观价值获得赔偿。

第一，企业对个人非敏感信息数据的采集，应当遵循责任规则。如果对个人非敏感信息的采集采用财产规则，自愿谈判与协商将缺乏效率。对于个人包含非敏感信息数据的采集使用责任规则，可以降低交易的门槛，类似于将这部分数据置于公共领域，促进数据的流通和利用是数据产权确立的应有之义。

第二，政府征集数据采用责任规则。征用权是一种通过强制手段获取财产的法律权力，本质上是私人产权向公共产权的转化，比如，新冠疫情下政府对个人信息的征用与收集具有紧迫性，不能通过事前个别化的协商，使用责任规则具有必要性，同时也是有效率的，因为集中性的价值评价方法解决了要挟问题和搭便车问题。[②] 当然，对于政府的征用权应

---

① See Lior Jacob Strahilevitz, *A Social Networks Theory of Privacy*, 72 University of Chicago Law Review 919(2005).

② 参见陈国富：《法经济学》，经济科学出版社 2005 年版，第 48 页。

当有所限制,需要遵守符合公共利益目的、合理补偿、程序正当三个原则。

3. 不可转让规则

不可转让规则亦为反向防御。由于公共利益的价值序位更高,不可转让规则的设立本质上禁止交易。

第一,包含敏感信息的衍生数据,遵循不可转让规则。企业对于衍生数据可以获取超额的商业利润,如果允许包含敏感信息的衍生数据被交易、转让,将产生巨大的负外部性,滋生兜售敏感信息的利益链条,侵犯个人的隐私权利。同时,衍生数据是来自对众多主体原始数据采集并加工后的大数据,涉及面广、影响广泛,包含敏感信息的衍生数据涉及公共利益,应当采取禁易规则。这里反映的本质问题是市场机制不能解决所有问题,具有边界。

第二,非法获取、超过合理使用目的的数据,遵循不可转让规则。数据企业对个人数据的权利来自其合法收集、存储,并支付了对价的事实行为。[①] 数据原本的使用目的以及企业对数据是否有合理利益,是企业对衍生数据交易的前提条件。对于企业非法获取、超过合理使用目的的数据,应当切断其进一步向外交易的渠道。

表 1 将上述内容整合,对数据的采集和应用作出类型化和场景化的区分,将“卡 – 梅框架”的三种规则涵盖于产权框架之内,构造正向赋权和反向防御相结合的数据产权体系。

**表 1　不同类型数据适用的产权规则**

| 类型 | 包含敏感信息 | 包含非敏感信息 |
| --- | --- | --- |
| 个人原始数据 | 财产规则 | 责任规则 |
| 企业衍生数据 | 不可转让规则,匿名化后可以采取财产规则 | 财产规则 |
| 政府采集数据 | 责任规则 | |
| 企业非法采集信息、超过合理使用目的 | 不可转让规则 | |

① 参见程啸:《论大数据时代的个人数据权利》,载《中国社会科学》2018 年第 3 期。

### (三)静态与动态保护机制并行

个人数据产权与企业数据产权二分,正向赋权和反向防御结合,是静态维度上的产权归属与划分。数据权利的本质在于流动,动态的过程才是权利产生和实现的过程,也是数据价值增值的过程,需要引入动态产权保护机制的视角。

数据产权具有动态、多重、复杂的特点,数据经营者和用户进入数据交易关系,只是数据经济的初始环节,后续企业会对作为原材料的原始数据进行一系列的加工和增值,包括清理、语义化、融合、分析、建模、知识提取、应用、分发等关键步骤。① 企业进行结构创新意义上的数据挖掘,将简单态的原始数据通过收集、加工聚变成为充满经济价值或者可以具有商品属性的企业数据,进而再进入加以应用或交易的过程。②

从数据经济关系具有动态特点和数据从业者处于重心驱动位置的复杂结构来看,对数据产权应当进行三个阶段的权利构建,第一阶段是企业向个人采集原始数据,第二阶段是企业对数据的加工与利用,第三阶段是企业对衍生数据的市场交易。第一阶段的重点在对个人信息的保护,基础数据往往与人身权紧密相关,侧重人格利益的保护;第二阶段则重在保护企业付出的劳动和增值利益;第三阶段重在构建安全高效的数据交易市场,遏制数据的非法黑市交易,推动数字经济和数据产业的繁荣和发展。

数据产权的动态保护,立足于数据经济的合理本质,可以重新平衡用户和数据从业者以及其他关系人的复杂利益关系,不同主体之间的良性互动不仅提高了动态效率,同时促进了静态效率的提高。数据产权的建立不仅聚焦于数据的物理状态,同时关注转换形态与利用价值,对数据保护注重从事前(ex ante)、事后(ex post)两个时间维度进行考量,事前往往采取合同法保护路径,事后一般采用侵权法保护路径。

---

① 参见吴超:《从原材料到资产——数据资产化的挑战和思考》,载《中国科学院院刊》2018年第8期。

② 参见龙卫球:《再论企业数据保护的财产权化路径》,载《东方法学》2018年第3期。

## 五、结语

数据客体具有非竞争性、非排他性、无形性、依附性等独特的属性,主体层面需要回应对数据产生者和生产者等多主体的关怀,内容上又面临人格属性和财产属性的交织,因此数据产权的构建面临重重困境。总体而言,需要坚守促进数据流通和利用的基本方向,着力化解数据安全和数据红利的紧张关系,平衡好自由、效率、安全和公平等各种价值,达到数据共享与控制之平衡。数据产权是一种具有极大包容性的复杂结构,具有包容性,可以从以下三个维度进行制度构建:第一,将个人数据产权和企业数据产权二分,两者并非处于零和博弈的紧张关系,通过产权的权能分割,个人对原始数据享有基础产权,以“自决”为权能中心,企业对衍生数据享有添附产权,以“经营”为权能中心。第二,构建财产规则、责任规则、不可转让规则的差序保护格局,将正向赋权与反向防御规则同时纳入数据产权体系。第三,在动态层面,立足数据经济的合理本质,明确企业在数据经济的重心驱动位置,重新平衡用户和数据从业者以及其他关系人之间的复杂利益关系,分阶段释放数据活力,进行三阶段的权利构建。

本文从法经济学的视角仅对数据产权的建立搭建了一个宏观的框架,将形式与内容、静态和动态、事前和事后、赋权和限权等对立的概念统一起来,对刚性的产权制度进行柔性化的改良,而微观上规范的构建尚待根据数据类型与数据应用场景进一步精细化,同时对于数据产权的质疑与困境也无法予以穷尽回应。

# 数据要素的市场化机制建设

## ——围绕制度构建的理论与国际实践比较

刘　典*

**摘　要**：我国经济已由高速增长阶段向高质量发展模式转型。恰逢世界经济下行压力增大，同时技术革命带来了数字经济这一新型经济样态的萌发和新一轮世界市场的形成，发展数字经济成为我国在未来的国际竞争中取得优势的重要场域。要发展数字经济，必须充分释放"数据"这一全新生产要素的动能，加快数据要素的市场化机制建设。我国正面临着海量的数据资源资产化的进程，亟须为数据要素的市场化提供制度体系上的支持，释放底层数据的价值，促进现代信息技术的市场化应用，推动整个数字产业发展与领先，加速形成数字经济新模式，培育新优势。本文从数据要素市场机制的理论构建与国际实践研究两个角度出发，围绕数据资本化这一要素市场机制建设中的核心难题，分析了我国目前数据要素的市场化机制建设的现状与困境，并就加快培育数据要素市场提出建议。

**关键词**：数据要素；市场化；数字经济；数据治理；制度比较

数字经济是全球经济增长日益重要的驱动力，在加速经济发展、提高产业劳动生产率、培育产业新增长点和新市场、实现可持续发展方面发挥着重要作用。随着数字经济的兴起，数字流动成为 21 世纪全球化的主要

---

* 刘典，男，复旦大学中国研究院副研究员。

特征,对由此产生的数据的加工利用又进一步推动了数字经济的发展繁荣。数据成为驱动经济发展的关键生产要素,而相应的市场机制建设研究与实践也在国际、国内层面持续升温,成为国际竞争与合作、国内改革与发展的重要议题。

## 一、从数据的价值挖掘到要素市场的理论构建

我国经济已由高速增长阶段转向高质量发展阶段,需要进一步促进要素的自主有序流动,提高要素的配置和利用效率。在世界经济下行压力加大、受疫情冲击严重的背景下,数据提升全要素生产率的效果前所未有,为经济赋能作用明显,数据成为重要的战略资源和核心创新要素。数字经济深度重塑了经济社会形态,传统的市场理念、市场工具面临前所未有的挑战,这些变化体现了现代经济发展的重要趋势,分配关系也必须与时俱进。因此,如何挖掘数据的价值并且形成要素市场的理论,是助力数字经济发展的关键一环。

2019 年 10 月 31 日,党的十九届四中全会决议通过的中共中央《关于坚持和完善中国特色社会主义制度推进国家治理体系和治理能力现代化若干重大问题的决定》中首次将数据增列为生产要素,要求建立健全由市场评价贡献、按贡献决定报酬的机制;2020 年 3 月 30 日,中央第一份关于要素市场化配置的文件中共中央、国务院《关于构建更加完善的要素市场化配置体制机制的意见》正式公布,提出了土地、劳动力、资本、技术、数据 5 个要素领域改革的方向,明确了完善要素市场化配置的具体举措,数据作为一种新型生产要素,意见强调要加快培育数据要素市场。这意味着建设数据市场已经成为社会主义市场经济体制下要素市场化改革的重要组成部分。

在此背景下,探索建立数据要素市场化的理论体系,建设现代化经济体系,构建适应全球数字经济发展趋势的市场机制,是推动经济转型升级、实现高质量发展的重要举措,同时这项工作具有极大的紧迫性与必要性。

### (一)数据要素市场化建设的三个维度

数据资源化、资产化与资本化是内生于数据要素市场化建设中的三个维度,是完善产权制度和数据要素市场化配置的交叉区域,是推进数据要素的市场化机制建设的关键。党的十九大报告提出"经济体制改革必须以完善产权制度和要素市场化配置为重点"。要素市场化是一场深刻的社会变革,将成为推动我国经济长期增长的重要因素。因此,完善要素产权的界定制度、配置制度、交易制度和保护制度是使要素市场发挥应有功效的制度保障。①

随着信息技术和经济社会的交汇融合,数据已成为国家的基础性战略资源和资产。数字经济得以发展得益于数据规模的扩大以及数据处理技术的进步。从碎片化的数据信息升级为数据资源的过程中,包括对处于"原料"状态的信息进行初步加工,形成可采集、可利用的高质量数据,按照应用需求进行标准化、结构化的处理,并与实际应用相结合,从而最大程度发挥数据的作用。在这个阶段,数据作为一种具有使用价值的资源,能够更好地帮助管理者决策,实现经济效益。有学者基于对多个角度文献的概括,提出数据的资源化如同工业产品的生产:从初始作为原材料,到最后成为提供给用户的产品,其中经历了一系列包括清理、语义化、融合、分析、建模、知识提取、应用、分发等关键步骤的加工和增值过程,这也是一个复杂的价值链。② 数据只有通过加工从而具有通用性、全局性、价值性、流通性等多种属性之后,才可称为生产要素。

数据资产化结合资产本身所具有的现实性、可控性、经济性三个特征,是实现数据可控制、可量化与可变现属性,并体现数据价值的过程。当前,数据已经渗透各行各业,企业所掌握的数据规模、可利用程度,以及采集、分析、处理和挖掘数据的能力,决定了企业的核心竞争力。因此,数据作为新的生产要素,驱动着新模式、新业态不断涌现,数据资产化成为必然趋势。

---

① 参见常修泽:《关于要素市场化配置改革再探讨》,载《改革与战略》2020 年第 9 期。

② 参见吴超:《从原材料到资产——数据资产化的挑战和思考》,载《中国科学院院刊》2018 年第 8 期。

2016 年,麻省理工科技评论与甲骨文公司合作撰写了报告《数据资本的兴起》,该报告认为,由于数据的稀缺性和独特性,如同零售商缺少必要的融资就无法进入新的市场,如果没有必要的数据,就无法实现新的定价。因此将所有信息压缩成一个单一的评价指标,即采用“价格”作为衡量的标准,并通过金钱传达这一信息,构成了数据资本化的理论前提。

总体来说,把握好数据要素市场化建设的三个维度,尤其是促进数据的资本化,需要通过数据交易、流通等活动实现数据要素的社会化配置,从而极大地提升数据的使用价值和交换价值。数据资本化关乎数据价值的全面升级,也是实现数据要素市场化配置的关键所在。

(二)实现从“数据资源”到“数据资产”的转变

数据是行为主体经济社会行为的过程或结果,承载了产业运行的规律、机理等,具有极高的潜在价值。然而,数据只有经过处理、赋予其现实价值,才能实现从“数据资源”到“数据资产”的转变。

目前,我国对数据资源资产化的研究包括理论研究和实践探索。我国在数据资产化方面的实践探索领先于理论研究。自 2015 年 9 月贵州启动了全国第一个大数据综合试验区后,目前各省市先后建立的数据交易机构超过 20 个。2020 年 9 月,北京市发布了《关于打造数字贸易试验区实施方案》等重要政策,提出要将北京打造成为具有全球影响力的数字经济和数字贸易先导区。

综合来看,实现数据从“资源”向“资产”转变需要以数据资产化服务于数据要素市场化为视角,基于数据资产的特点和需具备的条件,构建数据资产化的基本框架,为数据资源的资产化提供可行路径。研究认为,数据资产是拥有数据权属、有价值、可计量、可读取的网络空间中的数据集,数据需经过资产化过程才能拥有数据资产特征。① 因此,数据资产化可通过建立行业共识、数据加工处理、数据包封装三大阶段实现。② 资产估值、折旧或增值处理,则宜根据数据资产的存储形式、挖掘工具以及应用

① 参见朱扬勇、叶雅珍:《从数据的属性看数据资产》,载《大数据》2018 年第 6 期。

② 参见纪婷婷、甘似禹、刘春花等:《数据资产化与数据资产增值路径研究》,载《管理观察》2018 年第 18 期。

分析模式,参考其活性、容量、规模、用途,选取不同的思路和方法。[①]

(三)数据的资本化:要素市场机制建设中的核心难题

数据资本化作为数据要素的市场化机制建设的重要一环,是实现数据要素市场化配置的核心难题。当前,我国经济正处于发展方式转变、经济结构优化及增长动力转换的攻关期。建设社会主义市场经济体制,是新时代跨越关口、实现经济发展的重要保障。[②] 只有实现数据的资本化,才能使数据要素在生产系统中形成闭环,使各个生产要素在市场中自主有序流通,释放错配资源,实现优化组合,提高配置效率,进而形成协同发展的产业体系,推动产业结构的转化、升级。

研究认为,实现"数据资本"需要确保数据资本化的主体拥有对数据资产的控制权,并以此为基础获取超额利润分配和开发利用能力。[③] 在数据资产流动过程中,拥有控制权是获得超额价值分配的前提,而将获利作为目标则意味着必须对数据资产进行定价和交易,从而凸显确权、定价、交易三方面问题。但数据所具有的外部性、非结构性、非标准化、资源标的多变性、边际成本递减、规模报酬递增等特征,使其在这三个方面存在诸多待解决的问题和挑战。[④]

从实践探索看,我国在数据确权、定价、交易方面取得积极进展。同时,我国对数据权属界定的探索不断加快。实现数据确权,即明确数据资产的产权界定,包括明确权利性质、权利内容和权利归属。[⑤] 然而,不同的权利性质、权利内容和权利归属定义意味着不同的交易成本与制度效率。[⑥] 这就需要在实践中务实创新,实现向既满足用户控制个人数据需

① 参见马丹、郁霞:《数据资产:概念演化与测度方法》,载《统计学报》2020 年第 2 期。

② 参见庞庆明、郭志伟:《中国特色社会主义资本观:历史溯源、当代发展与新时代阐释》,载《西北大学学报(哲学社会科学版)》2018 年第 1 期。

③ 参见张弛、张曙光:《新经济对经济学理论的挑战》,载《学术月刊》2018 年第 1 期。

④ 参见于施洋、王建冬、郭巧敏:《我国构建数据新型要素市场体系面临的挑战与对策》,载《电子政务》2020 年第 3 期。

⑤ 参见周林彬、马思斯:《大数据确权的法律经济学分析》,载《东北师大学报(哲学社会科学版)》2018 年第 2 期。

⑥ 参见文禹衡:《数据确权的范式嬗变、概念选择与归属主体》,载《东北师大学报(哲学社会科学版)》2019 年第 5 期。

求、企业经营数据资源的需求,又平衡用户和企业权利,朝着“既维护数据安全所需正义,同时保障发展数字经济所需效率”的目标前进。

我国数据定价规则尚处于实践初期。2020 年 6 月 4 日,我国数据资产领域首项国家标准——《电子商务数据资产评价指标体系》正式发布,该项标准给出了数据资产评价指标体系构建的原则、指标分类、指标体系和评价过程,适用于数据的电子商务交易过程中对数据资产价值进行量化计算及评估评价。如今,数据资产估值的影响因素、价值构成尚未取得社会共识。数据资产的定价方式可以通过两个视角决定:一是通过学者研究视角,综合考虑各类影响因素建立定价模型,并作为定价的依据。二是通过数据交易从业人员的实践视角,以市场交易的实际过程和实际定价作为依据,建立数据定价的经验公式指导交易过程。① 从方法分类的角度,数据资产的价值评估可以依据无形资产的评估准则,使用成本法、市场法和收益法或构建新的价值分析模型等方法进行评估;②从市场角色来看,国内外大数据交易平台目前普遍采取三类数据定价实践中的可信第三方定价。

此外,我国还需广泛建立数据要素市场以实现数据流通交易,推动行业创新变革。数据流通交易是数据资本化的前提,专门市场的建立和完善可以降低行为主体的交易成本。然而,受限于当前对数据资产的属性还未达成共识,我国学界的相关研究主要集中在大数据交易模式、监管治理等方面,对市场设计等具体内容研究较少。目前,我国已出现两类数据交易平台:一类是以数据生产或数据服务类企业为主导、商业职能为主的数据交易平台;另一类是以地方政府联合其他主体投资的数据交易平台、第三方撮合性的数据交易平台。在这些平台的基础上,我国有望在未来逐步建立覆盖范围广泛的数据要素市场。

---

① 参见彭慧波、周亚建:《数据定价机制现状及发展趋势》,载《北京邮电大学学报》2019 年第 1 期。

② 参见左文进、刘丽君:《大数据资产估价方法研究——基于资产评估方法比较选择的分析》,载《价格理论与实践》2019 年第 8 期。

## 二、立法与政策视角下的国际数据要素市场化制度比较

随着全球数字化革命的深入发展,“政府战略主导”下的立法与政策正在数据要素市场制度设计和建设方面发挥显著作用。在世界各经济体中,美国、欧盟的数字经济战略有很强代表性,本文将作重点阐述。除此之外,英国、俄国、德国等也十分重视数字经济发展。目前,至少30多个国家出台了各自的政策;此外,数字经济合作成为多边、双边合作的新亮点,世界银行、世界经济论坛、经济合作与发展组织等国际组织在持续通过各种举措推动数字经济发展。

数据要素所衍生的国际新兴贸易形式的快速发展,在拓展国际贸易边界的同时,也对各国的数字经济战略提出挑战。在当前大国虚拟空间战略博弈态势加剧的背景下,以立法与政策视角分析世界主要经济体的数字经济发展实践及综合作用有助于研究数据要素市场化的“中国方案”。习近平总书记在2014年12月9日召开的中央经济工作会议上指出,社会主义市场经济的本质是法治经济。[①] 显然,我国在数据要素市场化方面需要保持良性前进步伐,也必须稳步跟进立法及政策研究。

### (一)欧盟:公共数据空间和统一市场构建

欧盟拥有欧洲最大的数字贸易市场,致力于构建一个统一的数据市场,并且在数据治理方面的立法举措在全球发挥了示范引领作用。欧洲的数字经济政策发端于1993年的《成长、竞争力与就业白皮书》,在一定程度上,欧盟在数字市场的标准引领方面弥补了其相对于美、中的数字技术劣势,维护了有利于欧洲数字市场发展的竞争环境。

在政策制定层面,欧盟近年来着力通过制定法律法规加强“数字主权”与技术安全。依托已有的制度优势和发展经验,大力推动构建欧盟内部的数据公共空间,促进统一市场的形成。2010年,欧盟施行了“数据开放”战略,推动数据相关的基础设施建设,提升数据处理能力。[②] 2010年

① 参见中共中央文献研究室编:《习近平关于全面依法治国论述摘编》,中央文献出版社2015年版,第115页。

② 参见李荣:《国外主要大数据战略》,载《计算机与网络》2019年第1期。

5 月,欧盟正式发布“欧洲数字议程”政策,列举了对欧盟信息技术发展产生阻碍作用的 7 种因素,同时提出 7 个方面优先行动。2015 年,在欧委会提出“单一数字市场战略”后,欧洲议会于 2016 年 4 月发布了《欧洲产业数字化规划》,通过了 2018 年 5 月开始正式实施的《一般数据保护条例》(EU General Data Protection Regulation, GDPR)。《欧洲产业数字化规划》旨在以统一产业数字化战略的形式避免欧洲市场的碎片化。GDPR 的颁布实施实现了对欧洲公民个人数据的保护,推动了统一欧洲数据治理规则的完善。首先,该条例明确了数据主体享有的法定权益,如知情权、访问权、自动化自决权、持续控制权等广泛的数据权利,提出了公司和个人就数据保护和数据控制享有的权利和义务;①其次,截至 2019 年,24 个欧盟成员国依据 GPDR 修订了本国法律;最后,欧盟数据保护委员会的数据显示,截至 2019 年欧盟依据 GDPR 共执法 17 次,开出罚款总额近 600 万欧元。其执法范围和力度有效确立并维护了 GDPR 在欧洲数据治理领域的核心地位,为欧洲市场在数字经济时代的一体化建设中作出了贡献。此后,包括中国、新加坡、韩国在内的多个国家以此法律为参照,对自身的数据保护规则进行了修改。

在此基础上,欧盟委员会于 2020 年 2 月发布了《欧盟数据战略》,其中明确从 2021 年到 2027 年,欧盟将大力推动数据空间发展,推进云基础设施整合,总投资规模为 40 亿 ~ 60 亿欧元。欧盟将在未来几年建立健全数据共享构架和治理机制,制定云规则监管制度,授权社会个体使用其生成的数据的权利,并授权个人对其数据进行管理。长期目标是着力构建共计 9 大类的共同数据空间,涵盖工业、环保、出行、公共卫生、医疗、金融、能源、农业、公共行政等多个领域。欧盟委员会明确指出,数据政策的根本目的,是利用数据造福社会,提升生产效率,构建自由竞争的市场。②

从数据要素市场化建设的视角来看,欧盟在立法层面极大加快了数据资产化中的数据权属等问题的进展,但 GDPR 在落实过程中也暴露出

① 参见栾群:《我国数据立法的 GDPR 启示——对欧洲数据治理模式的反思》,载《西北工业大学学报(社会科学版)》2020 年第 1 期。

② 参见欧盟委员会:《欧洲数据战略》,2020 年 2 月 19 日。

对数字经济发展的负面影响：如因对数据全流程保护的过高要求降低了市场效率、处罚过严等问题与现实契合不足、法律层面新权力的加入使原有权力体系复杂化等，导致原有的一批有潜力的中小企业无力与大企业竞争，[①]数字经济创新受融资不足影响减速发展，[②]这些都对数据资本化进程产生了负面影响，减弱了政策层面的建设对数据市场构建的积极影响。同时，欧盟缺乏数字经济利益在公民层面的再分配措施，可能会加剧当前的社会矛盾。2020 年 9 月欧盟官员公开表示，欧盟将寻求包括在特定情况下将大型科技公司完全排除在欧盟单一市场之外或拆分其欧洲业务在内的更多监管权力。可见，立法是否创新、恰当、务实是影响数据立法对推进数据要素市场化进程的重要因素，区域内统一市场的建立和巩固是维系数字经济话语权的重要方式。

（二）美国：着力数据资产增长，保持数据市场流动性

美国是最早将数字贸易从数字经济中分离出来的国家，美国的数字化服务在进出口服务总额中占据较高的比例。长期以来，美国一直着力推动数据资产的增长，保持数据市场的流通性。[③] 美国在国际贸易规则中具有很强的话语权，始终致力于巩固自身的竞争优势和领先地位。多年来，美国数字贸易政策的核心立场是推动数字贸易领域内的贸易开放性及其自由化发展，诉求始终围绕“跨境数据和信息的自由流动”等内容展开。[④] 2019 年 1 月，美国政府公布的《贸易谈判摘要》显示，美国明确要求欧盟向其开放跨境数据流。

美国数据规则制定大都由各州政府作决策，不同于欧盟的统一性、框架性的立法文件，由于美国在全球产业链中的特殊地位，其各州立法同样

① 参见许可：《欧盟〈一般数据保护条例〉的周年回顾与反思》，载《电子知识产权》2019 年第 6 期。

② 参见王融、郭雅菲：《迷雾中的新航向——2018 年数据保护政策年度观察》，载搜狐网 2018 年 12 月 29 日，http://www.sohu.com/a/285519767_455313。

③ 参见谢谦、姚博、刘洪愧：《数字贸易政策国际比较、发展趋势及启示》，载《技术经济》2020 年第 7 期。

④ 参见张茉楠：《全球数字贸易战略：新规则与新挑战》，载《区域经济评论》2018 年第 5 期。

产生了重大影响。例如,2020 年 1 月正式生效的《加州消费者隐私保护法案》,其辐射范围因加州的互联网公司总部云集而极广,对世界互联网行业产生了重要影响。[①] 此法案明确了信息产生主体(消费者)在其信息收集过程中享有知情权,对个人信息享有决定权,美国对个人信息采集实行"默示同意"的模式。相比欧盟体系下的"明示同意"模式,美国显著提升了信息采集的灵活性,其通过降低企业收集个人信息的成本,为本国企业创新商业模式预留了更多空间。

在政策层面,美国为保持持久竞争力加快步伐培育数字经济。2015 年,美国商务部颁发了《数字经济议程》,把发展数字经济作为"实现繁荣和保持竞争力的关键"。2016 年,美国成立数字经济咨询委员会,发布《大数据研发战略计划》提出发展数字经济的 7 大支柱。2018 年,美国发布《开放政府数据法案》,明确要求政府数据对外开放,各政府机关将数据用于公共政策制定,紧密联合大数据以提升政府综合治理能力。2019 年美国行政管理和预算办公室颁布了《美国数据战略 2020 年行动纲要》,要求数据的维护和使用充分"发挥数据资产价值",顶层设计应当让数据"活跃于流动之中"。未来 10 年,美国将致力于打通数据壁垒,完善协调和共享机制,满足更广泛的数据需求。[②]

另外,美国长期以来积极维护"长臂管辖"规则,不断增强政府对境外数据的采集能力。1998 年,美国商务部发布《浮现中的数字经济》,描述了信息通信技术将带来的经济变革,美军更是自 1999 年就开始着手发展制网权理论。特朗普政府于 2018 年签署《澄清域外数据使用法案》(以下简称《云法案》),在继续主张数据主权的同时,赋予政府无视数据存储地,合法调用美国科技公司所拥有的他国用户之个人数据的权力。[③] 美国政府可

① 参见中国信息通信研究院:《数字经济治理白皮书(2019 年)》,2019 年 12 月。

② 参见杨晶、康琪、李哲:《美国〈联邦数据战略与 2020 年行动计划〉的分析及启示》,载《情报杂志》2020 年第 9 期。

③ 参见黄婉仪:《防止美国监控欧盟公民,欧美就"数据主权"展开较量》,载腾讯网 2020 年 7 月 24 日,https://new. qq. com/rain/a/20200724A0USL700。

以以打击恐怖主义、维护国家安全等理由合法调用他国公民的个人信息。[①] 根据 2018 年华尔街发布的《互联网趋势报告》，美国公司苹果、脸书、亚马逊、甲骨文、微软包揽了榜单前五位，而《云法案》正是将这一先发优势转化为生产要素的政策保障。美国网络霸权在面临自我溃败时，我国应优先完成以国内数据要素市场的构建为代表的制度建设，以应对霸权变迁导致的颠簸与磨合期。美国霸权在冷战后的显著优势事实上源于美国对自身实力的谨慎约束和美国主导下的全球治理规则与生产力发展内生需求耦合所产生的吸引力带来的霸权低成本存续的实现，而如今这种低成本维持霸权的基础正在消失。[②]

从数据要素市场化建设的视角来看，美国的数据治理立法更具灵活性，对市场成本有降低作用，极大释放了数据资本化的动能。在政策层面，美国对内强调数据资产运用对政府综合治理能力的提升，对外以维护数字竞争优势为主旨，强化“长臂管辖”能力，构建数据跨境流动与限制政策，谋求主导全球数据产业链和规制体系，最大化数据的经济价值与政治价值。

综合来看，数字经济、数字贸易及相关立法与政策构建将是 21 世纪全球经贸及地缘博弈的核心内容之一。当前，数字强国正在积极巩固和扩展自己的数字版图，形成对数据要素的配置能力、对数据资产的生成和定价的控制。目前，在美欧等先发国家欲借助数字战略强化规则主导权优势的情况下，我国需加快实现“数字经济强国”的战略目标，探索适合中国国情与发展道路的治理框架体系，加速数据要素市场化，充分发挥数据资源优势，助力构建世界网络空间的命运共同体。

## 三、中国发展数据要素市场的制度构建与实践挑战

近年来，我国数字经济在多个方面处于世界领先水平，政策利好不

---

① 参见叶开儒：《数据跨境流动规制中的“长臂管辖”——对欧盟 GDPR 的原旨主义考察》，载《法学评论》2020 年第 1 期。

② 参见沈逸：《美国网络霸权战略持续面临自我溃败的困境》，载《中国信息安全》2020 年第 7 期。

断。然而在数据要素市场制度构建与实践方面,我国需加快数字经济的立法进度,并在此基础上完善数据要素市场制度,扩大市场规模。保持和发展我国数字经济活力,在后续博弈中掌握主动权。

从国际社会数据主权法律、政策发展动态和我国实践情况的层面分析:首先,世界各国都正在积极行使本国的数据主权,并通过国内立法确立基本制度。其次,各国博弈的焦点都在于对数据流动的掌控,主要以公民个人数据保护、数据安全管理以及跨境数据流动限制等形式展开。最后,包括我国在内的多数国家都在逐渐扩展对外数据的主权范围,特别是域外数据管辖权,以实现本国利益最大化。①

因此,当下我国首先要注重国内数据要素市场的构建和完善,通过培育国内数据要素市场,打通数字经济的内循环,释放数据价值。通过推进由地方到全国的数据交易平台建设,逐步完善数据交易机制,鼓励和支持数据在各行业、各领域的创新应用。在国内数据要素市场充分活跃、有序竞争的基础上发出国际数字贸易秩序的"中国声音"。

### (一)驱动数据要素市场化配置的多层次制度体系框架初步形成

目前,我国正从法律制定和政策出台两方面入手,构建数据要素市场的多层次制度体系。在实践先行的基础上逐步解决数据权属、交易配置、定价方案、竞争秩序、流程安全和隐私保障等领域的理论问题,逐步形成多层次的制度体系框架。

从法制建设层面来看,我国从中央和地方两个层面同步进行有关数据交易规则的法律法规的探索,逐步完善顶层设计,鼓励并培育国内统一的数据要素市场。我国的法律体系主要从以下三个方面为推进数据要素市场的建设提供制度支持。

第一,通过法律保障推动数据交易市场的繁荣。相比欧美国家,我国还缺乏对于数据资源确权的立法。我国对于数据收集者、持有者(包括政府、企业、个人)涉及公民个人信息的数据,其产权的归属、类型和结构界

① 参见何波:《数据主权的发展、挑战与应对》,载《网络信息法学研究》2019年第1期。

定规则尚无明确的法律法规依据，[①]但是已经逐步推进数据作为生产要素的确权工作。大数据交易所等诸多机构和企业的实践表明，须经过数据确权立法才能彻底实现数据流通融合，降低交易成本，繁荣数据市场。

第二，通过法律保障释放数据生产动能。数据源于生产与消费行为，通过完善立法降低交易成本，进一步释放经济活动中各层次的数据收集、交换、应用动能，形成数据开放、数据共享、经济共荣的格局。实践中，上海市于2019年10月开始施行《上海市公共数据开放暂行办法》，要求将政府开放在依法履职过程中采集和产生的公共数据，向社会提供具备原始性、可机器读取、可供社会化再利用的数据集，鼓励利用公共数据开展科技研究、咨询服务、产品开发、数据加工等活动。[②]

第三，通过法律保障个人数据权利。寻求经济发展与个人隐私保护之间的平衡是发展数据要素市场的必备之功。我国先后通过了《信息安全技术个人信息安全规范》和《数据安全法》，提出国家将对数据实行分级分类保护、开展数据活动必须履行数据安全保护义务承担社会责任等。构建数据安全责任体系，有利于形成规范、安全、成熟、健康的数据要素市场。

从中央政策和省级政策层面来看，党的十八大以来，中共中央、国务院和有关部委出台了一系列数字经济方面的政策法规，为数字经济的发展、数据市场的建设提供了强力支持。2018年7月，国务院制定了《国家数字经济发展战略纲要》。同年9月，国家发改委等19个部委出台了《关于发展数字经济稳定并扩大就业的指导意见》。在信息技术产业政策方面，自2013年起，国务院、工信部、国家发改委等部门先后出台了关于物联网、云计算、大数据、人工智能、虚拟现实等方面发展的指导意见。“互联网+”政策以及电子商务政策方面，作为数据资源涌流的催化剂和所依托的重要平台，中央也先后出台了相关指导意见及政策，推动完善数字经济全方面的进展。各省级行政单位也陆续出台相关的地方政策。2018~2019年，福建省、吉林省、广西壮族自治区、浙江省等共13个省级地区密集印发了关于

① 参见王磊：《推进数据要素市场化配置：瓶颈制约与思路对策》，载《中国经贸导刊》2019年第24期。

② 参见王芳：《关于数据要素市场化配置的十个问题》，载《图书与情报》2020年第3期。

本省数字经济发展的实施意见、政策和规划。2020 年 9 月 18 日,北京市相关部门印发了《北京国际大数据交易所设立工作实施方案》,计划由具有优质数据资源的市属国企对现有交易所进行重组,建成兼具数据信息登记服务、数据产品交易服务、数据运营管理服务、数据资产金融服务、数据资产金融科技服务的国内大数据交易基础设施及跨境交易枢纽。2020 年 9 月 21 日发布的《中国(北京)自由贸易试验区总体方案》,设定了 22 项主要举措,并要求进行具有普适性的探索,对利用所在地的区位优势打造国际数字贸易核心城市具有重大意义。这体现了当前我国数字经济建设中对数据要素市场发展战略高度的提升,自由贸易试验区"具有普适性"的目标定位也是全国性数据要素市场建设的前奏。

我国数据要素市场的制度构建在法律制定方面正在经历实践先行,立法跟随的过程;在政策出台方面经历了夯实数字经济发展基础、推动数字产业与实体经济深度融合、优化数据要素市场培育环境的过程。当下驱动数据要素市场化配置的多层次制度体系框架已初步形成,数据要素市场建设的攻坚期已经开始。

(二)实现数据要素市场化的主要挑战

尽管我国的数字经济规模庞大,近年来发展势头良好。但是,我国在培育国内数据要素市场方面主要面临以下四个方面挑战。

第一,法律方面数据要素的权属因多面性确认困难。首先,个体对自己的数据享有隐私权,对政府收集并加工作为公共资源的数据享有知情权、访问权和使用权。其次,数据的生产链较长,包括数据提供者、收集者和处理者多个参与者,在不同阶段对数据进行支配并赋予价值。因此,要对个别参与者赋予集一体的专属的权利是不可行的。① 数据资产权益不明将导致长效鼓励机制难以形成,并制约数据交易市场的发展,同时导致交易成本不可控。目前,我国大量的数据资产所有权、处理权和收益权是不明确的,缺乏具有引导性的数据确权与数据交易法律体系、行业标准和

① 参见田杰棠、刘露瑶:《交易模式、权利界定与数据要素市场培育》,载《改革》2020 年第 7 期。

市场准则，这极大阻碍了数据要素资产化之后的价值释放与数据要素市场的发展。①

第二，市场方面尚未形成健全的数据要素定价机制。由于大数据价值的不确定性，学界和产业界目前尚在摸索阶段。概括来说，首先，数据确权问题的搁置本身不利于交易规模的扩大和市场的发展，阻碍定价机制的形成；同时，数据市场的进入壁垒有被操纵的空间，容易形成市场垄断，阻碍公平的定价机制形成。② 其次，数据收益和成本估算机制较为缺乏：一方面数据仍是大部分企业生产经营的附加产物，从其业务中抽离出来独立测算成本与价值有难度；③另一方面数据价值又会随着交易主体和应用场景的变化而变化。此外，市场仍缺乏统一的数据定价标准与统一的交易撮合定价体系。④

第三，数据要素的交易机制仍然缺位。我国拥有超大规模的数据用户与消费市场，但培育数据要素市场的有效交易机制仍存在一定困难。首先，缺乏明确的数据交易监管主体，难以通过跨部门、跨系统、跨区域的统筹协调整合全国数据要素市场监管力量。其次，对普通企业来说，我国数据要素的合法合规交易成本过高，拥有大量数据的企业偏向数据资源的闭合管理，数据孤岛普遍存在，可信数据流通难以达成。⑤

第四，数据的跨境治理难题仍未消除。目前，我国尚未完整形成自己的一套跨境数据流动管理的办法体系，数据跨境治理的法制建设落后于我国数字经济发展。数据作为互联网空间的生产资料，其存储、挖掘、处理和应用的范围不会止于地理意义上的国家边界。数据跨境治理法制建设的落后阻碍

---

① 参见袁博、闫树：《数据要素市场化配置上升为国家战略》，载《互联网天地》2020 年第 6 期。

② 参见于施洋、王建冬、郭巧敏：《我国构建数据新型要素市场体系面临的挑战与对策》，载《电子政务》2020 年第 3 期。

③ 参见袁博、闫树：《数据要素市场化配置上升为国家战略》，载《互联网天地》2020 年第 6 期。

④ 参见于施洋、王建冬、郭巧敏：《我国构建数据新型要素市场体系面临的挑战与对策》，载《电子政务》2020 年第 3 期。

⑤ 参见袁博、闫树：《数据要素市场化配置上升为国家战略》，载《互联网天地》2020 年第 6 期。

了我国在维护数据主权的基础上与国际数据要素市场形成良性沟通。

## 四、加快培育数据要素市场的建议

为加快培育数据要素市场,塑造统一开放、竞争有序、公平交易的数据要素交易市场格局,本文基于上述研究在5个方面提出建议。我国应以“建立健全确权与价值化并重的数据市场体系”作为建设数据要素市场的基础,以“在法制建设中统筹数据开放和数据保护”作为维持数据要素市场良性运行的基本保障,以“加强我国数据跨境流动治理”作为保障国际数字经济贸易正常进行的必要条件,以“切实推进政府数据开放共享,提升数字治理水平”作为释放社会数字经济潜力的重要方法,最后以“打造数字经济中心城市,优化数字经济市场资源配置”作为实现“数字经济强国”战略的重要抓手。这5个方面的建议意在破除数据要素自由流动的障碍瓶颈,提升数据要素配置水平,维护数据要素的安全使用,推动我国现代化经济体系建设,实现我国经济高质量发展。

### (一)建立健全确权与价值化并重的数据市场体系

我国应当建立健全一个确权与价值化并重的市场体系,将数据确权作为全面开展数据要素市场化的前提条件,同时将数据作为生产要素参与分配的产权依据。虽然其特殊属性区别于传统的产权认定与保护制度,但是从数据生产、流通的全过程来看,生产者、收集者、分析者、使用者均会协同参与。数据价值并不一定会因流转或使用而降低,相反,数据具有反复交易无限增值的特性,数据应用的场景越多,关联的数据越多,其价值也会得到不断增加。此外,数字空间与国家主权和安全利益高度相关,但是目前数据资源在我国法律中尚未被赋予资产属性,而且数据所有权、使用权、管理权和交易权等没有被相关法律充分认同和明确界定。因此,我国迫切需要立足国情和数字经济的发展实际,兼顾数据效率与数据正义,加快构建以数据确权为前提、数据估值为关键和数据交易为基础的生产管理体制机制,为建立健全确权与价值化并重的数据市场体系做好基础工作。

具体来讲,我国可通过建立全社会数据资源质量评估和信用评级体系,基于区块链搭建全社会数据授权存证、数据溯源和数据完整性检测平台,以确保个人、企业、国家三者利益的综合平衡。其中,在区块链合约方面可以实现个人可以进行授权,企业可以进行合理使用的局面,从而使国家主权在协议规制中得到综合体现。

### (二)在法制建设中统筹数据开放和数据保护

从现有实践情况来看,我国应致力于在市场实践中不断探索隐私保护和数据收集之间的平衡、规制力度与商业效率之间的平衡,从而构建平衡的数据资产安全体系框架与监督体系,履行在法治建设中对统筹数据的开放和对数据的保护义务。一方面,我国应避免对数据使用行为的过度压制。因为这样会使数据失去保护,导致数据价值被极大束缚,市场不能实现对数据要素的最优配置。另一方面,力度过大的保护规制又会使企业合规成本过高而抑制创新,使数据要素对中小企业市场进入门槛的降低效果消失,从而使垄断局面出现并导致市场失灵。因此,在统筹数据开放和保护的制度设计上,我国既要坚持根治行业沉疴,又要着力避免形成市场固化。此外,在数据市场竞争的监管上,我国也要借鉴国外反数据垄断的有益经验和成熟做法,不断完善数据产业反垄断规制,实现培育企业全球竞争力与拓展中小企业成长空间的动态平衡,推动数据要素相关核心技术的不断进步。

### (三)加强我国对数据跨境流动的治理

面对数字经济大国借助数字战略强化规则主导权的新态势,我国应从实现“数字经济强国”的战略目标出发,依据中国国情与发展道路,全面推进我国在加强跨境数据流动治理方面的相关顶层设计和制度建设。[①] 特别是在美欧等发达国家不断强化“长臂管辖”的背景下,我国更应在“数据自由流动”和“数据本地化”之间找到平衡,实现数据资产安全性和成长性的兼顾。一方面,应借鉴欧盟重要数据出境的管理框架,为重要数据的保护、管理、利用完善政策环境,探索研究数据跨境流动的信任

---

① 参见张茉楠:《数字主权背景下的全球跨境数据流动动向与对策》,载《中国经贸导刊》2020 年第 12 期。

体系;另一方面,应基于经济合作与发展组织、二十国集团等多边合作的共识基础,从构建世界网络空间命运共同体的视角出发,推动跨境数据自由流动规则的构建,力争实现高水平的数据保护和数据自由流动的结合。通过加强制度设计、扩大国际合作,我国有望在数据跨境流动治理方面取得理想成效。

(四)切实推进政府数据开放共享,提升数字治理水平

由于政府数据是具有极高价值的数据要素,我国应加速推进政府数据开放共享,提升数字治理水平。同时,我国应在依法加强安全保障和隐私保护的前提下,推动政府部门之间数据共享和业务协同,切实提高行政效能、服务质量和管理水平,积累数据要素生产、保护、使用、整合、创新的经验,把握数据驱动型经济的发展规律,综合提高数据交易的服务水平,助力完善数据产业征税体系。

(五)打造数字经济中心城市,优化数字经济市场资源配置

未来,全球范围内或将出现几个数据流动和资源配置的枢纽城市以主导全球数据跨境流动的国际治理以及数据资产的生成和定价。我国需要打造数字经济中心城市,并优化数字经济市场的资源配置。我国若能到达这一新秩序的制高点,我国在数字经济时代就有望实现跨越式发展。

数字经济中心城市通过打造权威的数据信息登记平台、数据交易平台、数据运营管理服务平台、金融创新服务平台的方式整合国内数据资源,并在此基础上进行资源配置,培育数据要素有序流动的健康交易市场,形成数据资源汇聚共享、数据流动安全有序、数据价值可实现市场化配置的数据要素良性发展格局。

在国际层面上,我国应利用数字经济中心城市国际化的优势,为企业开展数据跨境运营提供安全可靠的技术和运营基础,从而实现以数据为生产要素的数据跨境流动,探索跨境数据流动的新模式、新业态。由此,我国便有望率先建立成熟规范、稳定安全、内外双向开放的国际化交易平台,为未来世界数字经济市场提供核心节点。同时,这也将增强我国的数字地缘优势,提升在全球范围内配置数据资源的能力,进而服务于我国在国际数字经济竞争中取得优势地位的目标。

# 个人健康数据的合理利用与规制

冯若涵*

**摘　要**：健康数据由于其巨大的价值与发展潜力受到了诸多的关注。其自身的特殊性为隐私保护提出了更高的要求。无论在公共健康领域还是个人数据保护的规制中，协调健康数据利用与保护的关系都是当前面临的一个重要课题。虽然域内和域外都为健康数据的合理利用行为提供了一定的立法支持，然而，中国现行的健康数据及隐私保护机制仍然存在法律缺位和规制碎片化的问题。此外，简单依赖知情同意原则使得对健康数据的规制面临矫枉过正的困境。需要对知情同意原则进行多元解释和灵活运用。通过降低健康数据访问和使用的法律障碍，促进健康数据的合理利用与合作，从而激励公共健康服务的改善、研究和创新。

**关键词**：健康数据；个人数据；公共健康；数据利用；数据保护

## 一、个人健康数据合理利用的正当性分析

### （一）个人健康数据利用的重要性

作为医疗卫生领域的重要资源，健康数据在医药研发、疾病预防与诊治、居民健康管理、精准医疗等方面发挥不可替代的作用。个人健康数据已成为热门商品。研究人员、医疗保健组织以及科技公司正在积极寻找方法收集患者的健康数据用于广泛的目的，包括更好地为科学和卫生系统服务，以及开发新的产品盈利等。分析、分享个人健康数据如电子病

* 冯若涵，女，中国科学院动物研究所、北京干细胞与再生医学研究院博士后。

历、临床检验、医疗影像数据等将成为提升病症早期的诊断率和智能化水平的关键。[①] 在新兴技术发展的推动下,诸如人工智能(AI)、机器学习等工具都可以被用来分析患者数据、识别疾病模式并帮助临床医生制订治疗计划。在这些技术中,健康数据的有效利用对于提高诊断和治疗水平,修复现有数字系统(如电子健康记录,EHR)中的缺陷,并帮助患者了解他们的健康状况至关重要。

(二)对个人健康数据利用进行规制的必要性

对健康数据的合理利用如何进行规制是一个紧迫的问题,并将变得越来越重要。一方面,健康隐私保护的趋势正在朝着越来越复杂和受约束的方向发展。这给研究人员以及其他对健康数据资产开发做出贡献的人员(包括数据库管理员和报告数据的医生)造成了是否合规的困扰。另一方面,未来公共健康的改善将越来越依赖于更有效地利用健康数据资源。健康数据的发展正在从多个独立的系统过渡到相互关联的资源和系统。有关健康数据的利用和合作,对于医学科学的进步和医疗保健服务的改善至关重要。面对突发公共卫生事件时,健康数据的合理利用对于提高公共卫生事件情况的监测和防控的科学性、及时性、准确性、有效性,更好地分析掌握传染病传播规律都发挥了举足轻重的作用。

(三)个人健康数据利用的实践

目前,很多国家和地区都意识到了健康数据利用的必要性。以《一般数据保护条例》(EU General Data Protection Regulation,GDPR)为代表的欧盟以及以《健康保险携带和责任法案》(Health Insurance Portability and Accountability Act,HIPAA)为代表的美国分别采用了综合监管和单独立法两种不同的监管模式对健康数据的利用进行了规制。

其中,欧盟采用较为严格的综合监管模式。将个人医疗健康数据与其他个人数据一并施以综合保护。具体而言,GDPR 第 9(1)条中规定了禁止处理特殊类型的个人数据(健康数据属于特殊类型的个人数据)。第 9(2)条规定在获得数据主体明确同意、涉及数据主体重要利益或为实

① See Fabricio F. Costa, *Big Data in Biomedicine*, 19 Drug Discovery Today 433(2014).

现公共利益之需要等情况下可予以法定豁免。GDPR 第 89 条允许其联邦或成员国在遵守 GDPR 数据使用原则的情形下出于“维护公共利益、科学和历史研究”等目的处理个人健康数据。此外,GDPR 禁止个人或组织出于商业目的使用健康数据。

与欧盟相比,美国则更加注重强调行业自律以及数据的流通。通过尽量减少政府的强制干预,以降低规制成本对产业发展的影响,来鼓励健康数据的合理开发使用。其主要采用针对健康数据单独立法的模式,将健康医疗数据从个人数据中列出进行单独立法并制定执行标准施以保护。例如,HIPAA 和 HIPPA 隐私规则(Privacy Rule)。HIPPA 是针对医疗数据与个人隐私的法案,其将数据安全保护与医疗健康领域紧密结合,具体规范敏感数据的保护要求和标准。HIPAA 及其隐私规则、安全规则区分了不同层次的健康医疗数据类型,含受保护的健康信息(Protected Health Information,PHI)、可识别个人的健康信息(Individually Identifiable Health Information)、受限制数据集(limited Data Sets)、脱敏信息(De-Identified Information)。该项法案旨在保护健康信息(Protected Health Information,PHI),以加强信息共享,提高医疗保健系统的效率和质量。HIPAA 法案对健康医疗数据的传输、访问与储存作出了详细规定,是美国医疗服务行业必须遵守的数据安全标准。然而,HIPAA 只保护包括医疗机构和医疗数据交换中心在内的特定医疗实体所收集的数据。对健身追踪器、智能手机、可穿戴设备等新兴技术所收集的健康数据的规制仍然缺位,需要进一步完善。

## 二、个人健康数据利用的困境

### (一)隐私风险

科技发展带来更高的隐私风险。技术的发展使所收集的个人数据越充分,数字画像也就越详细。虽然由此带来的数据利益价值就会不断提高,然而这更容易发生数据泄露或滥用的风险。

与一般数据相比,健康数据往往涉及个人最敏感的信息。特殊性使其需要受到特别保护。然而,由于其涉及公共利益,诸如疾病研究、公共卫生等,不可避免地要进行适度开放和共享。在公众提高对健康数据价值的认识的同时,对其应用过程中面临的隐私泄露等风险的关注度也日益提高。长期以来,伦理学家和政府监管机构一直担心为了实现这些目标会牺牲患者隐私。对患者来说,其诊疗数据、药品或医疗器械的购买记录、相关社交信息等健康数据服务于数据分析,同时一定程度地反映了用户的行为活动。如果攻击者从网络传输中拦截这些数据,并综合利用其他外部信息,从而能够推断出个体身份,这将会给被泄露者的隐私安全带来严重的威胁与挑战。① 研究表明,虽然在一定情况下,患者可能会支持共享他们的健康信息进行研究,但由于担心隐私,安全性,控制力和责任感,他们的保留率虽然很高,支持是有条件的。② 此外,健康数据一旦泄露并被恶意利用,不仅关涉个人的自由、尊严,还会侵害群体隐私利益甚至国家安全。如何在不泄露隐私的前提下,提高健康数据的利用率,挖掘其中蕴藏的价值,是目前健康数据利用和发展的一个重要突破口。因此,在健康大数据的全生命周期中,需要在充分利用数据的同时严密防范隐私泄露,在数据利用和隐私保护二者之间找到一个平衡。

(二)知情同意原则的制约

目前,中国进行个人信息收集和利用的合法性基础是个人的同意。这一原则在全球范围内的个人信息保护中也被普遍适用。③ 知情同意原则既满足了对健康数据的收集和利用需求,也在一定程度上保障了数据提供者的自决权。在很多采集个人数据的法律法规中都强调在收集利用前需要获得被采集者的同意。然而,仅利用同意原则限制收集和利用健康信息,不仅违背了健康信息使用的历史规范,更反映出不健全的隐私政

---

① See Jemal Abawajy et al., *International Conference on Applications and Techniques in Cyber Security and Intelligence ATCI 2018: Applications and Techniques in Cyber Security and Intelligence*, Springer Cham, 2019, p. 1367.

② See Kalkman S. et al., *Patients and Public Views and Attitudes Towards the Sharing of Health Data for Research: A Narrative Review of the Empirical Evidence*, 48 Journal of medical ethics 3(2019).

③ 参见张新宝:《个人信息收集:告知同意原则适用的限制》,载《比较法研究》2019 年第 6 期。

策。在这样的背景下,越来越多的国家和地区通过多种方式对健康数据进行保护。传统知情同意原则的适用情形已十分有限。

首先,关于同意的形式,美国的 HIPAA 有明确且详细的规定。例如,这种同意必须明确(specific)、书面且必须被强调等。[①] 其次,欧盟 GDPR 也对同意有明确具体的规定。然而,究竟什么样的同意才能构成一个有效的同意这个问题,在中国当前的法律规制中是语焉不详的(尽管某些推荐性标准中有所规定)。这会导致企业等数据收集主体在收集个人数据的规则上大量运用非常模糊的表达,以获得用户对数据披露最大范围的同意。如此不仅加大了用户数据泄露的风险,也违背了最少够用的原则。

在实践中,简单地依赖知情同意原则会使健康大数据的收集和利用遇到各种困难和障碍。[②] 首先,健康数据的收集和利用往往涉及大批量的数据记录和极广泛的数据群体,一一获得用户的同意会造成获取数据的时间成本和经济成本的不断上升;而由于同意处理的频繁,很容易陷入无休止的阅读隐私政策等同意表示方式的困扰中。其次,由于同意能力的欠缺以及程序设置的复杂性等原因,使数据主体难以真正理解同意的含义。在这种情况下,同意的有效性会受到一定的阻碍。此外,即使获得了用户的明确同意,由于目的表示不明确等原因,依旧难以保证健康数据的实际利用与当初承诺的目的、方式等相一致。这不仅影响同意的质量而且会使用户的权益面临一定的风险,这些困扰和障碍造成数据主体的意愿降低。有限的授权比例会严重影响健康数据的分析利用和发展。[③]

(三)立法滞后

明确的法律规制可以为人们的交往行为提供指引与导向,法律的模

---

① 根据 HIPPA,医疗机构为了让患者获得诊疗服务,支付医疗费用等目的而使用受保护的健康信息,是不必获得患者同意的。而在此类必要活动目的之外使用受保护的健康信息,则需要获得患者的授权。

② 参见陈燕红:《困境与出路:我国患者知情同意权法律保护与适用的完善建议》,载《河北法学》2014 年第 2 期。

③ 参见王立梅:《健康医疗大数据的积极利用主义》,载《浙江工商大学学报》2020 年第 3 期。

糊不清会导致规范的无效和人们交往的无序。① 目前,中国缺乏针对健康医疗大数据的专门立法。对健康数据的保护与规制散见于《执业医师法》《精神卫生法》等医疗卫生法律法规中,而且都是一笔带过,缺少统一、明确、成熟的健康数据保护机制概念。在针对健康数据隐私安全保护的制度体系中,政策性制度居多,且规范措施多为原则性、抽象性。规范措施的可操作性不高。

此外,在现行法律中缺乏对个人健康数据进一步的区分和定性。健康数据与隐私的边界不明确,难以全面指导和规范健康数据在新应用场景中的实践。在2019年发布的《基本医疗卫生与健康促进法》中仍然原则性地规定:"国家保护公民个人健康信息,确保公民个人健康信息安全。任何组织或者个人不得非法收集、使用、加工、传输公民个人健康信息,不得非法买卖、提供或者公开公民个人健康信息。""开展药物、医疗器械临床试验和其他医学研究应当遵守医学伦理规范,依法通过伦理审查,取得知情同意。"②并未设置任何例外条款,立法过程中尚未意识到大数据时代数据与隐私利益的特殊变化。2021年7月1日生效的《信息安全技术—健康医疗数据安全指南》(GB/T 39725—2020),为健康医疗数据的利用提供了更加详细的合规指引。虽然列举了一些基于"涉及公共利益""受限制的数据集用于科学研究、医学、健康教育"等的授权同意的例外规定,③但是由于其性质仍属于国家标准的范畴,健康数据收集和利用行为的合法性仍然欠缺。

## 三、中国健康数据利用的规制与建议

### (一)动态的场景下同意原则的灵活应用和解释

合理利用健康数据以求最大效率地发挥作用,以保护与利用的平衡理念为指导,不应局限于以知情同意为健康数据合理利用的前提。个人健康数据分为识别性的使用(针对个体的使用)和非识别性的使用(非针

① 参见谢晖:《文义解释与法律模糊的释明》,载《学习与探索》2008年第6期。

② 详见《基本医疗卫生与健康促进法》第32条第3款、第92条。

③ 详见《信息安全技术—健康医疗数据安全指南》(GB/T 39725—2020)7(b)。

对个体的使用)。针对个体的识别性使用,考虑到数据的多样性的因素,可以对不同性质、不同类型、不同来源、功能、使用形式的医疗数据进行进一步的细化和分类分级处理。平衡一般原则和例外情况的关系,予以区别对待处理。在引导医疗数据利用的同时,也对特定健康数据进行专门保护。可以基于数据性质分类和场景化风险评估实行分层的同意(是否符合用户的合理隐私期待,以及是否造成了不合理的隐私风险)。例如,利用前予以告知+特别授权同意;利用前告知+可以选择退出;利用前告知+无须同意;无须告知和同意可直接利用等。通过建立持续有效的数据披露与动态同意机制,容许有条件的宽泛同意+退出的特别设计,使知情同意原则摆脱困境。在实现健康数据保护目标的同时,也可以减轻医疗机构在获取个人同意、匿名加工责任和风险成本等方面的压力,从而促进对健康数据的合理利用。

另外,健康数据的利用过程中需要强化监管。对需要特别把控的核心关键环节要强化政府干预。例如,日本通过《次世代医疗基础法》创设了国家认定制度。《次世代医疗基础法》采用国家认定准入方式,明确了匿名加工准入资质、责任义务,并由个人数据保护委员会实施全程监管。将被认可准予匿名加工医疗数据的经营者认定为匿名加工医疗数据的制作者,通过建立更加明确清晰的标准,推动数据去识别化标准的形成。①

(二)通过技术措施建立隐私安全信任

在健康数据收集、使用、后续处理的整个过程中,均涉及多方用户,每一个环节都存在严重的隐私泄露风险。具体到实践中,除了需要通过更加完善的法律法规进行规制,还需要采取相应的技术手段予以应对。先进的隐私保护技术不仅可以更好地保障健康数据使用的安全,也可以增加数据所有者对于数据利用的信任。

目前,对数据的隐私保护技术主要包括权限控制技术、扰乱技术、加密技术、匿名技术、联邦学习等。其中,匿名数据(又称去识别化数据)技

① 参见李慧敏、陈光:《论数据驱动创新与个人信息保护的冲突与平衡——基于对日本医疗数据规制经验的考察》,载《中国科学院院刊》2020年第9期。

术的应用较为广泛。去识别化数据是指和个人身份数据失去链接、无法识别出特定个人的健康数据。在非识别个人的数据利用情况下,可以不需要同意而通过去标识化的方式实现包括医疗数据的社会化利用。[①] 由于去识别化数据一般不会对个人隐私产生威胁,各国多将去识别化数据排除于数据立法的保护范围。例如,我国《网络安全法》在第42条第1款规定:"……未经被收集者同意,不得向他人提供个人信息。但是,经过处理无法识别特定个人且不能复原的除外。"美国在HIPAA中也规定,如果删除18个特定的个人识别符,则可免除数据的监管。在Steinberg v. CVS Caremark Corp.中,将个人姓名、生日等数据删除,仅保留治疗病史、开立的药物种类、分量及日期、诊断结果等数据,由于进行了去识别化处理,无法识别出病人身份,因此也并不属于《隐私规则》的保护范围。在进行健康数据立法时,可以按照积极利用的原则,适当放宽对去识别化健康数据的界定。[②]

此外,在技术处理过程中也需要根据数据的不同敏感程度进行分级。例如,对于敏感性的个人健康数据,对去识别化的要求必须达到不再识别个人的标准,彻底断开数据与具体对象之间的连接。然而,随着技术的进一步发展,即使用户既不能够也不愿意重新识别单个数据,仍然可以"通过合理的努力"重新识别数据集。因此,只有在采用最先进的隐私技术保护敏感数据免遭滥用的情况下,才能建立并维护信任。

### (三)构建合作共享的健康数据生态系统

自COVID-19新型冠状病毒大流行暴发以来,对数字医疗服务和产品的使用有所增加。但由于此类服务和产品的自由流通和供给仍然非常有限,给医疗保健服务的提供带来不利影响。尽管技术的发展使健康数据交换获得改善,但在现行框架下,囿于规制标准的不一致等原因,各个国家及地区的医疗保健系统之间的数字互操作性具有局限性。在整合医

① 参见高富平:《论医疗数据权利配置——医疗数据开放利用法律框架》,载《现代法学》2020年第4期。

② 参见王立梅:《健康医疗大数据的积极利用主义》,载《浙江工商大学学报》2020年第3期。

疗保健行业的创新成果时,非约束性原则导致其影响力非常有限,这种标准的分散性对企业和国家医疗保健系统构成重大挑战。①

新冠疫情为健康数据的变革提供了新的动力,显示了国家和地区之间的协调和充分沟通以及为决策提供信息的高质量健康数据的重要性。在医疗保健数据潜力的大背景下,一个具有弹性的健康数据生态系统,既能改善医疗保健结果,又有助于化解未来对公共卫生的威胁。因此,需要构建一个合作共享的健康数据生态系统,以实现数字健康带来的机遇并改善健康结果。健康数据生态系统是生态系统利益相关者、数据基础设施和治理框架之间的复杂相互作用。在运行良好的生态系统中,数据通过公共部门、医疗保健部门、患者协会、保险系统、消费者健康部门的互动,②在明确的数据共享规则框架的基础上,以标准化的方式在互操作系统之间流动,提供数据并最终受益于改善医疗结果的研究组织和个人。

## 四、结语

数字技术的不断深化发展在提供便利的同时也对如何利用和保护健康数据带来了挑战。对个人隐私的保护不应成为健康数据合理利用的障碍。通过协调把握公共健康和个人隐私权的关系,在保障公共健康的最大利益与侵犯个人隐私的风险之间取得平衡。个人数据在被使用和处理时应受到尊重。对健康数据利用的研究和实践在继续纳入新的数据源和新兴的分析技术的同时,也需要保持对个人数据的道德承诺。③ 公共卫生机构加强健康数据收集和保护的最佳实践,需要在严格的数据保护与保持高度适应性和敏捷性之间灵活变通。通过在法律监管中叠加技术治理的方式,在动态实践中灵活应用和解释同意原则,探索技术发展和保护个人健康数据利用平衡的实现路径。

---

① See N. Iacob & F. Simonelli, *Towards a European Health Data Ecosystem*, 11 European Journal of Risk Regulation 1(2020).

② N. Iacob & F. Simonelli, *Towards a European Health Data Ecosystem*, 11 European Journal of Risk Regulation 1(2020).

③ See Stephen J. Mooney & Vikas Pejaver, *Big Data in Public Health: Terminology, Machine Learning, and Privacy*, 39 Annual Review of Public Health 95(2018).

# 自然人犯罪记录适用被遗忘权的路径探析

苏　今　李宣瑶*

**摘　要**:有犯罪记录的自然人是否享有被遗忘权,实质是个体可持续发展利益与公众知情利益,乃至人身财产安全利益之间的协调兼顾问题。在坚持侧重保护公众知情权的基础上,以有犯罪记录者的利益有限让步为原则。在犯罪记录被遗忘制度设置方面,可以根据信息公布的方式分别展开:对于媒体基于新闻自由做出的报道,应当由国家对信息主体的删除请求进行审核后作出决定;对于国家相关机关公布的犯罪信息,可以考虑采取"公开—封存—删除"的处理方式,并以国家主动封存与删除为主。

**关键词**:被遗忘权;犯罪记录;公众知情权;利益平衡

## 一、问题的提出

自20世纪90年代网络信息技术飞速的发展,到现如今大数据技术的普遍应用,数据信息科技给人类带来生存便利的同时,也颠覆了人们对记忆和遗忘的认知。随着与个体相关的信息不断被留存在网络空间中,人们逐渐体会到了其所带来的负面效应。以英国、法国等欧洲国家为例,要求信息控制者删除信息主体个人信息的判决或规定不断出现。全世界范围内都在探讨个人数据被遗忘的可能性,①我国也在经历

* 苏今,男,华东理工大学法学院讲师、法学博士;李宣瑶,女,华东理工大学硕士研究生。

① 如2014年的"谷歌诉冈萨雷斯被遗忘权案",2013年美国加利福尼亚州的"橡皮擦法案"等。

了"被遗忘权第一案"[①]后,逐渐开始在实践和理论中探讨被遗忘权的问题。所谓被遗忘权(the Right to be Forgotten),根据欧盟《一般数据保护条例》(General Data Protection Regulation,GDPR)和现有相关理论研究,是指自然人信息主体对于已被发布在网络上的,不恰当的、过时的、于自身不利的信息,要求信息控制者在特定情况下予以删除的权利。[②]

被遗忘权的提出,本质上是个体利益(自由可持续发展)与公共利益(公众知情权)之间的平衡问题。但被遗忘权中被遗忘信息的范围标准一直是理论争议的焦点和难点。由于个人信息的差异性,不同的信息是否符合该标准,往往也会因为个案差异而不同。

在适用被遗忘权时,除了常见于道德和民事纠纷的信息之外,还有可能存在于更严苛的刑事领域。对有犯罪记录者而言,作为实施过具有一定社会危害性行为的社会少数群体,其个人犯罪记录信息相较于其他负面信息有所不同,而且通常情况下,其个人利益与社会公共利益之间的冲突会表现得更为明显与激烈。我国修订后的《刑事诉讼法》亦有对于未成年犯罪人的犯罪记录进行封存的相关规定,[③]但该规定不够清晰明确,会给司法实践带来一定的困难。

因此,研究自然人犯罪记录被遗忘制度的构建问题,是被遗忘权研究

---

① 参见任甲玉诉北京百度网讯科技有限公司人格权纠纷案,北京市海淀区人民法院(2015)海民初字第17417号民事判决书;北京市第一中级人民法院民事判决书,(2015)一中民终字第09558号。

② 参见杨立新、韩煦:《被遗忘权的中国本土化及法律适用》,载《法律适用》2015年第2期(该文对被遗忘权的定义是信息主体对已被发布在网络上的,有关自身的不恰当的、过时的、继续保留会导致其社会评价降低的信息,要求信息控制者予以删除的权利);李媛:《被遗忘权之反思与建构》,载《华东政法大学学报》2019年第2期(该文认为当采集、处理过往的负面信息、对外披露或基于这些信息做出对主体不利的决定时,信息主体就可援引被遗忘权);薛丽:《GDPR生效背景下我国被遗忘权确立研究》,载《法学论坛》2019年第2期[该文认为被遗忘权是指信息主体对已通过合法形式发布在网络上(无论是自己发布还是他人发布),有关自身的不充分、不相关(或不再相关)、过分的信息或者收集处理的目的已失去的信息,请求信息控制者或信息处理者予以删除的权利,除非信息的保留有合法的理由]。

③ 《刑事诉讼法》第286条规定:"犯罪的时候不满十八周岁,被判处五年有期徒刑以下刑罚的,应当对相关犯罪记录予以封存。犯罪记录被封存的,不得向任何单位和个人提供,但司法机关为办案需要或者有关单位根据国家规定进行查询的除外。依法进行查询的单位,应当对被封存的犯罪记录的情况予以保密。"

中的重要一环。在现有研究中,大部分学者都只是概述性地探究制度的原理和本土化的可能性,对其进行展开细化的较少,有关被遗忘权刑事领域的适用的研究更是寥寥无几。鉴于此,本文针对自然人犯罪记录适用被遗忘权制度的具体路径进行探究。

## 二、制度设定的思路:对相关利益平衡的探求

### (一)犯罪记录被遗忘的实质:个体可持续发展利益与公共知情利益的平衡

被遗忘权中涉及的一方利益是公众知情利益。在特殊的信息披露环境下,这种知情利益的实现就更为重要。以韩国"素媛案"为例,对于韩国公众而言,犯罪嫌疑人赵某淳相关信息的披露,已不再是好奇心的满足,而在于公众需要最大限度地获取有效信息以便做出个体风险的防范,这是人权项下人身自由和人身安全的一种具体实现,公众知情利益在此时关联的是公众的人身安全。

虽然个人信息的不当公开会对信息主体造成一定的不利影响,但是对于不同的信息主体,不利影响的程度和意义也是不同的。在被遗忘权问题中普通权利主体面临最多的困扰,往往是社会评价降低对个人发展造成的不利影响;但对于有犯罪记录者而言,由于曾经的犯罪事实,即使刑罚已经结束,社会公众出于自我保护意识和天然偏见,仍然极难以公正、平等的态度对待他们。有学者将此定义为"标签效应"——社会对犯罪人员的角色定型化。[①] 对于有犯罪记录者来说,其信息是否得到充分保护会直接关系到其是否能够重新被社会接纳,顺利回归社会,开始新的生活。因此,对犯罪记录被遗忘制度的讨论,本质上是在协调信息主体可持续发展利益与公众知情利益之间的平衡关系,这也是该制度得以构建的基础。

### (二)实现平衡的前提:对公共知情利益的侧重

在前述利益的具体权衡过程中,社会往往更倾向于对公共一方利益的维护,从而保持整体社会利益的最大化。犯罪群体无论出于何种目的,

① 参见张勇:《犯罪记录的负效应与功能限定》,载《青少年犯罪问题》2012 年第 6 期。

实施犯罪行为,侵害了他人的合法权益,破坏了正常的社会秩序,突破了规则界限,因此也就必然需要承担一定的不利后果,这种不利后果不仅有法律的惩戒,还有来自规则框架的警戒与防备。为了消解因警戒和防备带来的社会不安情绪,其个人信息经常需要受到一定程度的公开。这种公开对无犯罪记录群体的价值在于:对信息主体的社会危害性有一定的认知,并结合自身实际做出风险预防。不难看出,整个信息公开的过程都是以多数性群体的利益保护为视角,因为多数性群体在特定犯罪活动中属于无过错方,对于无过错方应当进行倾斜性保护。这是犯罪记录被遗忘制度构建的前提。

(三)实现平衡的依据:个体利益的有限让步

在平衡个体可持续发展利益和公众知情权的过程中,应当对以下两个方面作出考量:第一,犯罪人群体作为国家公民,其享有的最基本的人权无论何时都不能被剥夺,其利益的让步不包括回归社会的基本权利。在对双方的利益进行取舍时,可引入行政法领域的比例原则,要求目的正当性与手段适当性、必要性、均衡性,[①]并坚守保障基本权利的底线。第二,"有犯罪记录者"作为一个对所有曾经违反法律规范的公民的统称,在适用被遗忘制度时,根据犯罪性质、种类、次数,以及其他豁免、减免情况的不同,其对应的社会危害性评估结果也不同,理应存在不同程度的被遗忘适用规则。因此,只有充分考虑信息主体的差异性,才能在公共利益和个体利益之间寻求因案而异的平衡点,以此实现有效的公平正义法治目标。

## 三、自然人犯罪记录适用被遗忘权的路径选择

(一)路径的展开:以不同信息来源为区分依据

信息的来源是信息公开和遗忘方式的先决因素。犯罪记录信息的公开与其他领域信息公开方式有所不同,主要有三种:第一,完全基于新闻自由的报道和转载。第二,国家有权机关的正式公开。第三,网络信息服

---

① 参见潘艳杰、程雁雷、郑飞鸿:《大数据时代平衡公民被遗忘权与公众知情权的法律出路》,载《电子政务》2019 年第 9 期。

务提供者经国家有权机关授权做出的信息公开。在第三种情况中,网络媒体经国家机关授权发布有犯罪记录者的个人信息,此时被公布的信息来源有两种情况:其一,信息源于国家机关,国家机关出于特定原因,授权网络媒体对该犯罪嫌疑人的部分个人信息进行公开;其二,信息源于该网络服务提供者,但经由国家机关审核批准,允许发布。不难发现以上两种情况对于有犯罪记录者个人信息的公布都是基于国家机关的同意,因此相对于"完全基于新闻自由的转载和报道",其真实性和可信度通常更高,信息的公布也会更满足合理性要求。对于完全基于新闻自由的转载和报道,信息主体提出删除请求后,应当由有权的国家机关审查,并决定是否要求相关的网络服务提供者予以删除。如果有犯罪记录者的个人信息源于国家相关的有权机关,无论信息的最终公布方是国家机关还是网络媒体,在此情况下要解决有犯罪记录者的被遗忘权问题,首先有一些原则应当被作为规则订立的基础来参考。

1. 有限的信息公开范围

在对有犯罪记录者的个人信息进行公开时,可以直接对部分没有公开合理性或必要性的隐私信息模糊化。笔者认为,有犯罪记录者的信息应当分为两类分别讨论:其一,对于姓名、肖像等必要的基本个人信息,其既构成最基本的个人存在,也是犯罪记录公开的重点识别内容。此时被遗忘权的实现,需要根据不同的犯罪情形区别对待,如相较于轻微犯罪,暴力性犯罪记录的主体,其个人信息的公开和留存就需更加慎重。其二,对于包括具体犯罪行为、罪行种类等在内的犯罪信息,在限定了个人基本信息的公开和遗忘范围的基础上,犯罪信息的公开程度就应当以满足公众知情为必要,以公开为原则,以封存为例外。对于一些特殊情况,如犯罪事实显著轻微的犯罪记录者,以及 16 周岁以下未成年人的犯罪信息,可以考虑完全封存或者去识别化后公开。

2. 合理的信息遗忘时间

随着时间的推移,有犯罪记录者的个人信息的价值于其自身而言由于其隐私性而保持稳定,于社会公众而言则会随着有犯罪记录者逐步正常回归社会而逐渐降低。因此,通常而言,有犯罪记录者与无犯罪记录者之间的利益冲突会随着时间的过渡逐渐减弱。另外，从公平正义的角度考虑，如同大部分刑罚是有期限和可度量的一样，基于犯罪事实引发的对犯罪人群体利益的让度也应当是有期限的。设定的期限一到，在综合权衡信息主体的个体利益和公众知情利益的基础上，理应对犯罪记录制定分级遗忘制度。

(二)国家机关信息管理下的被遗忘：犯罪记录自动封存与删除

随着犯罪信息价值以及有犯罪记录者社会危险性的降低，将所有犯罪信息持久公开显然缺乏合理性，因此国家机关对犯罪信息的公布亦应当在时间与范围上有所限制。对此，在具体制定相关规则时可以考虑"信息公开—信息封存—信息删除"三步走的路径，保证信息公开的合理有序。具体而言，从刑罚执行完毕或赦免开始，原则上先对犯罪信息进行公开；一段时间后进行信息封存，保证只有法定国家机关在依法履行职权需要时才可以查询并获得有犯罪记录者的犯罪信息；最后在满足一定条件后进行犯罪记录的永久删除。

在信息封存与删除的具体方式上，考虑到有犯罪记录者经常会由于受到社会的不公平对待和歧视、或由于被监禁多年而与社会脱节等原因无法很好地保护自己的权利，[①]笔者认为可以考虑以相关机构主动封存或删除为原则，以有犯罪记录者自行申请为例外。自动封存或删除，是指在满足法定的信息封存与删除条件后，由有权的犯罪信息存储保管机构自行进行犯罪信息的封存或删除。应当规定相关机构在信息公开、信息封存以及信息删除时均通知有犯罪记录者本人。如果是犯罪信息自动封存，还应告知封存之后的结果——哪些机构在何种情形下仍然可以查询到被封存的犯罪信息。

以下通过时间轴，简要分析信息公开、信息封存与信息删除的关系(见图1)。

① 参见熊楚未：《被遗忘权视角下的犯罪记录制度》，山东大学2017年硕士学位论文，第17页。

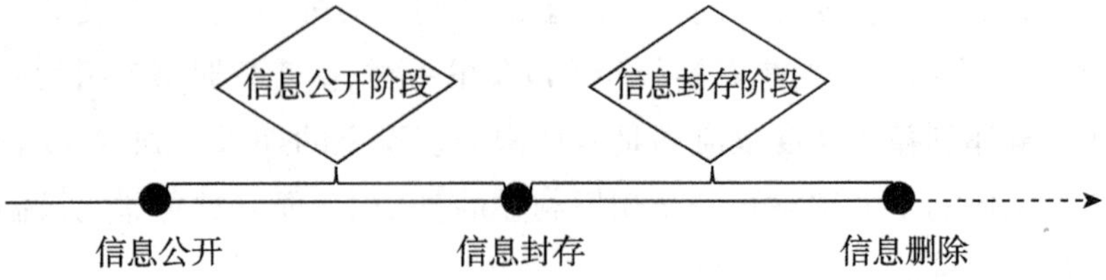


**图1　犯罪信息处理流程**

(三)犯罪记录被遗忘处理的参考因素

对于犯罪信息封存或删除时的参考因素,笔者认为可以从以下几个方面考虑。

1. 信息主体身份

有犯罪记录者的年龄、所从事职业等因素的不同,可能会影响其犯罪行为产生的社会负面影响的大小,以及利益保护的侧重。因此有犯罪记录者的身份应当被纳入考虑的范畴。其一,对于公众人物[①]犯罪,其被遗忘权应该受到限缩。公众人物具有特殊的社会地位,更容易成为媒体与普通民众关注的焦点,其一举一动也往往会成为大众竞相追逐、模仿的对象。同时,成为社会焦点是其职业特性使然,也是其经济利益的主要来源之一。换言之,曝光于社会公众面前从某种程度上而言是其个人选择,符合其个人追求。由此,公众人物犯罪,除了受到应有的刑事处罚之外,也必须接受因其身份而应当承担的社会责任。对公众人物犯罪设置更为严格的被遗忘权制度,对其犯罪情况的公开报道更易产生社会教育作用,传递知法守法的积极价值观,消弭因其犯罪而对社会带来的不利影响。

其二,未成年犯罪人的被遗忘权问题也值得关注。未成年人心智发育不完全,需要社会的额外保护,对其犯罪记录信息的保护应当以有利于其回归社会和成长为目标。《刑事诉讼法》第285、286条有涉及未成年人犯罪的不公开审理和信息封存保护等规定;《未成年人保护法》第103条

① 目前学界对于"公众人物"尚无较为一致的定义,本文中所涉及的公众人物指演员、歌手等具有高曝光度和广泛社会影响力,且曝光度高低对其职业发展有直接或较大影响的职业人群。

也禁止对于有关案件中未成年人姓名、影像、住所、就读学校以及其他可能识别出其身份的信息的披露。在未成年犯罪人的被遗忘权设置方面，学界已经有了许多具有价值的观点，如有学者认为应将以一定年龄界限为基础的个性化评估取代平均年龄的单一规定，对达到年龄界限的儿童，赋予其自我决策权；对未达年龄界限的儿童进行个性化评估，以决定父母同意的方式。①

其三，国家公职人员犯罪亦应当被特殊考虑。一方面，国家公职人员作为代表国家行使权力、为人民服务的直接主体，本身即拥有更高的社会关注度；另一方面，作为财政税收给养的特殊群体，国家公职人员对人民必然具有更重的义务，也必然承担着相较于普通群体更为重大的社会责任。基于此，应当对有犯罪记录的国家公职人员的被遗忘权进行更为严格的设置。

其四，应当考虑部分具有公共性质的职业的从业人员。“具有公共性质的职业”，是指虽不属于国家公职，但该职业仍具有一定的社会性、公共性，从事该职业对国家、集体或他人会产生较大影响。具体而言，主要有律师、医生、教师、航空人员及铁路职工等。基于此类职业的前述特性，笔者认为对其被遗忘权亦应当进行一定程度的限制。

2. 罪行种类

罪名是其犯罪行为社会危害性的最直接评价，也应该是被遗忘权适用的基本权衡因素。参考的基本原则是，其实施的犯罪行为的社会危害性越大，所面临的信息删除限制程度也就越高。对于不应适用被遗忘权的情形，笔者认为有学者对犯罪记录禁止封存情形的总结具有较大的参考意义：第一类是刑罚特别严重的，如判处无期或者死刑的犯罪；第二类是具有特殊社会危害性的，如危害国家安全、公共安全犯罪，恐怖活动犯罪，黑社会类犯罪等；第三类是具有高度再犯可能性的，如毒品犯罪、性犯罪等。与此相对应，对于刑罚轻微的犯罪，可以为其设置更为宽松的被遗

① 参见付新华：《大数据时代儿童数据法律保护的困境及其应对——兼评欧盟〈一般数据保护条例〉的相关规定》，载《暨南学报（哲学社会科学版）》2018 年第 12 期。

忘权。

3. 犯罪次数

犯罪次数的不同,也可以在一定程度上反映出有犯罪记录者的社会危险性。一般情况下,犯罪次数越多,信息删除的门槛就相应越高。另外,多次犯罪且前后所犯罪行种类相同或相似,在一定程度上可以反映出相较于其他多次犯罪具有更强的主观恶性。

4. 间隔时间

此处所述的“间隔时间”,指的是从该有犯罪记录者刑罚执行完毕或赦免后至应当对其犯罪信息进行封存或删除的时间间隔,也即刑罚执行完毕或赦免后的时间。笔者认为,可以对间隔时间做出如下设置:(1)公开阶段:刑罚执行完毕或赦免后7年内。刑罚执行完毕或赦免时间较短,其犯罪行为所带来的消极的社会影响还未完全消除,应当对犯罪记录保持公开状态。(2)封存阶段:刑罚执行完毕或赦免后20年内。对犯罪信息适宜设置较长的封存时间,原因有二:首先,犯罪信息一经封存即意味着,正常情况下该信息会不再被外界获知,信息主体的隐私已经得到基本的保护;其次,彻底删除会为司法带来更多的困难——一旦该有犯罪记录者在信息删除后再次犯罪,其之前的犯罪经历将无法被获知。(3)刑罚执行完毕或赦免后满20年。在经过较长的一段时间之后,有犯罪记录者的犯罪行为对社会的不良影响逐渐减小,其社会危险性也随着其回归社会时间的增加而逐渐降低,此时应当对其犯罪信息进行删除。

以下通过表格简洁呈现,见表1。

**表1　三种信息处理方式各需的间隔时间**

| 信息处理方式 | 间隔时间 |
| --- | --- |
| 信息公开阶段 | 刑罚执行完毕或赦免后7年内 |
| 信息封存阶段 | 刑罚执行完毕或赦免后第8~20年 |
| 信息删除 | 刑罚执行完毕或赦免满20年 |

5. 认错态度

有犯罪记录者的认错态度在一定程度上反映了其对危害社会的行为

的自我认知程度，进而可以在一定程度上推测出其目前以及未来的社会危险性。对于认错态度的参考，应当将时间段设定为从犯罪行为发生之时，到上述信息留存时间届满之时。通过这一段较为漫长的时间段的综合性考察，将会为预测信息主体的社会风险性提供更高的借鉴价值。具体评价方式见表2。

**表2　两种认错态度的判断标准**

| 认错态度 | 犯罪后 | 归案后 | 刑罚中 | 刑罚执行完毕或赦免后 |
|---|---|---|---|---|
| 积极态度 | 主动投案自首 | 积极交代 | 积极改造、减刑、立功 | 努力回归社会，积极参加工作、公益事业等 |
| 消极态度 | 毁灭证据、逃逸 | 拒绝坦白 | 不服管束狱中犯罪 | 累犯、再犯、多次触犯治安管理处罚等规范 |

6. 心理评估

犯罪记录是否可以被遗忘，需要对信息主体的犯罪心理做出判断，如果判定对象已经形成犯罪习惯，其自主引发犯罪动机并产生顽固性心理特质的情形就十分普遍。[①] 笔者认为，凡是对信息主体犯罪后所做过的心理评估，均应纳入参考范围。通过综合考察所有评估结果，为犯罪记录的处理提供依据；评估时间越近的评估结果，参考价值越高。例如，对于本应直接删除的犯罪信息，若心理评估结果显示再犯可能性极高，即可考虑放弃直接删除，而以信息封存代之。

（四）信息处理的具体方式

根据前文设定的信息公开、信息封存和信息删除三个阶段，并结合被遗忘参考因素中涉及的特殊遗忘情形，可以将犯罪记录被遗忘程序设定为以下情况，见表3。

① 参见邓丽亚等：《“魔鬼附身”者的内心世界：犯罪心理结构解析》，载《西北师大学报（社会科学版）》2006年第4期。

表3 犯罪信息被遗忘的可能程序

| 特殊模式 | 信息公开类型 | 信息封存类型 | 信息删除类型 |
|---|---|---|---|
| 1 | 公开 | 永久封存 | 不删除 |
| 2 | 不公开 | 直接封存 | 删除 |
| 3 | 不公开 | 直接永久封存 | 不删除 |
| 4 | 永久公开 | 不封存 | 不删除 |
| 5 | 延迟封存 | | |
| 6 | | 延迟删除 | |
| 7 | 不公开 | 不封存 | 直接删除 |

表3中的一般模式是指按照既定的流程和期限,犯罪记录经过公开、封存,最后彻底删除。特殊模式是根据不同遗忘参考因素和个案判定,对犯罪记录采取的特殊处理方式:如针对不适于删除的信息采取永久封存模式。除此之外,信息延迟封存和延迟删除,是指信息封存时间或删除时间已到,由于信息主体未满足封存和删除的要求,而继续使其犯罪记录保持公开或封存的被遗忘状态,待延迟事由消除后,继续既定被遗忘流程。以下对每个阶段进行具体讨论。

1. 延迟封存和延迟删除

延迟封存和删除是信息分别处于公开和封存状态下的两种特殊情况,即在满足时间要求的基础上,由于动态参考因素的限制,延迟对犯罪记录进行封存或删除(见表4)。

表4 犯罪信息延迟封存和删除的前提和方式

| 参考因素 | 具体情况 | 具体方式 |
|---|---|---|
| 认错态度 | 犯罪后毁灭证据、逃逸,归案后拒绝交代坦白,刑罚中不服管束、狱中犯罪,刑罚完毕后累犯、再犯、多次触犯治安管理处罚法等情形 | 设定延迟封存和删除的考察期限,情节严重的归零并重新计算公开或封存期限 |
| 心理评估 | 基于心理报告判定犯罪心理未完全矫正,有再犯可能性等情形 | 设定延迟封存或删除的考察期限,等待下一次心理评估结果 |

另需说明的是，延迟封存与延迟删除在大多数情况下实际是给予有犯罪记录者的又一次机会，这样的机会不应该是无限的，否则很可能转化成有犯罪记录者怠于自我矫正的漏洞。因此，笔者认为延迟封存超过两次，即可以考虑对该犯罪信息进行永久公开；延迟删除达到两次，亦可以考虑转为永久封存。

2. 永久公开

永久公开作为犯罪信息的一种特殊的处理方式，相较于其他信息处理方式最为严格，在适用时也应最为谨慎。具体而言，犯罪信息的永久公开可能发生在两种不同的情景下：其一，犯罪行为情节过于严重，有权机关决定自始永久公开；其二，延迟封存超过两次，应当对该犯罪信息永久公开。出于最大限度保护16周岁以下未成年人的考虑，笔者认为16周岁以下未成年人犯罪信息不应存在永久公开的情况。表5中所列情况，在满足身份条件的前提下，只需满足罪行种类或犯罪次数其中一项，即属于应当永久公开的类型。

**表5 犯罪信息永久公开的参考因素**

| 有犯罪记录者身份 | 罪行种类 | 犯罪次数 |
|---|---|---|
| 无特殊身份 | 被判处无期徒刑及以上的犯罪；危害国家安全罪、恐怖活动犯罪、黑社会组织犯罪、毒品犯罪、性犯罪、其他被判处无期徒刑及以上的犯罪、其他危及公共或其他不特定人人身安全并被判处3年以上有期徒刑的犯罪[1] | 两次犯罪（同种或类似）；两次以上犯罪 |
| 国家公职人员；其他具有公共性质的职业的从业人员 | 前述犯罪，以及国家公职人员利用职务便利对公共财物的经济类犯罪；以及以特殊职业身份为限制，故意实施的危害公民人身安全犯罪 | 两次犯罪（同种或类似）；两次以上犯罪；国家公职人员一次或多次利用职务便利实施对公共财物的经济类犯罪；特定职业从业者一次或多次实施以其职业身份为限制的危害公民人身安全的犯罪 |

续表

| 有犯罪记录者身份 | 罪行种类 | 犯罪次数 |
|---|---|---|
| 公众人物 | 同无特殊身份的罪行种类情况 | 多次犯罪 |

〔1〕包括《刑法》中规定的危害公共安全罪,以及第 141 条生产、销售、提供假药罪,第 142 条生产、销售、提供劣药罪、妨碍药品管理罪,第 143 条生产、销售不符合安全标准的食品罪,第 144 条生产、销售有毒、有害食品罪,第 145 条生产、销售不符合标准的医用器材罪,第 146 条生产、销售不符合安全标准的产品罪,第 148 条生产、销售不符合卫生标准的化妆品罪,第 330 条妨害传染病防治罪,第 331 条传染病菌种、毒种扩散罪,第 332 条妨害国境卫生检疫罪,等等。

3. 完成公开后永久封存

在经过信息公开阶段后对犯罪信息永久封存,在这种情况下,犯罪信息最终将以被封存的状态永久存在。以下同样以表格展示,见表 6。在满足身份条件的前提下,只需满足罪行种类或犯罪次数的任一项条件即为满足“完成公开后永久封存”的要求。

**表 6　犯罪信息公开后永久封存的参考因素**

| 有犯罪记录者身份 | 罪行种类 | 犯罪次数 |
|---|---|---|
| 无特殊身份 | 除属于始终公开的情形以外,其他被判处 10 年以上有期徒刑的犯罪;除属于始终公开的情形外,其他危及公共或其他不特定人人身安全的犯罪;除属于始终公开的犯罪情形外的其他性犯罪〔1〕 | 两次犯罪(非同种或类似) |
| 国家公职人员;其他具有公共性质的职业的从业人员 | 前述“无特殊身份”情况下所实施的犯罪;国家公职人员利用职务便利实施的其他经济类犯罪;〔2〕其他以特殊职业身份为限制,实施的除危害公民人身安全之外的其他犯罪〔3〕 | 两次犯罪(非同种或类似);国家公职人员一次利用职务便利实施的其他经济类犯罪;特定职业从业者一次实施以职业身份为限制的除危害公民人身安全之外的其他犯罪 |
| 公众人物 | 同无特殊身份的罪行种类情况 | 两次犯罪 |

〔1〕其他性犯罪主要指《刑法》第 237 条强制猥亵、侮辱罪等。

〔2〕主要包括《刑法》第 165 条非法经营同类营业罪、第 166 条为亲友非法牟利罪,以及第 385 条受贿罪等。

〔3〕主要包括《刑法》第 306 条规定的辩护人、诉讼代理人毁灭证据、伪造证据、妨害作证罪;第 399 条徇私枉法罪,民事、行政枉法裁判罪,执行判决、裁定失职罪,执行判决、裁定滥用职权罪等。

4. 直接永久封存

直接永久封存，是指该犯罪信息不再经信息公开阶段，且最终将以封存的状态永久存在，而不会被删除。对于公众人物而言，为与其对社会造成的较大负面影响做出较为均等的呼应，会考虑在信息公开阶段对其设置更严格的制度；但笔者认为对于不存在信息公开阶段的三种信息处理方式，无须对公众人物进行相较于普通民众更为严格的设置。相比之下，对于国家工作人员及其他具有公共性质的职业的从业人员的严格限制，更多在于其职业本身所承担责任的较强社会性。因此无论是信息公开还是信息封存抑或信息删除，对其均应有更为严格的设置。以下仍以表格呈现，见表7。在表7中，必须同时满足身份、罪行种类及犯罪次数的要求，才属于应适用该处理方式的情况。

**表7　犯罪信息直接永久封存的参考因素**

| 有犯罪记录者的身份 | 罪行种类 | 犯罪次数 |
|---|---|---|
| 无特殊身份 | 除前述三种信息处理方式中“无特殊身份”所包括的罪行种类之外，其他被判处3年以上，5年以下有期徒刑的犯罪 | 一次 |
| 16周岁以下未成年人 | 故意杀人、故意伤害致人重伤或者死亡、强奸、抢劫、贩卖毒品、放火、爆炸、投放危险物质罪 | 一次或多次 |
| 国家公职人员；其他具有公共性质的职业的从业人员 | 除前述信息处理方式中属于此身份的犯罪外，其他被判处5年以下有期徒刑的犯罪 | 一次 |
| 公众人物 | 同无特殊身份的罪行种类情况 | 一次 |

5. 直接封存后删除

直接封存后删除意味着犯罪信息无须经历公开阶段，只需留存于国家系统内部。在表8中，同时满足身份、罪行种类及犯罪次数的要求，才可适用“直接封存后删除”的处理方式。

表 8　犯罪信息直接封存后删除的参考因素

| 有犯罪记录的身份 | 罪行种类 | 犯罪次数 |
| --- | --- | --- |
| 无特殊身份 | 除前述三种信息处理方式所包括的罪行种类之外,其他被判处 3 年以下有期徒刑或管制、拘役的犯罪 | 一次 |
| 16 周岁以下未成年人 | 除故意杀人、故意伤害致人重伤或者死亡、强奸、抢劫、贩卖毒品、放火、爆炸、投放危险物质之外的其他犯罪 | 多次 |
| 国家公职人员;其他具有公共性质的职业的从业人员 | 除前述信息处理方式中属于此身份的罪行种类外,其他被判处管制、拘役的犯罪 | 一次 |
| 公众人物 | 同无特殊身份的罪行种类情况 | 一次 |

6. 直接删除

直接删除作为所有的信息处理方式中最侧重信息主体个人利益的一种方式,对于可适用的犯罪信息的确定应当极其谨慎。具体而言,笔者认为只有 16 周岁以下未成年人的非重大犯罪可以予以直接删除。在表 9 中,同时满足身份、罪行种类及犯罪次数的要求,才可适用“直接删除”的处理方式。

表 9　犯罪信息直接删除的参考因素

| 有犯罪记录者的身份 | 罪行种类 | 犯罪次数 |
| --- | --- | --- |
| 16 周岁以下未成年人 | 除故意杀人、故意伤害致人重伤或者死亡、强奸、抢劫、贩卖毒品、放火、爆炸、投放危险物质之外的其他犯罪 | 一次 |

## 四、结语

每一种利益都值得尊重与保护,但当个人利益与公共利益之间出现激烈的、不可避免的矛盾时,被遗忘权的利益平衡是对双方,尤其是较为弱势的一方的最好保护。改过自新应当是所有人自然享有的权利,而不应被大数据时代技术所剥夺。因而我们提倡被遗忘权,并且重视有犯罪记录者群体——这一总是被社会边缘化的少数群体——的被遗忘权。为犯罪人群体设置妥当的被遗忘权,道阻且长,但这不仅是一种新制度的构建,更是一种对于生命的敬畏与尊重。

# 检察机关个人信息公益诉讼制度探究

刘秀丽*

**摘　要**:随着信息网络和大数据分析技术的发展,信息价值在日益提升的同时,个人信息被大规模泄露和非法利用的现象频发。单个信息主体通过诉讼方式难以获得有效司法救济,我国既有公益诉讼的相关法律规定为检察机关提起个人信息公益诉讼留出了探索空间。个人信息公益诉讼的制度构建存在民事公益诉讼与行政公益诉讼两种进路,各有其优劣,应当根据案件的具体情况,以行政公益诉讼为主,辅之以民事公益诉讼,并将惩罚性赔偿机制予以配套,从而构建体系协调的个人信息公益诉讼制度,在保障司法公正的同时,最大限度维护公共利益。

**关键词**:个人信息;公益诉讼;检察机关;惩罚性赔偿机制

在万物互联的泛网络化时代,人类的一切信息均可被数字化并通过网络传输,信息收集系统升级换代、网络信息海量聚集,数字化、规模化的信息在大数据分析技术助力之下的经济价值与社会价值显著提升。鉴于此,自2012年12月28日第11届全国人大常委会第30次会议通过的《关于加强网络信息保护的决定》出台后,我国便开始了对个人信息保护法律制度的域外引入及探索,并逐步发展完善,“公民个人信息受法律保护”成为我国个人信息保护相关法律规范之共识。与此同时,实践中也出现了一系列个人信息被大规模泄露或非法利用,而信息主体难以寻求有效救济的社会乱象。究其原因,部分在于大数据时代,单个信息所具有的

---

* 刘秀丽,女,浙江大学外国语学院博士研究生。

价值十分有限,只有对聚合的大规模信息进行分析及处理之后,信息的价值才得以凸显。因此为获取更大的经济利益,互联网企业对信息的分析处理通常涉及众多单个主体的个人信息,侵犯个人信息案件往往也呈现出社会覆盖面广但个人侵权度低的特点,导致单个受侵害主体难以以私益诉讼的方式与企业相抗衡,其所取得的司法救济效果也相当有限。对此困境,或可通过信息公益诉讼的方式寻得突破,从而起到消解诉讼双方地位不平等、提高维权成功率以及节约司法资源的效果。

公益诉讼的提起主体主要包括国家检察机关、其他社会团体以及个人。检察公益诉讼的提出肇始于党的十八届四中全会,并由最初的部分地区试点推行到全国范围的普遍应用。目前检察机关提起公益诉讼的领域主要规定于《民事诉讼法》第58条①以及《行政诉讼法》第25条②中,但是两大诉讼法却采用了不完全列举的方式,为公益诉讼范围的拓展留下了法律空间。党的十九届四中全会也强调了检察机关应积极拓展公益诉讼案件范围,更好地维护国家利益与社会公共利益。虽然截至目前,“个人信息保护”尚未被明确列入公益诉讼相关法律之中,但是浙江、江苏、上海、广东等省(直辖市)已经陆续探索将个人信息保护纳入公益诉讼范围。在当前立法依据及正当性研究明显不足的情形下,个人信息公益诉讼案件的审理仍面临严峻考验。鉴于此,本文从个人信息公益诉讼现状出发,反思并分析当前个人信息公益诉讼实践中存在的困境,并从立法论及解释论视角提供构建个人信息公益诉讼制度的对策建议。

---

① 《民事诉讼法》第58条规定:“对污染环境、侵害众多消费者合法权益等损害社会公共利益的行为,法律规定的机关和有关组织可以向人民法院提起诉讼。人民检察院在履行职责中发现破坏生态环境和资源保护、食品药品安全领域侵害众多消费者合法权益等损害社会公共利益的行为,在没有前款规定的机关和组织或者前款规定的机关和组织不提起诉讼的情况下,可以向人民法院提起诉讼。前款规定的机关或者组织提起诉讼的,人民检察院可以支持起诉。”

② 《行政诉讼法》第25条规定:“人民检察院在履行职责中发现生态环境和资源保护、食品药品安全、国有财产保护、国有土地使用权出让等领域负有监督管理职责的行政机关违法行使职权或者不作为,致使国家利益或者社会公共利益受到侵害的,应当向行政机关提出检察建议,督促其依法履行职责。行政机关不依法履行职责的,人民检察院依法向人民法院提起诉讼。”

## 一、个人信息公益诉讼可行性分析

### (一)个人信息保护私力救济困境

我国《民法典》将自然人个人信息保护列入人格权编,体现了民法作为"万法之母"对信息主体享有受保护民事权益的认可和肯定。[①] 私法对于个人信息的保护是通过保护个人信息之上存在的个人信息利益权益实现的,但是在实践中,个人信息主体通过私力获得救济的难度相对较高。其原因有二:一是私力救济的双方当事人地位不对等。个人信息侵权主体通常为掌握大量个人信息、拥有信息处理能力的互联网企业,在个人信息保护的问题上,企业往往有相关技术与法律专家为其提供智力支持;信息主体往往难以发现用户服务协议中存在的漏洞条款,更有甚者,将用户同意与提供服务进行绑定,只要用户不同意服务协议就不能使用相关服务。在此意义上,信息主体可谓被动接受其提供的服务,对于其信息究竟如何被获取和利用缺乏足够的认知,在侵权行为发生时,单个信息主体更难以与互联网企业相抗衡,从而造成双方地位失衡的状况。二是信息主体的认知水平与维权意识低。一方面,随着我国《民法典》和《个人信息保护法》的出台,"个人信息受法律保护"走入公众视野,但是对于个人信息权益价值何在、个人信息如何保护、权益侵犯救济途径等问题学术界都尚存争议,更何况是普通公众。并且随着信息网络的发展,公民对于各类网络服务的依赖程度明显加深,"以个人信息换取服务"的理念在很多公众认知中并无不妥。另一方面,大数据时代的到来催生了数据经济的蓬勃发展,信息的经济价值明显提升。对个人信息保护除人格权益外,还包括财产权益。信息的财产价值随着信息技术的发展也将进一步扩大,信息主体难以对其信息的价值有准确的估量和认识,在提起信息侵权之诉时,对于损失的财产价值认定也难以衡量。

### (二)个人信息公益属性探析

个人信息就其属性而言,兼具私益及公益的属性。"公益"即"公共

---

① 参见程啸:《民法典编纂视野下的个人信息保护》,载《中国法学》2019 年第 4 期。

利益”，检察机关开展个人信息公益诉讼，顾名思义，即检察机关基于公共利益目的，提起有关个人信息保护的诉讼。“公共利益”的概念本身具有抽象性，鲜有人对公共利益概念作出清晰的定义。甚至学界对公共利益本身就存在很大争议。Glendon Achubert 认为，缺乏清晰度是公共利益概念的一个必然特征，并认为公共利益是空洞且没有内涵的。[①] 马克思和恩格斯的观点则认为，公共利益概念是政府和社会各界都能理解的一个很方便的工具。[②] 也有批评者指出，这一概念可能会被要求更高的共同利益的煽动者滥用导致个人利益的牺牲。[③] 从语义学角度出发，公共利益由两个重要的概念组成，即“公共”和“利益”。公共在于受益对象范围及于整个社会；利益则是价值评判和价值衡量的结果。

就个人信息保护的目的而言，个人信息所保护的是个人信息之上存在的信息利益，也即个人信息之上存在的私益。个人信息在我国《民法典》中并没有被设定为一项权利，而是作为一项法益对其进行保护。申言之，对个人信息进行保护也是为了保护信息主体的权益和自由，对个人信息进行保护的结果可能有利于公共秩序和公共利益的维护，但是对公益的维护并不是其主要目的，而是个人信息保护附随的结果。但是，随着大数据分析技术、云计算的发展，对个人信息大规模的分析和处理日益普遍，侵害个人信息的案件不仅会对个人信息主体的私益造成侵犯，而且还会对公共利益造成不良影响。从这个意义上说，虽然对于公益的维护不是个人信息法律保护的主要目的，但是随着大数据时代的到来以及大数据技术的发展，个人信息之上的公益属性也日益凸显。显然，此时仅靠民事私益诉讼难以全面维护个人信息之上存在的私人利益与公共利益，引入个人信息公益诉讼机制势在必行。

---

① See Glendon Schubert, *The Public Interest: A Critique of the Theory of a Political Concept*, Free Press, 1960, p. 223 – 224.

② See Terrell Carver & Daniel Blank, “*German Ideology*” *Manuscripts: Presentation and Analysis of the* “*Feuerbach Chapter*”, Palgrave Macmillan, 2014, p. 183.

③ See Powell, Walter W. & Elisabeth S. Clemens, *Private Action and the Public Good*, Yale University Press, 1998, p. 3 – 19.

### (三)检察公益诉讼介入个人信息领域之可能

我国《宪法》关于“中华人民共和国人民检察院是国家的法律监督机关”的规定成为检察院成为公益诉讼适格主体的前提和基点。在个人信息领域中,侵犯公民个人信息的行为包括行政机关滥用职权侵害公民个人信息权益与大型互联网企业等其他社会主体侵害公民个人信息权益两类。对于前者,检察机关负有监督行政机关依法履行职能的职责;对于后者,检察机关负有最终进行保护的法定义务,检察机关是公共利益保护的最后一道防线。如前所述,私力救济方式难以对信息主体提供有效救济且更难以兼容对社会公共利益的维护。检察机关基于宪法赋予的法律监督职能所衍生出的公益诉讼职能,使其具备了维护公共利益的实质能力。

此外,检察公益诉讼在法律与政策方面也具备可扩张性。首先,在法律规定层面,我国《民事诉讼法》第58条和《行政诉讼法》第25条均在明文列举检察公益诉讼案件范围后,以“等”字收尾,表明检察机关就损害公共利益的行为提起公益诉讼不仅限于目前所规定的几大领域,仍有探索空间。其次,在政策规定方面,除党的十九届四中全会审议通过的中共中央《关于坚持和完善中国特色社会主义制度 推进国家治理体系和治理能力现代化若干重大问题的决定》明确指出“扩展公益诉讼案件范围”外,各地也积极响应,如上海市委《关于支持检察机关依法开展公益诉讼工作的意见》指出“要加大个人信息安全等方面公益保护力度”。湖北省人大常委会《关于加强检察公益诉讼工作的决定》要求检察机关“依法在涉及众多公民个人信息保护等领域探索开展公益诉讼工作”。浙江省人大常委会、杭州市人大常委会也先后出台《关于加强检察公益诉讼工作的决定》,明确要求检察机关“积极稳妥探索个人信息保护等领域公益诉讼工作”。

## 二、个人信息公益诉讼之困境

### (一)参照现有消费公益诉讼之不足

个人信息之上公益属性日益明显,引入公益诉讼对于个人信息保护之优势显而易见,但是现有的公益诉讼领域难以满足个人信息保护之需。

目前司法实践中存在检察机关参照消费公益诉讼提起刑事附带民事诉讼的案例,虽然消费公益诉讼暂时可以应对目前少量的个人信息公益案件,应对个人信息保护之需。从长远来看,消费公益诉讼在保护个人信息方面存在如下明显弊端:一是消费公益诉讼难以覆盖所有的个人信息权益。个人信息在我国《民法典》中并没有被作为一项权利进行保护,而是一种被保护的法益,个人信息之上存在被遗忘权、可携权、复制权、删除权、更正权等内在权利要素。因此,个人信息权益更像是一个权利束,而消费公益诉讼难以在消费者的个人信息删除权、更正权等内在权利要素中发挥作用。二是消费公益诉讼在主体上保护的是"消费者",随着网络服务范围和运营模式的转变,很多个人信息被侵害主体在性质上并不构成网络服务的"消费者",难以借消费公益诉讼机制寻求救济。三是消费公益诉讼援用的《消费者权益保护法》中的赔偿与惩罚机制不适用于侵犯个人信息案件。目前许多信息主体享受的网络服务为免费服务,对信息主体权益的侵犯所造成的经济损失不明显且难以计算,因此参照《消费者权益保护法》的惩罚与赔偿机制,会导致其震慑与惩罚的功能因赔偿金额过小而流于形式。由此,引入专门的个人信息公益诉讼机制具有必要性。

(二)民事公益诉讼与行政公益诉讼之路径选择

我国公益诉讼制度包括民事公益诉讼与行政公益诉讼两种类型,个人信息公益诉讼制度应当划入何种类型,抑或依据不同情况分别适用两种类型,需要进一步厘清。

首先,对于个人信息提起民事公益诉讼仍然是参照消费公益民事诉讼的一种模式选择。我国民事诉讼法规定了人民检察院在履行职责中发现侵害众多消费者合法权益等损害社会公共利益的行为时,可以向人民法院提起民事公益诉讼。从信息主体个人角度来说,个人信息权益被侵犯后,自行提起诉讼的取证难度较大、诉讼成本高,维权较难实现。较高的维权成本和较低的侵权成本,使个人信息保护面临危机,也引发公众呼吁检察机关通过提起公益诉讼的方式加强对个人信息的保护。检察机关对侵犯众多个人信息、损害社会公共利益的行为,依法履行诉前公告程序之后可以提起民事公益诉讼。民事公益诉讼的方式可以弥补民事私益诉讼救济不足的缺陷,起到良好的法律效果和社会效果。

其次,对于个人信息行政公益诉讼而言,其逻辑起点在于个人信息的公益属性,其理论逻辑在于行政公益诉讼本身包含权力制约的意涵。行政公益诉讼制度设计之初衷就在于制约公共领域的公权力,更好地维护国家和社会公共利益。检察机关可以在诉前通过督促程序督促具备网络信息管理职责的行政机关积极履行职责,通过权力制约机制,尽量避免以诉讼的方式化解矛盾,使个人信息所受损害在诉前得到补救,从而达到维护社会公共利益的目的。

但是民事公益诉讼与行政公益诉讼也各有其优劣,采用行政手段往往需要以法律有明文规定可以处罚为限,在应对日新月异的网络环境时难免捉襟见肘。[①] 采用民事公益诉讼的方式,进行公开开庭审理,双方在法庭的质证也有利于查明真相,案件审理相对公平。相较于民事公益诉讼,行政公益诉讼的优势在于高效和执行力强,规制个人信息利用的效果明显。基于行政制度的优势,可以从源头入手保护公众个人信息安全,并促进互联网行业的规范化整治以及引导企业自律。因此,在个人信息公益诉讼的制度选择上,民事公益诉讼与行政公益诉讼两种进路可以并行,即以具有网络信息监管职责的行政机关履行职责的行政公益诉讼为主,辅之以支持符合条件的组织提起民事公益诉讼,充分发挥诉讼检察建议作用。

## 三、提起个人信息公益诉讼的策略

为最大限度地减少侵犯个人信息的案件发生,应当构建个人信息民事公益诉讼与行政公益诉讼之间的协作机制,并辅之以惩罚性赔偿金机制的构建。前述措施属于立法论范畴,但在立法机关完善相应的法律法规之前,检察机关仍然应当积极探索个人信息公益诉讼的试点工作。

### (一)机制构建:个人信息惩罚性赔偿机制

对于大范围侵害信息主体权益的侵权行为,其最好的规制方式就是

---

① 参见冯洁语:《公私法协动视野下生态环境损害赔偿的理论构成》,载《法学研究》2020年第2期。

通过公益诉讼产生的法律责任，震慑违法行为，预防潜在威胁。虽然在《消费者权益保护法》和《民法典》的侵权责任编中规定了停止侵害、排除妨碍、消除影响、赔偿损失、赔礼道歉等责任，但是这些规定难以对违法者产生应有的法律震慑作用。实践中赔偿金额往往远远小于侵权者的获利金额，与其所造成的社会不良影响不相匹配。信息"取之不尽、用之不竭"的特性，决定了信息可以反复利用和挖掘，信息的潜在价值和可以带来的经济利益，远远大于诉讼中认定的损害赔偿。因此，有必要建立独立的个人信息公益诉讼的惩罚性赔偿机制。需要注意的是，个人信息的惩罚性赔偿机制仅仅是对个人信息行政公益诉讼的补充，为在更大程度上遏制侵犯信息公共利益的行为，可以增设行政公益诉讼的激励机制。

检察机关虽然享有独立于个人信息被侵犯主体的惩罚性赔偿请求权，但是也不能因此改变其形式当事人的本质。① 检察机关提起个人信息公益诉讼所获得的惩罚性赔偿金归受害者所有，但问题在于，无论检察机关提起信息公益诉讼案件，还是人民法院判决被告承担惩罚性赔偿责任，都无须证明受害者的身份，人民法院也不能判令被告直接向个人信息被侵害主体支付惩罚性赔偿金。同时，检察机关虽然名义上享有判决书所确定的权利，但是也不能直接将惩罚性赔偿金归为己有，更不能直接上缴国库。因此，可以考虑将个人信息公益诉讼的赔偿金纳入公益诉讼基金进行管理。

与此同时，对于将个人信息公益诉讼的赔偿金纳入哪种公益诉讼基金，如何进行管理的问题也随之而来。个人信息公益诉讼不像消费公益诉讼那样，有消费者协会这样的社会组织，即便有消费者协会这样的社会组织，其对于公益诉讼基金管理的积极性也难以保障。实践中，通常以检察院名义开立公益诉讼专项基金账户，如宁波检察机关公益诉讼专项基金账户。但是此类专项基金账户的问题在于，检察机关难以承受核实受侵害个人信息主体身份以及发放赔偿金的任务量，导致即便是设立了公

---

① 参见黄忠顺:《检察机关提起惩罚性赔偿消费公益诉讼的自由裁量问题研究》,载《中州学刊》2022 年第 9 期。

益诉讼基金账户,也只是相当于一个不断注入资金的“蓄水池”。

无论是何种类型的惩罚性赔偿金,也无论由何种基金管理,都应当“专款专用”,通过充分且正当的公告程序通知受害者领取赔偿金。对于个人信息公益诉讼案件而言,由于个人信息侵权具有隐蔽性,不通过技术手段难以认定具体的受侵害主体。因此,对于个人信息公益诉讼案件的惩罚性赔偿金,可由提起公益诉讼的检察机关保管,对于赔偿金的发放,则可与相关的信息技术部门合作,由信息技术部门通过技术手段核实信息权益被侵害主体的身份,并负责具体的惩罚性赔偿金发放事务。由提起公益诉讼检察机关定期对惩罚性赔偿金的发放进行程序正当性审核,从而降低受害者申领惩罚性赔偿金的时间成本,并将惩罚性赔偿金发放给具体受害者。对检察机关及相关的信息技术部门存在故意或重大过失,错误发放的赔偿金,由其自行承担无法追回的风险。

(二)知己知彼:慎重判断受案范围

依据宪法规定,检察机关享有监督权,是公益诉讼的适格原告。习近平总书记在致第22届国际检察官联合会年会的贺信中,关于检察机关是公共利益代表者的论断,进一步明确了新时代检察权的职责使命。[①] 但也正是由于检察机关权力和职能的特殊性,决定了其并不是对所有的个人信息保护问题都可以提起公益诉讼。换言之,公益诉讼不是万能的,公益诉讼也有领域与范围的界限,并不能介入公民生活的所有角落。在个人信息保护的领域,公益诉讼也不是保护主体权益的唯一渠道,尽管对于单个的信息主体而言,其相较于进行信息收集与处理的互联网企业而言处于弱势地位,但也不能因此而否定其提起民事私益诉讼的权利。对于单纯侵害特定个人信息权益的行为,仍然提倡回归私益诉讼的方式解决,以防止公私益混同和权力滥用,维护司法公正。

由检察机关提起个人信息公益诉讼应当判断涉案行为侵害公共利益,是否属于受案范围。具言之,应当满足以下两个条件:一是判断是否属于侵害不特定多数主体的个人信息侵权案件。对于直接侵害特定主体

① 参见苗生明:《新时代检察权的定位、特征与发展趋向》,载《中国法学》2019年第6期。

的个人信息侵权案件，直接采用民事私益诉讼的方式进行救济即可。无论是民事私益诉讼还是民事公益诉讼，所保护的客体皆乃民事实体法所规定之权益，二者的差异仅在于，前者权益主体特定且明确，后者权益主体不特定。[①] 二是进一步判断大规模个人信息的利用及处理行为是否直接危害社会公共利益。在涉及公共利益的侵权纠纷中，公共利益本身并非侵权的对象，个人信息公益诉讼的本质仍为对受侵害的信息权益予以救济，然公益诉讼之定位要求其需满足侵害行为直接危害社会公共利益之前置要件。满足前述两个要件，只有在涉及社会公共利益，侵犯不特定多数主体的信息权益的情况下，检察机关才有可能提起个人信息公益诉讼。

（三）社会协同：织密保护网

个人信息保护制度的构建不仅涉及司法制裁，还涉及行政监管、行业自律等协调发挥作用。为此，应积极构建个人信息违法行为的线索共享机制，充分发挥与信息相关各主体的作用，建立以检察机关为主导、多方参与的公益诉讼调查取证模式。在个人信息与互联网交织在一起的情况下，检察机关若要实现全方位监督，需要相当强的网络与数据相关专业知识，在其自身知识结构不足以应对上述问题时，与其他部门进行协同是必要的路径。检察机关应当加强与个人信息公益诉讼相关的市场监督管理部门、法院系统、网络监督管理部门等机关的协同合作，加强信息和数据共享，打破部门间信息壁垒，形成问题协商、难题共解的良性互动机制。

同时，检察机关应当加强与审判机关和行政机关的协调合作，集中司法与执法力量解决个人信息违法问题。积极发挥司法调解的纠纷解决价值，通过诉后庭前的调解与司法裁判的衔接，实现公众权益保障的有序和有效。为节约司法资源、提高工作效率，对一些争议不大、被告有承担相应法律责任的意愿的，检察机关可以通过听证等程序达成和解协议，法院履行审查、公告等程序后予以司法确认；对于一些社会影响较小的个人信

① 参见占善刚、施瑶：《论检察机关的诉讼实施权和角色定位——基于民事公益诉讼本质的思考》，载《学习与实践》2020 年第 7 期。

息权益侵害行为,检察机关可以通过与行政机关合作,通过行政力量督促侵权主体改正,并加强行业自律,将个人信息权益大规模侵害行为扼杀在诉前。检察机关也可以与大数据平台合作,提升技术水平,形成信息保护合力,及时发现个人信息违法行为线索,以相对缓和的方式处理问题,减少诉累。概言之,个人信息保护是项系统工程,要协调发挥多方作用,立体式发挥各主体作用。

## 四、结语

通过对我国现行个人信息保护立法之考察,可以窥见关于个人信息保护立法的碎片化,公民个人信息保护法律体系尚存较大完善空间。在个人信息公益诉讼领域的探索方面,既需要在立法层面完善个人信息保护体系;又需要在司法实践层面加强探索,如引入惩罚性赔偿机制等;还需要在执法层面加强与行政机关的合作,引导信息领域行业规范化。通过立法、司法与执法的合力,实现对个人信息的协同保护。